MICHAEL GROER

DIE KLEINE FOTOSCHULE

Grundlagen und Fotopraxis
Mit vielen Schritt-für-Schritt-Workshops

humboldt

INHALT

VORWORT

Willkommen in der faszinierenden Welt der Fotografie! Diese kleine Fotoschule wird Ihnen beim Einstieg in die Fotografie zur Seite stehen. Nicht nur Einsteigern, auch fortgeschrittenen Fotografen möchte ich in diesem Buch Impulse und Inspiration bieten. Mein Ziel ist es, Lust und Freude an der Fotografie zu wecken, technische und kreative Grundlagen verständlich zu vermitteln und die Angst vor der Technik zu nehmen.

Fotografie ist meine große Leidenschaft, eine Passion, die mich seit fast dreißig Jahren nicht loslässt. Begonnen hat alles auf einer Reise mit einem zwanzig Jahre alten VW-Bus nach Marokko. Einer meiner Reisekameraden hatte eine Spiegelreflexkamera dabei. Der Blick durch den Sucher eröffnete mir eine neue Welt – einen Ausschnitt festlegen, etwas auf das Wesentliche reduzieren. Wenig später erstand ich meine erste Spiegelreflexkamera. Seither begleiten mich Kameras durchs Leben. Der Blick durch den Sucher und der Druck auf den Auslöser ist für mich weniger Jagd nach Bildern als vielmehr Sammlung und Meditation.

In den vielen Jahren, die ich bereits fotografiere, hat sich die Fototechnik radikal verändert. Meine Leidenschaft galt und gilt vor allem der Landschaftsfotografie, der Street-Fotografie, der Architektur-, Nacht- und Reisefotografie.

Im Rahmen einer siebenjährigen Tätigkeit im Fotofachhandel entstand die Idee, die Freude und das Know-how im Bereich Fotografie auch in Kursen weiterzugeben. Gleichzeitig entstand www.kleine-fotoschule.de, eine umfassende Website mit Infos und Tipps rund um die Fotografie.

Die Freude an der Fotografie ist ein wichtiger Schatz, den es zu bewahren gilt. Ich versuche dabei keinen Druck aufkommen zu lassen. Meine persönliche Devise ist, nur das zu fotografieren, was mich wirklich interessiert. Und, um ehrlich zu sein, nur das kann ich gut.

Mein Buch richtet sich vor allem an Nutzerinnen und Nutzer von Bridge-, System- und Spiegelreflexkameras. Viele Tipps und Infos zu Bildideen und Bildgestaltung können Sie aber auch mit Kompaktkameras umsetzen.

Die Lektüre dieses Buches kann die Bedienungsanleitung nicht ersetzen, dafür gibt es zu viele verschiedene Kameras und Bedienkonzepte. Ich empfehle Ihnen, bei Unklarheiten und Fragen einen Blick in die entsprechenden Kapitel der Bedienungsanleitung Ihrer Kamera zu werfen.

Falls Sie nach der Lektüre noch nicht genug haben, würde ich mich freuen, Sie in einem meiner Kurse und Workshops in Zürich begrüßen zu dürfen. Unter www.kleine-fotoschule.ch finden Sie das aktuelle Kursprogramm.

Ich wünsche Ihnen viel Freude mit der Fotografie!

Ihr
Michael Groer

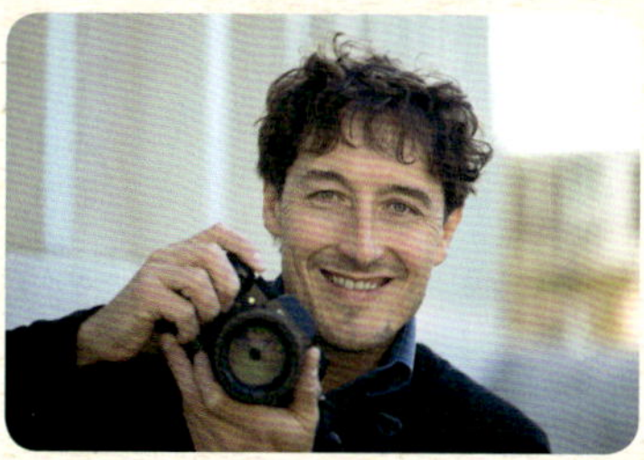

WELCHE KAMERA?

Falls Sie noch (oder wieder) auf der Suche nach einer geeigneten Kamera sind, vergessen Sie Werbeversprechen wie „Die beste Kamera". Orientieren Sie sich vielmehr an Ihren Bedürfnissen. Nicht immer ist der Testsieger auch die richtige Kamera. Welcher Kameratyp gut zu Ihnen passt, erfahren Sie in diesem Kapitel.

Auswahlkriterien

Viele aktuelle Kameras bieten eine mehr als ausreichende Bildqualität für ein breites Anwendungsspektrum. Vor allem bei den gängigsten Bildgrößen (9 x 13 cm bis 13 x 18 cm) und bei der Betrachtung am Fernseher oder Beamer reicht die Bildqualität meist aus.

Überlegen Sie sich, wie groß Ihre Ausrüstung sein darf, damit Sie sie auch einsetzen. Schließlich zeichnet sich die „perfekte" Kamera auch dadurch aus, dass Sie sie mitnehmen und nutzen. Ein Spitzenmodell, das wegen seiner Größe zuhause in der Schublade liegt, bringt wenig. Je nach Ansprüchen und Budget lohnt es sich, unterschiedliche Kameras für verschiedene Einsatzbereiche zu nutzen.

Lassen Sie sich nicht verleiten, eine Kamera zu kaufen, die Ihnen von Anfang an zu schwer und zu groß ist.

Hier einige wichtige Kriterien für die passende Kameraausrüstung:

- Größe
- Gewicht
- Bildqualität/ISO-Empfindlichkeit/Bildrauschen
- Ausbaufähigkeit (Fernauslöser, Blitzsystem, Objektive usw.)
- Geschwindigkeit
- Brennweitenbereich
- Monitor (schwenkbar, Touch-Screen)
- optischer oder digitaler Sucher
- mechanischer oder motorgetriebener Zoom
- Energieversorgung
- Robustheit (wasserdicht, trittsicher, stoßfest)

Die folgenden Fragen können Ihnen bei der Suche nach der passenden Kamera helfen:

Möchte ich Fotos bei schlechten Lichtbedingungen machen?
Wenn für Sie Nachtaufnahmen oder Aufnahmen bei wenig Licht im Vordergrund stehen, sollten Sie sich für eine digitale Spiegelreflexkamera oder spiegellose Systemkamera entscheiden.

Möchte ich Sportaufnahmen machen?
Sportaufnahmen erfordern Kameras mit einem schnellen Autofokus und einer schnellen Serienbildrate. Je nach Sportart benötigen Sie auch ein (lichtstarkes) Teleobjektiv. Neben Spiegelreflexkameras oder spiegellosen Systemkameras bieten sich auch sogenannte Bridgekameras an. Achten Sie darauf, dass die Kamera über einen Sucher, einen schnellen Autofokus und einen schnellen Serienbildmodus verfügt.

Möchte ich spielende Kinder fotografieren?

Fotos von herumtobenden Kindern stellen viele Kameras (und natürlich auch die Fotografierenden) vor große Herausforderungen. Hier sind ebenfalls ein schneller Autofokus und ein schneller Serienbildmodus von Vorteil. Die Einschaltzeit und die Auslöseverzögerung sollten so kurz wie möglich sein. Im Wesentlichen gelten die gleichen Voraussetzungen wie in der Sportfotografie.

Möchte ich Tiere fotografieren?

Wie groß ist die Distanz zu den Tieren? Wenn Sie auf Safari gehen, sollten Sie ein starkes Teleobjektiv mitnehmen. Spiegelreflexkameras und spiegellose Systemkameras in Verbindung mit den entsprechenden Objektiven sind relativ groß und schwer, bieten jedoch bei wenig Licht die bessere Bildqualität. Zoomstarke Bridgekameras sind eine leichtere und kompaktere Alternative. Sie stoßen jedoch in der Dämmerung schnell an ihre Grenzen.

Möchte ich Porträts machen?

Professionelle Porträts verfügen oft über eine geringe Schärfentiefe, das heißt, der Hintergrund ist unscharf. Dafür benötigen Sie im Idealfall eine Kamera mit einem großen Sensor und ein lichtstarkes Objektiv. Für den Porträtbereich bieten sich vor allem Spiegelreflexkameras und spiegellose Systemkameras an. Klassische Porträtobjektive sind z. B. lichtstarke Festbrennweiten im Bereich 85 mm (*f*/1,2–*f*/1,8), 100 mm/135 mm (*f*/2,8), aber auch Zoomobjektive ab 50 mm aufwärts lassen sich einsetzen. Die empfohlenen Brennweiten hängen nicht nur vom Sensorformat, sondern auch von den persönlichen Vorlieben ab.

Möchte ich eine Kamera für die Reise?

Hier spielen Größe und Gewicht für viele Fotografierende eine besondere Rolle. Viele schätzen auf Reisen Kompakt- und Bridgekameras mit großem Zoombereich. Wenn Sie maximale Bildqualität möchten, sind Spiegelreflexkameras und spiegellose Systemkameras mit entsprechenden Objektiven die erste Wahl. Spiegellose Systemkameras sind bei vergleichbarer Bildqualität und in Verbindung mit vergleichbaren Objektiven in der Regel kompakter und leichter als Spiegelreflexkameras.

Möchte ich maximale Bildqualität?

Neben den Motiven ist es auch wichtig, was Sie mit den Aufnahmen im Anschluss machen möchten. Wenn Sie die Fotos lediglich bis zu Größen von 20 x 30 cm ausdrucken oder sie am Monitor, Beamer oder Tablet betrachten, werden die meisten aktuellen Kameras bei guten Lichtbedingungen brauchbare Qualität liefern. Wenn Sie jedoch die Aufnahmen großformatig über DIN A3 hinaus drucken möchten, wird es anspruchsvoller.

Je nach Einsatzbereich und Qualitätsbedarf kommen im professionellen Bereich Vollformatkameras und Mittelformatkameras zum Einsatz. Diese Systeme sind in der Regel deutlich teurer, größer und schwerer als Spiegelreflexkameras und spiegellose Systemkameras mit kleineren Sensoren. Dies trifft insbesondere für die digitalen Mittelformatkameras zu.

Bedenken Sie, dass die Kamera lediglich ein Werkzeug ist. Mit guten Ideen und Freude an der Fotografie lassen sich mit jeder Kamera einzigartige Fotos machen.

Kameratypen

Sie sind noch unsicher, welche die richtige Kamera für Sie ist? Die folgende Zusammenfassung vermittelt Ihnen einen kurzen Überblick über die gängigen Kameratypen und ihre Vor- und Nachteile.

Spiegelreflexkameras

Die manuellen Einstellungsmöglichkeiten von Spiegelreflexkameras (auch DSLR-Kameras genannt) bieten ein weites Feld an kreativen Möglichkeiten, aber auch im Automatikmodus sind sie ihren kompakten Kollegen meist überlegen.

Die Größe von Spiegelreflexkameras bietet auch Vorteile. Für viele Einstellungen gibt es ein eigenes Bedienelement. Das sieht erst mal komplizierter aus, vereinfacht aber die Bedienung, da Sie weniger im Menü suchen müssen. Zudem liegen diese Kameras oft sehr gut in der Hand und lassen sich auch mit großen Objektiven gut bedienen. Durch ihre Erweiterungsmöglichkeiten können sie an viele Aufnahmesituationen angepasst werden. Die Hersteller bieten hierfür eine Palette an Objektiven, Filtern, Blitzgeräten, Fernauslösern usw.

Spiegellose Systemkameras

Hier handelt es sich um ein stark wachsendes Kameraformat, das je nach System Anpassungsfähigkeit und hohe Bildqualität gewährleistet. Im Vergleich zu Spiegelreflexkameras sind spiegellose Systemkameras kompakter und leichter. Verschluss- und Blendenvorwahl sowie manuelle Bedienmöglichkeiten gehören wie bei Spiegelreflexkameras zur Standardausstattung. Bei schlechteren Lichtsituationen zeigen sie aufgrund der größeren Sensorformate ebenfalls deutliche Vorteile gegenüber kompakten Kameramodellen.

Bridgekameras

Diese Kameras sind in der Regel deutlich größer als Kompaktkameras und lassen sich auch manuell steuern. Sie verfügen häufig über einen größeren Zoombereich. Sie haben jedoch keine Wechseloptiken. Zum Teil ist ein Blitzschuh für ein externes Blitzgerät vorhanden.

Diese Kameras sind sehr vielseitig. Sie eignen sich als flexiblere Alternative zu Kompaktkameras. Modelle mit großem Zoombereich sind als Reisekameras sehr beliebt. Sie stoßen jedoch bei wenig Licht im Vergleich zu System- und Spiegelreflexkameras schnell an ihre Grenzen.

Kompaktkameras

Großer Vorteil dieser Klasse ist die kompakte Bauweise, was diese Kameras zu idealen täglichen Begleitern macht. Kompaktkameras zeichnen sich meist durch einfache Bedienung und viele Automatikfunktionen aus. Die manuellen Einstellmöglichkeiten sind in der Regel stark eingeschränkt. Meist verfügen diese Kameras über einen kleineren Zoombereich (häufig 3-fach). Bei vielen Kompaktkameras lässt die Bildqualität bei wenig Licht stark nach.

Outdoor- und Actionkameras

Outdoor- und Actionkameras sind Kompaktkameras, die auch für den Einsatz bei Regen, am Strand und teilweise auch unter Wasser konzipiert sind. Meist sind sie besonders tritt- und stoßfest. Die Bildqualität und Bedienung entspricht einfachen Kompaktkameras. Es sind tolle Kameras für alle Situationen, in denen es rau hergeht, die Bildqualität ist aber eher zweitklassig.

PRAKTISCHES ZUBEHÖR

Das Angebot an Fotozubehör ist groß. Was braucht man wirklich? Auf den folgenden Seiten finden Sie Ausrüstungstipps zu Objektiven und weiterem Zubehör wie Filter, Stative oder Blitzgeräte.

Objektive

Objektive sind in der Regel das teuerste, aber auch das wertbeständigste Fotozubehör. Sie haben einen großen Einfluss auf die Bildqualität und die gestalterischen Möglichkeiten.

Brennweite

Die Frage nach der richtigen Brennweite ist sowohl von den eigenen Vorlieben als auch vom Motiv abhängig. Viele Fotografen finden mit der Zeit ihre Lieblingsbrennweiten. Unter Street-Fotografen ist die 35-Millimeter-Brennweite sehr populär, Sportjournalisten verwenden wiederum häufig starke Telebrennweiten. Die meisten Fotografen nutzen Objektive mit variablen Brennweiten, sogenannte Zoomobjektive.

Die Brennweite bezeichnet die Entfernung des Linsensystems zu ihrem Brennpunkt (Abstand von der Hauptlinse zum Sensor). Diese wird in der Fotografie in Millimetern angegeben. Alles klar?

WAS BEDEUTET BRENNWEITE?

Für die Praxis gilt vereinfacht: Je größer die Brennweite (Tele), desto größer lassen sich Objekte aus gleicher Aufnahmedistanz fotografieren. Je kleiner die Brennweite (Weitwinkel), desto größer ist der Bildausschnitt.

Die folgenden beiden Aufnahmen habe ich vom gleichen Standort mit verschiedenen Brennweiten aufgenommen (50 mm und 400 mm).

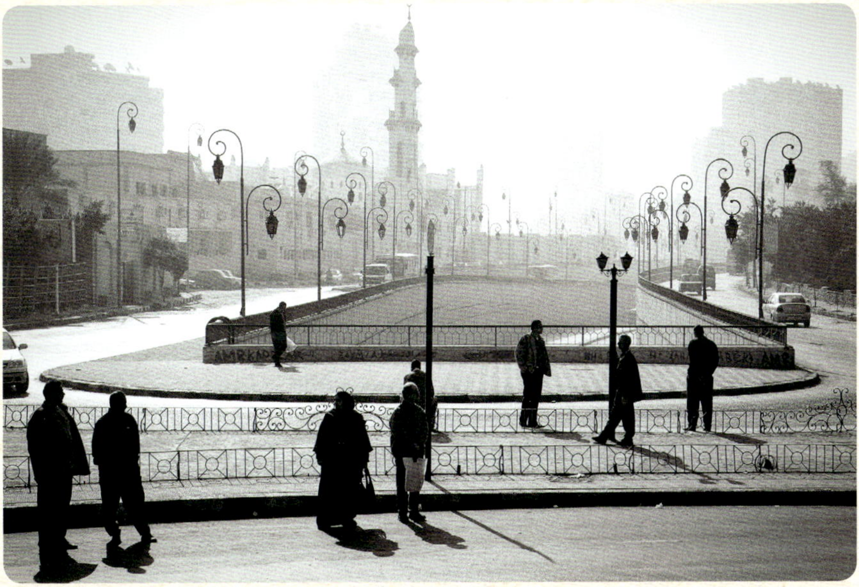

Brennweite 50 mm

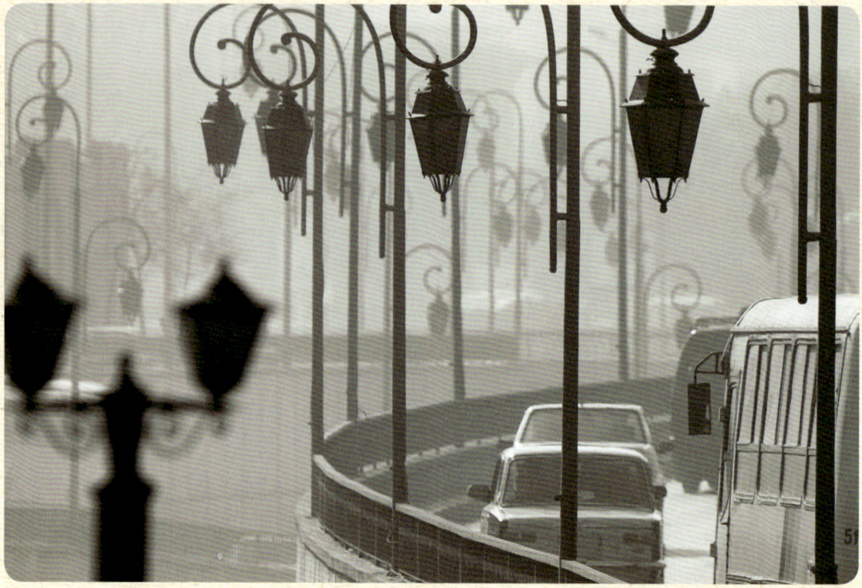

Brennweite 400 mm

Crop-Faktor

Der Bildausschnitt bei einer bestimmten Brennweite ist von der Größe des Sensors abhängig. Die folgende Darstellung zeigt, welchen Bildausschnitt Sie bei gleicher Brennweite mit unterschiedlich großen Sensoren erreichen.

Sensoren im Format Kleinbild (Vollformat), APS-C und Four-Thirds werden vor allem bei Spiegelreflexkameras und spiegellosen Systemkameras eingesetzt. In Kompakt- und Bridgekameras werden in der Regel Sensoren mit 1", 2/3" und kleiner genutzt.

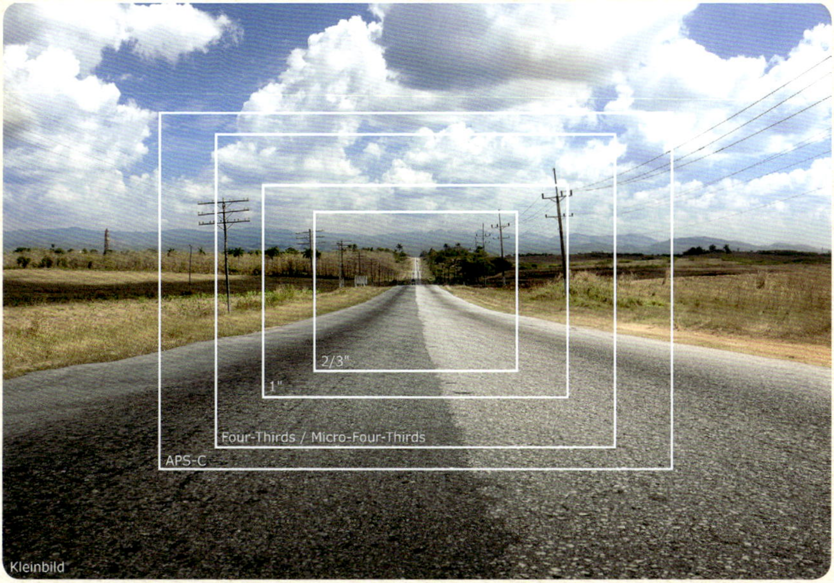

Sensorgrößen/Bildausschnitte im Vergleich

Je nach Sensorgröße wirken die resultierenden Bildausschnitte, wie wenn sie mit unterschiedlichen Brennweiten aufgenommen wären. Ein reiner Brennweitenvergleich zwischen Kameras mit unterschiedlich großen Sensoren gibt daher keinen Aufschluss über den resultierenden Bildausschnitt. Um einen Vergleich zu ermöglichen, wird häufig die kleinbildäquivalente Brennweite angegeben. Dies ist die Brennweite, die im Kleinbild-/Vollformat notwendig wäre, um einen gleichen Bildausschnitt zu erreichen. Dadurch lassen sich Kameras und Objektive besser vergleichen.

Mit dem Crop-Faktor können Sie die kleinbildäquivalente Brennweite selbst berechnen. Kameras mit einem Bildsensor im APS-C-Format haben einen Crop-Faktor von 1,5 (Canon 1,6). Beim Micro-Four-Thirds-System liegt der Crop-Faktor bei 2. Bei Kompakt- und Bridgekameras werden in der Regel kleinere Sensorformate genutzt. Informationen zum Sensorformat Ihrer Kamera finden Sie in der Bedienungsanleitung bei den technischen Daten. Die folgende Tabelle zeigt die gängigen Sensorformate bei Spiegelreflexkameras und spiegellosen Systemkameras.

Sensorformat	Abmessungen	Crop-Faktor
Kleinbild/Vollformat	36 x 24 mm	1
APS-C	23,6 x 15,6 mm	1,5
APS-C (Canon)	22,3 x 14,9 mm	1,6
Micro-Four-Thirds und Four-Thirds	17,3 x 13 mm	2

Gängige Sensorformate

Ein Beispiel: Wenn Sie ein 100-mm-Objektiv auf einer Canon-Kamera im APS-C-Format nutzen, ergibt sich mit dem Faktor 1,6 eine kleinbildäquivalente Brennweite von 160 mm.

Im Kapitel „Bildgestaltung" finden Sie Tipps, wie Sie verschiedene Brennweiten kreativ einsetzen können.

Bei Kameras mit größeren Sensoren haben Sie mehr Möglichkeiten, mit einer kleinen Schärfentiefe zu fotografieren, denn diese Kameras benötigen im Vergleich zu Modellen mit kleineren Sensoren eine größere Brennweite für den gleichen Bildausschnitt. Die Schärfentiefe nimmt mit zunehmender Brennweite ab. Dies ist z. B. für den Porträtbereich sehr interessant.

Feste Brennweite vs. Zoom

Mit Zoomobjektiven können Sie komfortabel unterschiedlichste Bildausschnitte wählen, ohne das Objektiv zu wechseln. Das klingt toll, hat aber auch einen Haken: Die meisten Zoomobjektive haben eine schlechtere Abbildungsleistung als Festbrennweiten. Zudem sind Zoomobjektive (in der gleichen Preisklasse) lichtschwächer als vergleichbare Festbrennweiten.

Ist Ihnen maximale Bildqualität wichtig, so sollten Sie den Zoombereich nicht zu groß wählen. Objektive mit einem Zwei- bis Vierfach-Zoom verfügen in der Regel über eine gute bis sehr gute Abbildungsleistung. Liegt das Augenmerk vor allem auf Gewicht und Komfort, dann sind sogenannte Superzoom- bzw. Reise-Zoomobjektive (z. B. von 18–200/270 mm) eine Alternative.

Festbrennweiten werden häufig verwendet, wenn ein Maximum an Bildqualität im Vordergrund steht, wenn eine besonders hohe Lichtstärke gefordert wird oder wenn andere spezielle Ansprüche an das Objektiv gestellt werden (z. B. Makro).

Ein lichtstarkes Objektiv gehört in jede Fototasche. Die meisten Hersteller bieten zumindest eine lichtstarke Festbrennweite preiswert an (z. B. 50 mm *f*/1.8 für APS-C und Vollformat). Mit diesen Objektiven sind Sie auch auf Situationen mit wenig Licht vorbereitet. Zudem haben Sie mit lichtstarken Objektiven mehr Möglichkeiten, die Schärfentiefe zu steuern.

Zum Beginn meiner Fotoleidenschaft erhielt ich den Tipp, vor allem am Anfang Festbrennweiten zu nutzen. Warum? Mit einer Festbrennweite müssen Sie sich dem Motiv nähern oder entfernen, wenn Sie den Bildausschnitt verändern möchten. Dadurch verändern Sie auch die Perspektive. Sie entwickeln dadurch schnell ein Gefühl für veränderte Perspektiven.

Lichtstärke

Die Lichtstärke eines Objektivs wird über die größte Blendenöffnung angegeben. Sie finden die Blendenangaben auf jedem Objektiv (z. B. *f*/2,8 oder 1:2,8). Je kleiner der angegebene Blendenwert, umso größer ist die Öffnung und umso lichtstärker ist das Objektiv.

Bei den meisten Zoomobjektiven finden Sie zwei Werte. Der erste Wert gilt für die kürzeste Brennweite, der zweite für die längste Brennweite, z. B. *f*/3,5–5,6.

! WIE ERKENNE ICH DIE LICHTSTÄRKE?

Je kleiner die angegebene Blendenzahl auf einem Objektiv, desto größer ist die Lichtstärke.

Lichtstarke Objektive sind bei schlechten Lichtbedingungen und bei schnellen Bewegungen wichtig, aber auch in der Porträtfotografie ist eine große Blendenöffnung für die Steuerung der Schärfentiefe von Bedeutung.

Festbrennweiten sind in der Regel lichtstärker als Zoomobjektive in der gleichen Preisklasse. Wenn Ihnen Lichtstärke wichtig ist und Sie auf den Preis achten möchten, dann empfehle ich Ihnen Festbrennweiten.

Es gibt auch Argumente gegen lichtstarke Objektive. Bei vergleichbaren Brennweiten sind lichtstärkere Objektive schwerer, größer und nicht zuletzt deutlich teurer. Nicht für jeden Fotografen lohnt sich der erhöhte Anschaffungspreis, und für so manchen Fotografen spielt neben den Kosten das erhöhte Gewicht eine Rolle bei der Kaufentscheidung. Aus gestalterischer Sicht jedoch lautet die Empfehlung: Kaufen Sie sich das lichtstärkste Objektiv, dass Sie sich leisten können.

Ergänzen Sie Ihre Ausrüstung mit einer lichtstarken Festbrennweite. Viele Hersteller bieten bezahlbare Standardbrennweiten mit hoher Lichtstärke an (z. B. 50 mm ƒ/1,8).

Bildstabilisator

Selbst die ruhigsten Fotografenhände können etwas zittern. Dies zeigt sich vor allem bei langen Brennweiten und langen Belichtungszeiten an verwackelten Aufnahmen. Bildstabilisatoren unterstützen Sie dabei, verwacklungsfreiere Aufnahmen zu erhalten. Wenn Ihre Kamera oder Ihr Objektiv eine Bildstabilisierung besitzt, sollten Sie sie immer aktivieren, außer bei Stativaufnahmen.

Die Hersteller haben für ihre Bildstabilisierungssysteme unterschiedliche Bezeichnungen. Auf Objektiven weisen je nach Hersteller andere Abkürzungen auf einen Bildstabilisator hin: VR, IS, OS, VC oder andere.

Wenn Ihre Kamera keinen eingebauten Bildstabilisator hat, sollten Sie vor allem beim Kauf von Teleobjektiven auf den Bildstabilisator achten. Wenn ich die Wahl habe und es finanziell vertretbar ist, wähle ich immer Objektive mit Bildstabilisator.

WANN WIRKT DER BILDSTABILISATOR?

Bildstabilisierung wirkt nur gegen Verwacklung und nicht bei bewegten Objekten. Sie kann Bewegungsunschärfen nicht verhindern.

Filter

Die meisten Fotofilter haben mit der digitalen Bildbearbeitung an Bedeutung verloren. Viele Effekte lassen sich mittlerweile gezielter per Bildbearbeitung umsetzen. Doch es gibt immer noch Filter, die auch in der Digitalfotografie sinnvoll sind.

Schrauben Sie keine Filter übereinander! Vor allem im Weitwinkelbereich besteht die Gefahr, dass dadurch die Bildecken abschatten (Vignettierung).

Polarisationsfilter

Der Polarisationsfilter, auch Polfilter genannt, ist ein wichtiges Zubehör in der Landschaftsfotografie. Damit können Sie unerwünschte Reflexionen etwa auf Wasser oder Laub reduzieren. Der Filter wirkt sich auf Kontraste und Farbsättigung aus. Über die Landschaftsfotografie hinaus wird dieser Filter auch in der Produktfotografie, der Reprofotografie oder in der Architekturfotografie verwendet.

Polfilter sind drehbar gelagert. Je nach Drehwinkel lässt sich die Wirkung des Filters ändern. Wie stark der Filter wirkt, ist auch vom Sonnenstand abhängig. Besonders wirkungsvoll ist der Filter bei Sonnenschein, wenn die Kamera im 90°-Winkel zur Sonne steht.

Die erste Aufnahme habe ich ohne Polfilter aufgenommen, die zweite mit. Die Reflexionen auf dem Wasser werden durch den Filter reduziert, dadurch kommt die Wasserfarbe zur Geltung. Das Blau des Himmels wird dunkler und gesättigter.

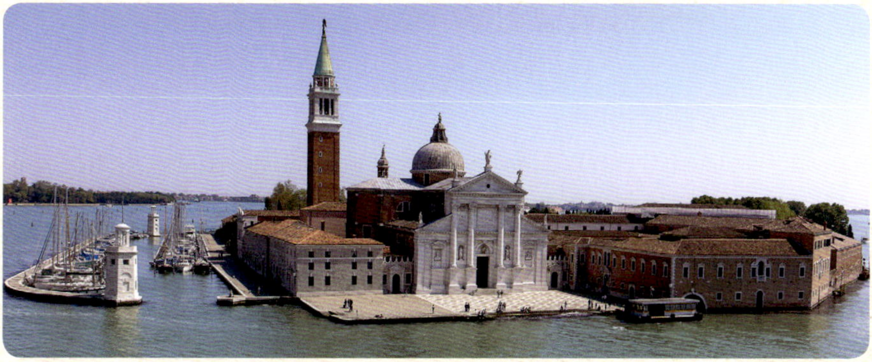

Die Lagune von Venedig – Aufnahme ohne Polarisationsfilter ...

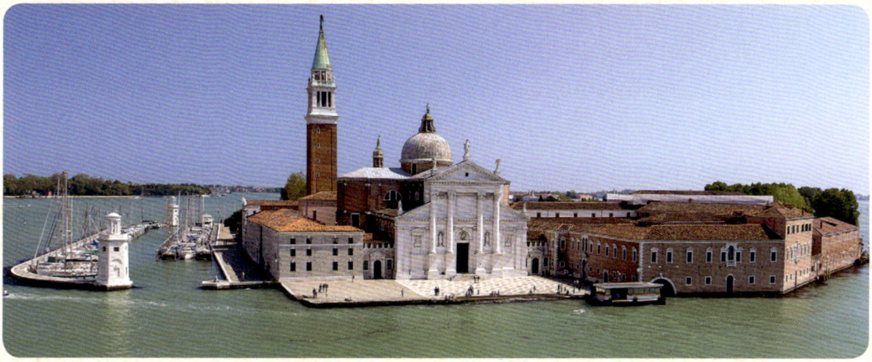

... und mit Polarisationsfilter

Polfilter „schlucken" Licht. Dies ist spätestens bei wenig Licht ein Nachteil. Setzen Sie Polfilter bewusst ein und nehmen Sie den Filter anschließend wieder vom Objektiv.

Graufilter

Mit Graufiltern, auch ND-Filter (für „Neutraldichte“) genannt, lassen sich auch bei Tageslicht Belichtungszeiten von mehreren Sekunden nutzen. Damit können Sie Wischeffekte von bewegten Objekten fotografieren. Häufig werden diese Filter dafür genutzt, bewegtes Wasser (z. B. Wasserfälle) aufzunehmen. Graufilter gibt es in verschiedenen Stärken. Eine gute Standardgröße ist ND 1,8. Dieser verlängert die möglichen Belichtungszeiten um den Faktor 64.

Grauverlaufsfilter

Grauverlaufsfilter, auch GND-Filter genannt, werden vor allem in der Landschaftsfotografie eingesetzt. Mit diesen Filtern lassen sich Teile des Bildes abdunkeln. Dies wird z. B. genutzt, um Wolken abzudunkeln und so dem Foto mehr Dramatik zu geben. Zwar lässt sich dieser Effekt zum Teil auch über die Bildbearbeitung erreichen, doch das geht nur, wenn die Wolken nicht überbelichtet sind.

Wenn Sie gerne Landschaftsfotos machen, ist ein Grauverlaufsfilter eine tolle Sache. Es gibt zwei Varianten von Grauverlaufsfiltern. Besonders empfehlenswert sind rechteckige Filter, die sich in einer Halterung vor dem Objektiv verschieben lassen. Dadurch lässt sich der Grauverlauf dem Bildaufbau anpassen. Bei runden Einschraubfiltern sind Sie sehr stark in der Bildgestaltung eingeschränkt, da der Verlauf nicht dem Bildaufbau angepasst werden kann.

Schutzfilter

Wie der Name andeutet, sollen diese Filter die Frontlinse des Objektivs vor Beschädigung durch z. B. Kratzer schützen. Meist werden hierfür UV-Filter genutzt. Gegen einen Schutz des Objektivs ist eigentlich nichts einzuwenden, allerdings kann es vor allem bei preiswerten Filtern zu einer Beeinträchtigung der Bildqualität kommen. Da diese Filter in der Regel immer auf dem Objektiv verbleiben, ist bei diesen Filtern mangelnde Qualität besonders ärgerlich.

Zum Sinn von Schutzfiltern gehen die Meinungen auseinander. Ich verwende lediglich für meine Kamera im Tagesrucksack einen (hochwertigen) Schutzfilter.

Speicherkarten

Sparen Sie nicht bei den Speicherkarten. Die Preise sind in den letzten Jahren ohnehin stark gesunken. Kaufen Sie Markenkarten mit genügend Kapazität und ausreichender Geschwindigkeit.

Vor allem für Sportfotografen und diejenigen, die auch filmen möchten, ist die Schreibgeschwindigkeit ein wesentliches Kriterium. Aber auch im Alltagsgebrauch kann sich eine langsame Karte bei der Performance der Kamera bemerkbar machen. Die geforderten Werte finden Sie in Ihrem Kamerahandbuch.

Nehmen Sie immer ausreichend Reservekarten mit, um genügend Speicherplatz zu haben oder falls eine Karte nicht mehr funktionieren sollte. Das kommt vor!

Bilder aus Versehen gelöscht?

Keine Panik! Falls Sie Fotos versehentlich gelöscht haben, sollten Sie keine weiteren Bilder mit dieser Karte machen. Sonst überschreiben Sie die noch vorhandenen Daten.

Sehr oft können Sie gelöschte Fotos mithilfe von Recovery-Programmen am Computer retten. Sie finden kostenlose Programme in Internet. Für die Datenrettung sollte Ihr Computer über ein Kartenlesegerät verfügen.

Bei Karten, die in der Kamera nicht mehr ordnungsgemäß funktionieren, besteht eine Chance, dass die Aufnahmen über den Computer ausgelesen werden können oder die Aufnahmen mit Recovery-Programmen wiederhergestellt werden können.

Akkus

Kameras benötigen unterschiedlich viel Strom. Während meine Spiegelreflexkamera mit einem vollen Akku über 700 Aufnahmen schafft, ist der Akku bei meinen spiegellosen Systemkameras manchmal schon nach 150 Aufnahmen erschöpft. Meist habe ich für jede Kamera mehrere Ersatzakkus dabei.

Die Leistung von Akkus sinkt bei niedrigen Temperaturen deutlich. Tragen Sie bei Kälte Ersatzakkus am Körper und setzen Sie die Akkus erst zum Fotografieren in die Kamera ein.

Achten Sie immer auf genügend Ersatzakkus und vergessen Sie das Ladegerät nicht!

Stative

Nutzen Sie ein Stativ, um Verwacklungen während der Aufnahme zu vermeiden. Dies betrifft nicht nur Nachtaufnahmen, auch am Tag kann der Einsatz eines Stativs für schärfere Aufnahmen sorgen.

Einbeinstativ

Das Einbeinstativ wird vor allem in der Sportfotografie eingesetzt. Es hilft, die Kamera ruhig zu führen und die Verwacklungsgefahr zu verringern, und entlastet den Fotografen bei der Verwendung von schweren Objektiven. Die Kamera kann dabei ohne große Einschränkung bewegt werden. Bei längeren Belichtungszeiten lassen sich mit dem Einbeinstativ jedoch Verwacklungen nicht ausschließen. Wenn es die Belichtungszeiten zulassen, nutze ich das Einbeinstativ auch gerne für Landschaftsaufnahmen.

Dreibeinstativ

Das Dreibeinstativ ist vor allem für statische Motive unter schlechten Lichtbedingungen (z. B. in der Nacht und in der blauen Stunde) die erste Wahl. Wichtig ist neben Stabilität, Arbeitshöhe, Packgröße und Gewicht des Stativs auch der passende Stativkopf. Eine generelle Empfehlung ist schwierig, probieren Sie die Stative am besten im Laden aus. Achten Sie darauf, dass absolut nichts wackelt, sonst besser Hände weg.

Ich nutze in der Regel drei verschiedene Typen von Dreibeinstativen. Ein Tischstativ, das auch meine Spiegelreflexkameras sicher hält, ist als Notfallvariante im Fotorucksack. Auf Reisen verwende ich ein sogenanntes Reisestativ in Verbindung mit einem hochwertigen Kugelkopf. Dieses ist leicht, bietet aber nur eine geringe Arbeitshöhe und gerät bei stärkerem Wind in Schwingungen. Wenn es das Gewicht zulässt, nutzte ich ein relativ schweres, aber stabiles Stativ (Gewicht mit Stativkopf: 3 kg).

Ziehen Sie die Mittelsäule vor allem bei leichten Stativen nicht aus, dadurch erhöhen Sie die Stabilität.

Material

Stative werden aus unterschiedlichen Materialien gefertigt. Neben dem Gewicht und der Stabilität hat das Material einen großen Einfluss darauf, wie das Stativ auf Vibrationen und Erschütterungen reagiert. Am gängigsten sind Stative aus Aluminium. Das Material ist robust, leicht und relativ preiswert. Nicht nur bei Reisestativen finden sich immer mehr Modelle aus Carbon. Das Material ist leichter und steifer als Aluminium. Stative aus Carbon sind daher besonders schwingungsarm. Leider sind diese Stative relativ teuer. Es werden auch sehr hochwertige Stative aus Holz angeboten. Diese weisen eine besonders gute Vibrationsdämpfung auf. Stative aus Kunstoff finden sich vor allem bei Tisch- und Klemmstativen.

Achten Sie unabhängig vom Material und der Bauart des Stativs und des Stativkopfs unbedingt auf das vom Hersteller angegebene Maximalgewicht.

Stativkopf

Bei den Stativköpfen werden 3D-Neiger und Kugelköpfe unterschieden. Der 3D-Neiger wird oft in der Architekturfotografie, bei Panoramaaufnahmen oder im Videobereich eingesetzt, da die horizontale und vertikale Kameraneigung unabhängig voneinander eingestellt werden können. Deutlich komfortabler ist die Arbeit mit einem Kugelkopf. Hier können Sie mit einer einzigen Schraube die Kamera für alle Bewegungsrichtungen freigeben und auch wieder arretieren. Allerdings sind Kugelköpfe weniger für Videoaufnahmen geeignet, da sie über keinen Hebel zum weichen Schwenken der Kamera verfügen.

Wechselplatte

Nutzen Sie Stativköpfe mit Wechselplatten. Diese Platten befestigen Sie an der Kamera. Dadurch lässt sich die Kamera bequem und schnell auf dem Stativ befestigen. Bei namhaften Herstellern sind diese Platten aus Metall. Sie können diese auch nachkaufen und weitere Kameras damit ausrüsten.

Fernauslöser

Verwenden Sie einen Fernauslöser, wenn Sie mit Stativ fotografieren. Das beste Stativ nützt wenig, wenn die Kamera durch den Druck auf den Auslöser in Vibrationen versetzt wird. Neben den kabelgebundenen Fernauslösern gibt es Funk- und Infrarot-Auslöser. Der Vorteil der kabelgebundenen Auslöser ist, dass sie einfach in der Handhabung sind und praktisch immer funktionieren. Die Funk- und Infrarot-Auslöser ermöglichen es hingegen, aus größerer Distanz auszulösen.

Bei aktuellen Kameras mit integriertem W-LAN gibt es auch die Möglichkeit, die Kamera über ein Smartphone zu steuern. Dabei sieht man das Live-Bild auf dem Display des Handys. Je nach Kamera lassen sich zusätzliche Einstellungen (Blende, Zeit, Fokus, ISO ...) fernsteuern. Trotzdem setze ich meist (wegen der Zuverlässigkeit und einfachen Bedienung) Kabelfernauslöser ein.

Wenn Sie keinen Fernauslöser zur Hand haben, können Sie den Selbstauslöser nutzen, um Verwacklungen beim Auslösen zu vermeiden.

Blitzgeräte

Wenn Sie regelmäßig den eingebauten Blitz Ihrer Kamera nutzen, aber von den Ergebnissen enttäuscht sind, lohnt es sich, in einen Zusatzblitz zu investieren. Achten Sie darauf, dass der Reflektor des Blitzes schwenkbar ist, damit Sie die Blitzrichtung ändern können. Durch indirektes Blitzen (z. B. auf Wände oder Decken) erhalten Sie eine weiche Ausleuchtung der Szenerie.

Die Lichtleistung wird als Leitzahl angegeben. Sie finden sie in der Bedienungsanleitung Ihres Blitzgeräts bei den technischen Daten. Eine höhere Leitzahl macht sich beim indirekten Blitzen schnell bemerkbar. Außerdem sind stärkere Geräte, nachdem ein Blitz ausgelöst wurde, schneller wieder einsatzbereit. Wenn Sie indirekt blitzen möchten, empfehle ich Ihnen Blitzgeräte mit einer Leitzahl von mindestens 40.

Wenn es die Lichtsituation zulässt, empfehle ich Ihnen, immer auch ein paar Aufnahmen ohne Blitz zu machen, um die Atmosphäre besser einzufangen.

Viele Kameras können mittlerweile geeignete Blitzgeräte (auch mehrere gleichzeitig) fernsteuern. Man nennt dies „entfesseltes Blitzen". Sie können die Blitze dabei an den gewünschten Stellen positionieren und gewinnen dadurch an Möglichkeiten, das Blitzlicht zu steuern.

Für die meisten Systemblitzgeräte benötigen Sie eigene Batterien. Achten Sie auf Reservebatterien. Wenn Sie das Blitzgerät regelmäßig nutzen, sollten Sie aufladbare Batterien nutzen.

Die Bedienung ist bei den meisten Systemblitzgeräten (zumindest im Automatikmodus) beinahe so einfach wie die Verwendung des kamerainternen Blitzgeräts.

GRUNDLAGEN DER FOTOGRAFIE

Bei analogen mechanischen Kameras gab es nur wenige Bedienelemente: Belichtungszeit, Blende, ISO-Wert und Fokussierung. Trotz der scheinbar unendlich vielen Möglichkeiten digitaler Kameras sind diese Einstellungen auch in der digitalen Fotografie entscheidend. Sie genügen meist, damit Sie volle Kontrolle über das Bildergebnis haben.

Grundbegriffe

Das vorhandene Licht variiert je nach Tageszeit, Jahreszeit oder Beleuchtungsquelle. Eine Kamera muss sich ständig an sich ändernde Lichtverhältnisse anpassen, damit die Fotos nicht zu hell oder zu dunkel werden.

Die Menge des einfallenden Lichts wird bei Kameras durch die Blende und die Belichtungszeit gesteuert. Der ISO-Wert entscheidet darüber, wie die Kamera mit der auf dem Sensor auftreffenden Lichtmenge umgeht, anders ausgedrückt, mit wie viel Licht sich die Kamera zufriedengibt.

Der Zusammenhang von Blende und Belichtungszeit lässt sich sehr gut anhand eines Wasserhahns verdeutlichen. Stellen Sie sich vor, Sie möchten ein Glas mit Wasser füllen. Sie können entweder den Wasserhahn ganz öffnen, dann geht es sehr schnell, bis das Glas voll ist. Oder Sie öffnen ihn nur wenig, dann dauert es länger. Das Ergebnis ist in beiden Fällen das Gleiche. Dies können Sie auch auf die Fotografie übertragen: Bei einer großen Öffnung (Blende) wird weniger Zeit (Belichtungszeit) benötigt als bei einer kleinen Öffnung. In beiden Fällen kann trotz der unterschiedlichen Einstellungen die gleiche Bildhelligkeit erreicht werden.

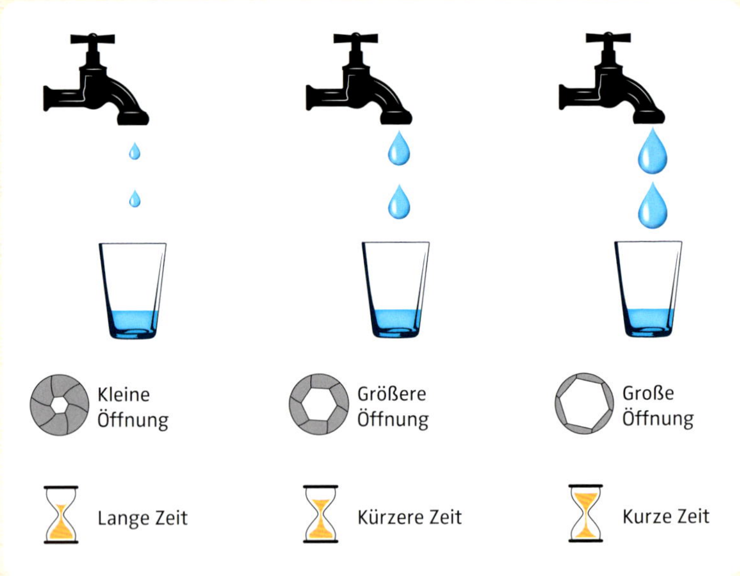

Der Zusammenhang von Blende und Belichtungszeit

Klingt kompliziert? Entwarnung: In den Automatikprogrammen kümmert sich Ihre Kamera selbstständig um diese Einstellungen. Im Verlauf dieses Buches werden Sie erfahren, warum es sich dennoch lohnt, die Automatikfunktionen zu verlassen.

Belichtungszeit

Die Belichtungszeit ist die Zeitdauer, in welcher der Sensor (oder der Film) dem Licht bei der Aufnahme ausgesetzt wird. Die Belichtungszeit lässt sich kreativ einsetzen. Sie ist dafür verantwortlich, ob ein bewegtes Objekt „eingefroren“ (scharf abgebildet) wird oder ob es zu Bewegungsunschärfen kommt.

Die Wirkung unterschiedlicher Belichtungszeiten auf Bewegung lässt sich sehr gut an Wasser zeigen. Bei diesem Bild wurde eine lange Belichtungszeit von vier Sekunden genutzt. Das Wasser „verwischt“ bei dieser Zeit.

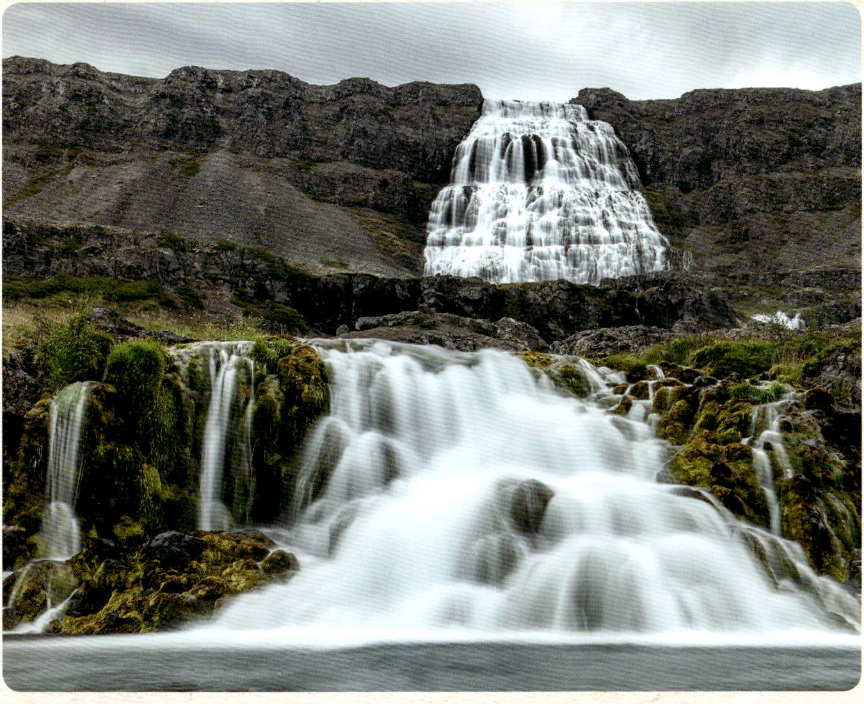

Lange Belichtungszeit: 4 s

Bei der folgenden Aufnahme wurde 1/1000 s gewählt. Dabei werden die Bewegungen der Wassertropfen nahezu eingefroren.

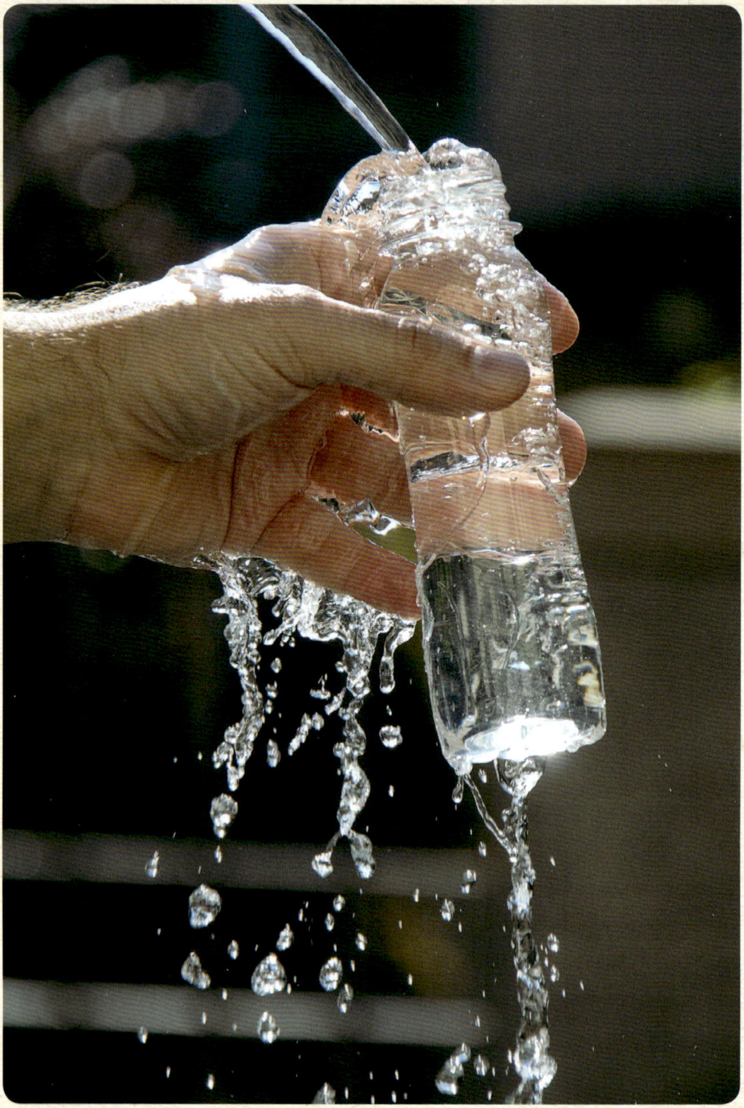

Kurze Belichtungszeit: 1/1000 s

Moderne Spiegelreflex- und Systemkameras bieten Belichtungszeiten von 1/4000 s und kürzer. Mit sehr kurzen Verschlusszeiten können Sie auch schnelle Bewegungen einfrieren. Damit dies klappt, muss neben den richtigen Kameraeinstellungen auch ausreichend Licht vorhanden sein. So ist es z. B. eher schwierig, einen Wasserfall während der Dämmerung im Foto einzufrieren.

Wie Sie die Belichtungszeit selbst steuern können, erfahren Sie im Kapitel „Blendenautomatik (S/Tv)".

Blende

Die Blende lässt sich mit der Pupille des menschlichen Auges vergleichen. Wie diese steuert auch die Blende die Menge des einfallenden Lichts über die Größe der Öffnung. Neben der Lichtmenge beeinflusst die Blende auch die Schärfentiefe. Die Schärfentiefe beschreibt den Bereich der Schärfe von dem fokussierten Punkt in Richtung Kamera und weg davon. Eine große Blende lässt viel Licht durch und führt zu einer kleinen Schärfentiefe, eine kleine Blende lässt weniger Licht durch und hat eine große Schärfentiefe zur Folge.

Die folgenden beiden Aufnahmen zeigen die Wirkung unterschiedlicher Blenden auf die Schärfentiefe. Bei beiden Aufnahmen wurde auf die Knoten im Vordergrund fokussiert.

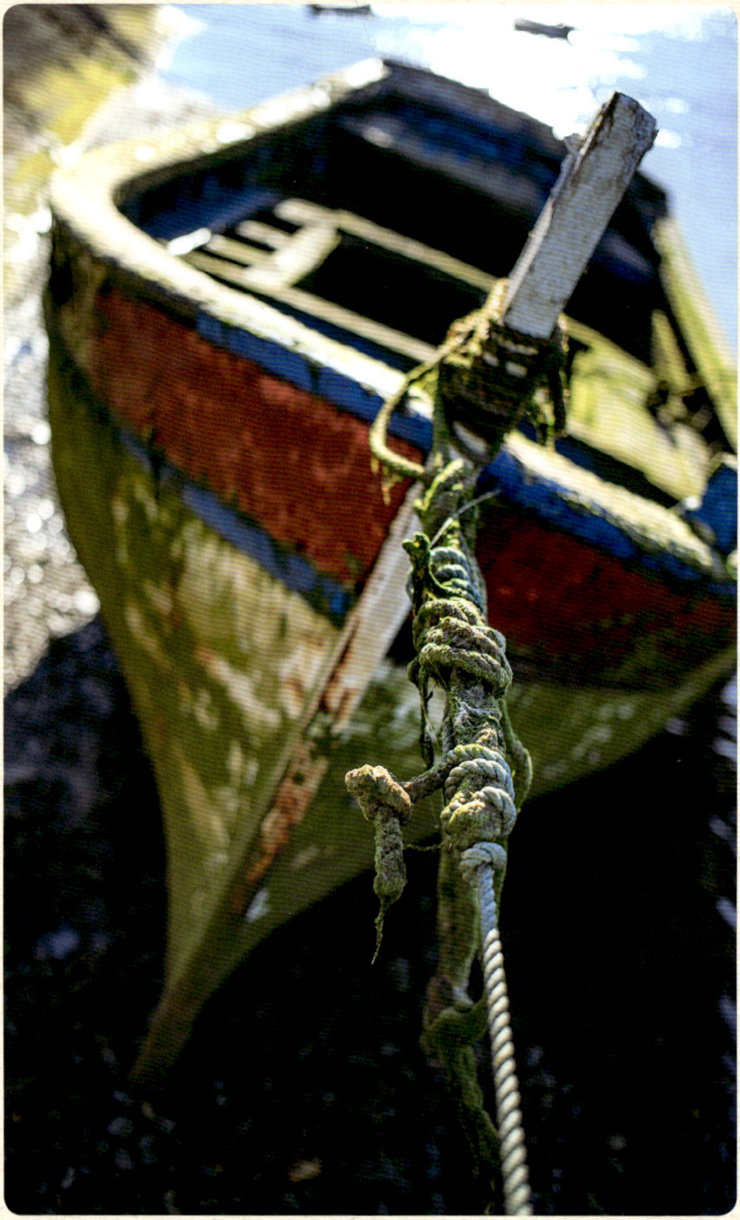

Große Blende (ƒ/2.8) – kleine Schärfentiefe

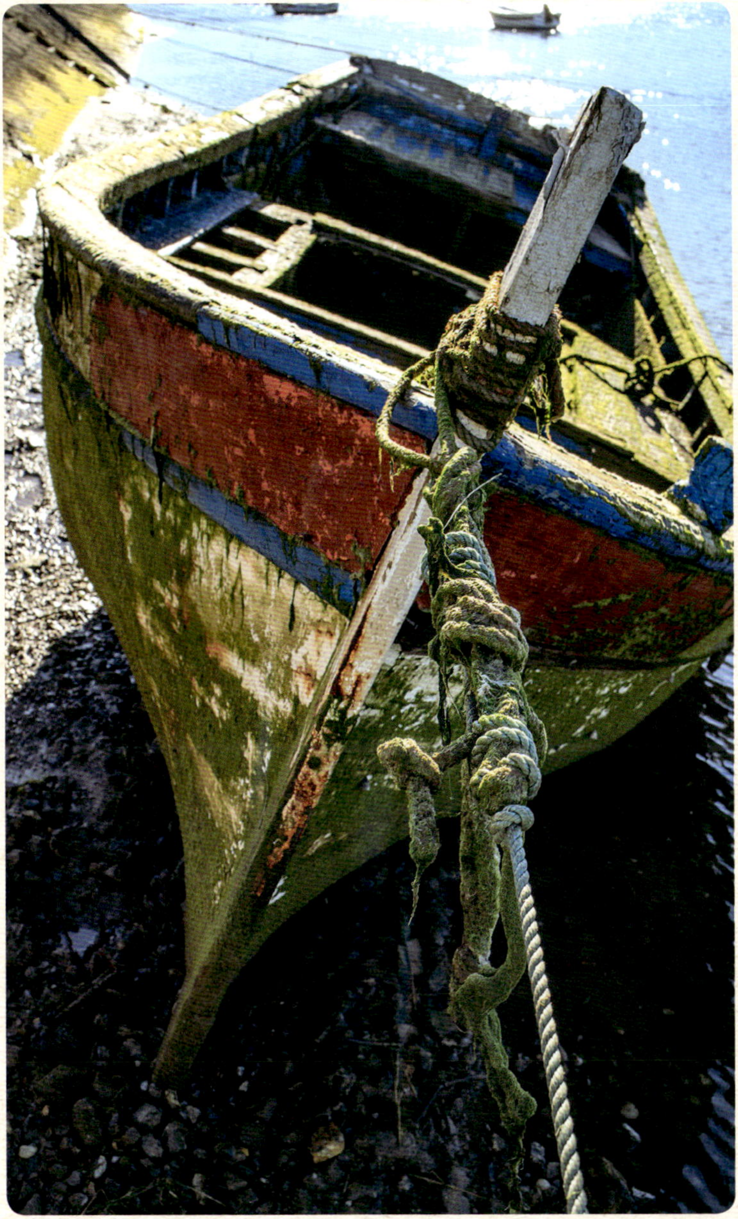

Kleine Blende (f/13) – große Schärfentiefe

SCHÄRFENTIEFE

Die Schärfentiefe ist von Blende, Brennweite und Entfernung abhängig.

- Je größer die Blendenzahl (bzw. je kleiner die Blendenöffnung), desto größer die Schärfentiefe, und umgekehrt.
- Je größer die verwendete Brennweite, desto kleiner die Schärfentiefe.
- Bei geringerer Distanz zwischen Kamera und Aufnahmeobjekt nimmt die Schärfentiefe ab.

Die Schärfentiefe dehnt sich nicht gleichmäßig aus. Die Ausdehnung der Schärfentiefe verhält sich in der Regel ⅓ in Richtung Kamera und ⅔ weg von der Kamera (Makroaufnahmen gleichmäßig je ½).

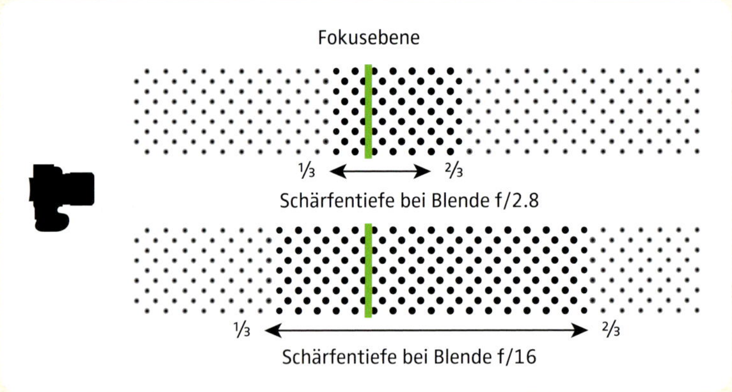

Schärfentiefe und Blendenöffnung

Bei vielen Kameras sehen Sie die Wirkung der eingestellten Blende erst im aufgenommenen Foto. Um besser zu verstehen, wie sich die Blendenzahl auf die Schärfentiefe auswirkt, machen Sie Aufnahmen mit großer und kleiner Blendenzahl und schauen Sie sich die Bildergebnisse mit eingeblendeten Aufnahmedaten genau an.

Die Begriffe Blende und Blendenzahl sind manchmal verwirrend: Der Begriff Blende bezieht sich auf die Größe der Blendenöffnung. Eine hohe Blendenzahl von z. B. *f*/16 bedeutet eine kleine Blende/Blendenöffnung, eine niedrige Blendenzahl wie *f*/1,8 bezeichnet eine große Blende/Blendenöffnung.

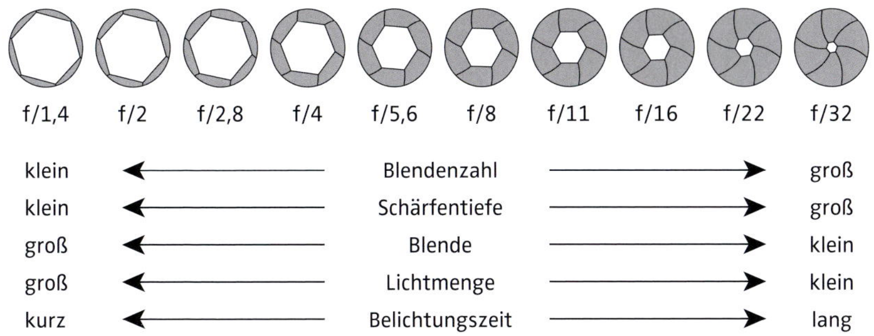

Die Größe der Blende und ihre Wirkungen

Es gibt Apps, mit denen Sie die Schärfentiefe mit der jeweiligen Blende, Brennweite und Distanz berechnen können. Diese sind nicht nur für Einsteiger extrem hilfreich.

Wie Sie die Blende selbst steuern können, erfahren Sie im Kapitel „Zeitautomatik (A/Av)“.

ISO-Wert und Bildrauschen

Der ISO-Wert beschreibt die Lichtempfindlichkeit. In der analogen Fotografie ist die Lichtempfindlichkeit vom verwendeten Film abhängig. In der Digitalfotografie bietet Ihre Kamera einen variablen ISO-Bereich, das heißt, Sie können die Werte von Foto zu Foto anpassen.

Der eingestellte ISO-Wert beeinflusst die Bildqualität:

- Je höher der Wert, umso stärker macht sich Bildrauschen bemerkbar. Störsignale lassen die Aufnahme „körnig“ wirken und Bilddetails gehen verloren.
- Bei einem niedrigen ISO-Wert nimmt bei wenig Licht die Verwacklungsgefahr beim Fotografieren ohne Stativ zu.

Die ISO-Automatik kann Ihnen die Entscheidung abnehmen, welchen ISO-Wert Sie wählen sollen. Für Freihandaufnahmen ist diese Automatik eine tolle Sache. Vor allem bei Aufnahmen mit Stativ aber sollten Sie den ISO-Wert manuell festlegen, da die Kamera in der ISO-Automatik unnötig den Wert erhöht.

Nutzen Sie zu Beginn die ISO-Automatik für Aufnahmen aus der Hand. Sie hilft, Verwacklungen zu vermeiden, und Sie können sich auf das Motiv und die anderen Einstellungen konzentrieren.

Die folgende Aufnahme habe ich mit einem ISO-Wert von 6400 fotografiert. Das gesamte Bild sieht im Druckformat noch ordentlich aus, doch eine Ausschnittvergrößerung offenbart das Bildrauschen.

Ein großformatiger Druck in guter Qualität wäre bei diesem Bildrauschen nicht möglich. Zoomen Sie bei der Bildkontrolle immer ins Bild, damit Sie das Bildrauschen beurteilen können. Wie Sie solche Aufnahmesituationen richtig umsetzen und Bildrauschen vermeiden, erfahren Sie im Workshopteil.

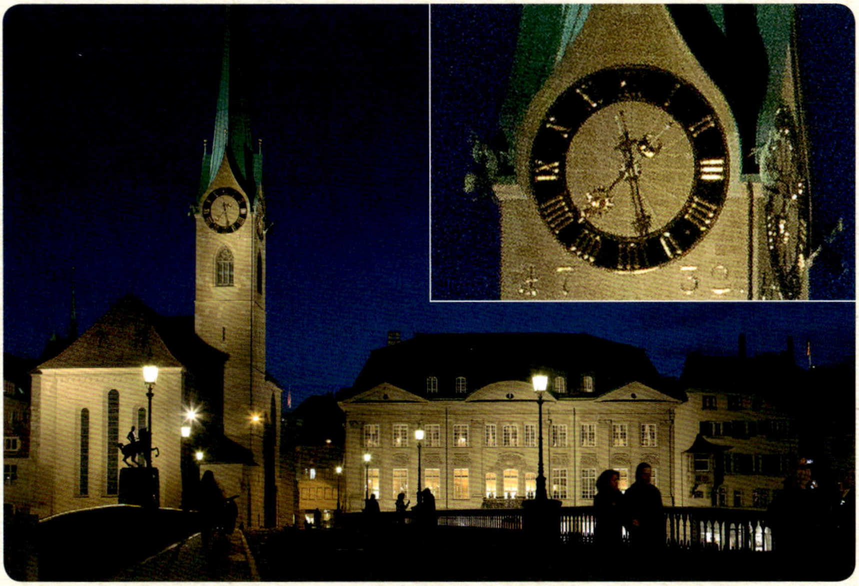

Im Ausschnitt sichtbar: Bildrauschen bei ISO 6400

SENSOR UND ISO-WERT

Vereinfacht lässt sich sagen: Je größer der Sensor einer Kamera, umso höher ist die Bildqualität und desto geringer fällt das Bildrauschen bei höheren ISO-Werten aus.

Gerade im Bereich Lichtempfindlichkeit und der Reduktion von Bildrauschen hat sich in den letzten Jahren viel getan. Wenn Sie auf gute Bildqualität bei schlechten Lichtbedingungen angewiesen sind, empfehle ich eine Kamera mit großem Sensor und lichtstarke Objektive.

Fotozeitschriften und Internet bieten ausführliche Kameratests, in denen auch das Thema Bildqualität bei hohen ISO-Werten ausführlich Beachtung findet.

Auflösung

Die Auflösung einer Digitalkamera wird in Pixel angegeben. Ein Pixel entspricht einem Bildpunkt und enthält die Informationen zu Farbe und Helligkeit. Die Auflösung ist mitentscheidend, in welcher maximalen Größe das Foto in hoher Qualität gedruckt werden kann.

Verwenden Sie möglichst immer die maximale Auflösung Ihrer Kamera. Damit haben Sie Spielraum bei der späteren Nutzung der Aufnahmen. So ist es auch möglich, das Foto anschließend zu beschneiden, ohne dass die Qualität darunter leidet. Fotos in voller Auflösung benötigen zwar mehr Speicherplatz, doch sind die Kosten für Speicherkarten in letzten Jahren deutlich gesunken.

Wenn Sie die Auflösung auf niedrige Werte stellen und vergessen, diese Einstellung wieder rückgängig zu machen, sind die Aufnahmen eventuell unbrauchbar. Sollten Sie Aufnahmen in geringerer Auflösung z. B. für das Internet benötigen, so können Sie die Aufnahmen ohne großen Aufwand am Computer verkleinern.

Die Auflösung allein ist als Kriterium für die Bildqualität nur bedingt aussagekräftig. Neben der vom Hersteller genannten Auflösung spielen Kamera- und Objektivqualität eine wichtige Rolle. Auch die Aufnahmetechnik (z. B. mit Stativ oder ohne, ISO-Wert) ist entscheidend.

Fotografieren Sie immer mit der höchsten Auflösung. Zur Bildverkleinerung finden Sie im Internet gute kostenlose Programme, z. B. Faststone Image Viewer oder IrfanView.

Dateiformat: JPG oder RAW?

Neben der Auflösung ist auch das Dateiformat für die Bildqualität wichtig. Viele Kameras bieten neben dem Dateiformat JPG oder JPEG auch das RAW-Format. Beide Formate haben ihre Vor- und Nachteile.

Das JPG-Format ist das gebräuchlichste Dateiformat für Fotos. Es bietet bei geringem Speicherbedarf eine für viele Anwendungen ausreichende Bildqualität. Die meisten Profis nutzen wegen der höheren Bildqualität und der erweiterten Bearbeitungsmöglichkeiten das RAW-Format.

Hier die Vor- und Nachteile beider Formate im Überblick:

JPG (JPEG)

+ kann nahezu jeder Computer öffnen
+ geringer Speicherbedarf
– Verluste durch Kompression möglich
– im Vergleich zu RAW eingeschränkte Nachbearbeitungsmöglichkeiten

RAW

+ kein Verlust durch Kompression
+ bessere Bearbeitungsmöglichkeiten
– herstellereigene Formate (entsprechende Software ist nötig)
– Nachbearbeitung bzw. Konvertierung für weitere Nutzung ist notwendig
– höherer Speicherplatzbedarf

Wenn Sie auf höchste Bildqualität Wert legen, kommen Sie um das RAW-Format kaum herum. Wenn Sie sich noch unsicher sind, welches Format das richtige ist, können Sie auch in RAW und JPG gleichzeitig fotografieren, dann werden jeweils zwei Dateien eines Fotos auf der Speicherkarte abgelegt.

Wenn Sie in JPG fotografieren, sollten Sie auch auf Einstellungen wie Weißabgleich, Farb- bzw. Filmmodus, Farbsättigung, Kontrast und Scharfzeichnung achten. Während diese Einstellungen im RAW-Format reversibel sind, können diese im JPG nur eingeschränkt nachträglich verändert werden.

Der Aufnahmemodus

Die Moduswahl gehört zu den grundlegenden Einstellungen beim Fotografieren, daher befindet sich das Moduswahlrad an prominenter Stelle (meist oben rechts oder links). Dieses Kapitel wird Ihnen helfen, für unterschiedliche Aufnahmesituationen den jeweils passenden Aufnahmemodus zu finden.

Vollautomatik (Auto)

Die Vollautomatik (Auto) von Digitalkameras ist so konzipiert, dass Bedienfehler möglichst ausgeschlossen werden. Das ermöglicht einen intuitiven und spielerischen Einstieg. Sie können sich dabei auf die Bildgestaltung konzentrieren. Gleichzeitig haben Sie in der Vollautomatik jedoch kaum Einflussmöglichkeiten.

Die Kamera versucht in diesem Modus zu erraten, wo das Hautobjekt ist, und stellt in der Regel selbstständig scharf. Dies klappt erstaunlich oft, hat aber auch seine Grenzen. Auch Belichtung und Schärfentiefe sind nicht steuerbar. Bei wenig Licht wird (wenn eingebaut) in der Regel automatisch der Blitz aktiviert.

Ihre Kamera kann nicht erraten, welche kreativen Ideen Sie beim Fotografieren verfolgen. Darum sind die Möglichkeiten der Vollautomatik begrenzt. Wenn Sie sich eingehender mit Fokussierung, Belichtungszeit und Blende auseinandergesetzt haben, können Sie die Vollautomatik nach und nach hinter sich lassen.

Für absolute Anfänger bietet die Vollautomatik einen guten Einstieg, denn damit können Sie sich ganz auf das Motiv konzentrieren.

Und: Falls Ihre Kamera Probleme macht, weil Sie etwas verstellt haben, kann die Vollautomatik eine Notlösung sein, da die Kamera in diesem Modus auf Standardeinstellungen zurückgreift.

Motivprogramme (Szene)

Motivprogramme (Szene/Scene/SCN) sind der Vollautomatik oft überlegen. Wenn Sie eines dieser Programme wählen, teilen Sie der Kamera mit, um welche Aufnahmesituation es sich handelt. Dadurch nutzt die Kamera zum Teil Einstellungen, wie sie auch von fortgeschrittenen Fotografen in solchen Situationen genutzt werden.

Motivprogramme ermöglichen Ihnen, ohne eingehendes Wissen über Fokus, Blende, Belichtungszeit oder ISO-Zahl, die Kamera an spezifische Aufnahmesituationen anzupassen.

Die folgenden Motivprogramme finden Sie außer bei Profimodellen bei fast allen Kameras. Beachten Sie für kameraspezifische Eigenheiten die Bedienungsanleitung Ihrer Kamera.

Sport

Dieser Modus wird für schnell bewegte Motive eingesetzt. Die Kamera wählt kurze Belichtungszeiten, damit Bewegungen ohne Verwischen aufgenommen werden. Zudem wird meist der Serienbildmodus aktiviert, sodass ein Foto nach dem anderen aufgenommen wird, solange Sie den Auslöser voll durchdrücken.

Im Sportmodus ändert sich auch das Verhalten der Fokussierung. Die Kamera stellt, wenn Sie den Auslöser halb drücken, dauernd scharf und versucht, dem erfassten Objekt zu folgen. Der Sportmodus eignet sich nicht nur für Sport, sondern auch z. B. bei Tieren oder herumtobenden Kindern.

Landschaft

In diesem Modus versucht die Kamera in der Regel, mithilfe einer großen Blendenzahl eine große Schärfentiefe zur Verfügung zu stellen. Zudem wird oft die Farbsättigung erhöht.

Porträt

Im Porträtmodus versucht die Kamera meist, über eine kleine Blendenzahl eine geringe Schärfentiefe zu schaffen. Dadurch löst sich das Hauptobjekt vom Hintergrund. Damit dies funktioniert, sollten Sie längere (möglichst lichtstarke) Brennweiten nutzen (50 mm und mehr). Im Porträtmodus werden in der Regel auch die Farben von Hauttönen verändert.

Wie bei der Vollautomatik können Sie in den Motivprogrammen kaum Einfluss auf die Einstellungen nehmen. Aber auch fortgeschrittenere Fotografen können sich von den vorgeschlagenen Werten und Einstellungen in den Motivprogrammen inspirieren lassen.

Experimentieren Sie mit den verschiedenen Motivprogrammen und achten Sie auf das Verhalten Ihrer Kamera. Welche Einstellungen gibt die Kamera vor? Wie unterscheiden sich die Bildergebnisse?

Programmautomatik (P)

Die Programmautomatik (P) ist eine gute Alternative zur Vollautomatik. Für viele Fotografen gehört die Programmautomatik zu den Standardprogrammen. In diesem Modus stellt die Kamera automatisch Blende und Belichtungszeit ein. Nutzen Sie die Programmautomatik für Momente, in denen Sie spontan fotografieren möchten, ohne sich über Blende und Belichtungszeit Gedanken zu machen.

Die Programmautomatik bietet Ihnen im Unterschied zur Vollautomatik die Möglichkeit, wichtige Einstellungen selbst zu steuern:

- Belichtungskorrekturen (+/–)
- ISO-Wert
- Fokussierungsmethode
- Einzelbild- oder Serienbildmodus
- Blitz u.v.a.

Zeitautomatik (A/Av)

Wenn Sie sich fotografisch weiterentwickeln möchten, wird die Zeitautomatik (A oder Av) interessant. Für viele ambitionierte Fotografen ist der A/Av-Modus wegen der gestalterischen Möglichkeiten das Standardprogramm.

Das A kommt vom englischen Ausdruck für Blende(nwert), *aperture (value)*. In diesem Programm können Sie die Blende vorwählen, und die Kamera steuert die Zeit automatisch (daher „Zeitautomatik“).

Mit der Blende können Sie, wie bereits erwähnt, die Schärfentiefe steuern. Eine große Blendenzahl führt zu einer größeren Ausdehnung der Schärfe und umgekehrt. Das bedeutet, dass bei großer Blendenzahl (kleine Blendenöffnung) nicht nur das fokussierte Objekt scharf wird, sondern auch Objekte, die davor oder dahinterliegen. Beispiele für den Einsatz der Zeitautomatik:

- **Porträts:** häufig mit kleinen Blendenzahlen in Verbindung mit leichten Telebrennweiten, um den Hintergrund unscharf darzustellen
- **Landschaftsaufnahmen:** oft mit großen Blendenzahlen, um sowohl Vorder- als auch Hintergrund scharf abzubilden

! FAUSTFORMEL FÜR DIE ZEITAUTOMATIK

- große Blendenzahl = große Schärfentiefe
- kleine Blendenzahl = kleine Schärfentiefe

Tipps für den Einstieg in die Zeitautomatik

- Verwenden Sie längere Brennweiten (50 mm und mehr).
- Suchen Sie sich Objekte, die Sie aus kurzer Distanz (ein bis zwei Meter) fotografieren können.
- Der Hintergrund sollte weiter weg (mindestens fünf bis zehn Meter) und im Bildausschnitt zu sehen sein.
- Machen Sie jeweils Aufnahmen mit großen und kleinen Blendenwerten. Vergleichen Sie die Bilder möglichst am Computer.
- Vermeiden Sie bei wenig Licht unnötig große Blendenzahlen (= kleine Blendenöffnungen). Bei wenig Licht kommt es bei großen Blendenzahlen schnell zu Verwacklungen, Bewegungsunschärfe und je nach ISO-Wert zu starkem Bildrauschen.

Wechseln Sie immer wieder bewusst in den A/Av-Modus und nehmen Sie das gleiche Motiv mit großer und kleiner Blendenzahl auf. So lernen Sie schnell, den Einfluss der Blende auf das Bildergebnis abzuschätzen.

Achten Sie in der Zeitautomatik immer auf die Blendeneinstellung. Wenn Sie die Blende nicht aktiv für die Bildgestaltung nutzen, verwenden Sie besser P oder die Vollautomatik. Es gibt keinen Standardblendenwert, der für alle Situationen geeignet ist.

Blendenautomatik (S/Tv)

Die Belichtungszeit (Verschlusszeit) beeinflusst das Bildergebnis, wenn Bewegung im Spiel ist. Die Blendenautomatik (S oder Tv) bietet Ihnen einen komfortablen Einstieg bei der Arbeit mit Belichtungszeiten. S steht hier für engl. *shutter speed*, Tv für *time value*. Dabei wählen Sie die Belichtungszeit, und die Kamera kümmert sich automatisch um die Blendensteuerung, darum der Begriff Blendenautomatik.

Bei langen Belichtungszeiten verwischen bewegte Objekte im Foto (bekannt als Wischeffekt), bei kurzen Zeiten werden die bewegten Objekte scharf dargestellt oder eingefroren.

BELICHTUNGSDAUER

Kurze Belichtungszeiten sorgen auch bei bewegten Motiven für scharfe Aufnahmen. Die Verwacklungsgefahr wird reduziert.

Lange Belichtungszeiten lassen Bewegungen im Foto verwischen. Die Verwacklungsgefahr nimmt zu.

Achtung Verwacklungsgefahr: Bei längeren Belichtungszeiten macht sich die Bewegung Ihrer Hand bemerkbar. Je länger die Belichtungszeit, desto wahrscheinlicher werden verwackelte Fotos. Das sollte Sie jedoch nicht davon abhalten, mit diesem Programm zu spielen. Auch verwischte und/oder verwackelte Aufnahmen können ihren Reiz haben.

Achten Sie bei längeren Belichtungszeiten auf die erhöhte Verwacklungsgefahr. Nutzen Sie ein Stativ, wenn Sie Verwacklungen ausschließen möchten.

Wichtig: Kontrollieren Sie immer die Sucher- oder Displayanzeige. Blinkt der Blendenwert oder wird er rot angezeigt, so hat die Kamera bereits ihr ganzes Potenzial bezüglich der Blendensteuerung ausgeschöpft:

- Blinkt die kleinste Blendenzahl, so will Ihnen Ihre Kamera mittteilen, dass Sie für die vorliegenden Beleuchtungsverhältnisse eine zu kurze Zeit gewählt haben und die Aufnahme zu dunkel wird.
- Blinkt die größte Blendenzahl, so haben Sie eine zu lange Zeit für die vorliegenden Beleuchtungsverhältnisse gewählt. In diesem Fall wird das Foto zu hell.

Passen Sie Ihre Einstellungen so an, bis die Anzeige nicht mehr blinkt.

Tipps für den Einstieg in die Blendenautomatik

- Spielen Sie mit kurzen und langen Belichtungszeiten bei bewegten Objekten (z. B. Fahrzeuge).
- Beginnen Sie beispielsweise mit 1/15 s und verkürzen Sie die Belichtungszeit schrittweise bis auf 1/1000 s.
- Aktivieren Sie (zumindest für den Anfang) die ISO-Automatik, dann können Sie sich auf die Belichtungszeit konzentrieren.

Verwacklungsgefahr reduzieren

Die Verwacklungsgefahr ist neben der Belichtungszeit auch von der Brennweite abhängig. Die sogenannte Reziprok-Regel ist eine Möglichkeit, die Verwacklungsgefahr abzuschätzen.

Dabei gilt: Die maximale Verschlusszeit, die verwacklungsfrei gehalten werden kann, ergibt sich aus dem Kehrwert der kleinbildäquivalenten Brennweite. Das klingt kompliziert, aber anhand eines Beispiels sehen Sie, was gemeint ist: Wenn Sie z. B. eine Brennweite von 100 mm auf einer APS-C-Kamera mit einem Crop-Faktor von 1,5 nutzen, ergibt sich eine kleinbildäquivalente Brennweite von 150 mm. Über den Kehrwert resultiert eine Zeit von maximal 1/150 s.

Wenn Sie eine Kamera oder ein Objektiv mit Bildstabilisierung nutzen, sind auch längere Werte möglich. Bei Kameras mit sehr hoher Auflösung sind jedoch noch kürzere Zeiten notwendig. Am besten probieren Sie selbst aus, ob Sie mit den errechneten Zeiten bei den jeweiligen Brennweiten verwacklungsfreie Fotos erhalten.

Auch die Kamerahaltung kann dazu beitragen, ob Sie eine Aufnahme verwackeln oder nicht. Halten Sie die Kamera nicht nur am Kameragehäuse. Umfassen Sie (vor allem bei größeren Objektiven) mit der linken Hand das Objektiv und mit der rechten Hand das Kameragehäuse. Halten Sie die Kamera nicht zu weit vom Körper entfernt. Nutzen Sie, wenn vorhanden, den Sucher Ihrer Kamera, dabei lässt sich die Kamera meist ruhiger halten.

Sollten Sie eine Kamera mit Klappdisplay haben, können Sie die Kamera bei der Aufnahme auch an den Körper halten. Auch Aufstützen oder Anlehnen gibt zusätzliche Stabilität und kann bei langen Belichtungszeiten für schärfere Aufnahmen sorgen.

WIE SIE DIE VERWACKLUNGSGEFAHR REDUZIEREN

- im Modus S/Tv: kurze Verschlusszeiten
- im Modus A/Av: Blende weiter öffnen/kleinere Blendenzahl
- höhere ISO-Zahl
- kürzere Brennweiten
- die Kamera stabilisieren (Stativ benutzen, Kamera auflegen)
- Bildstabilisator in Kamera oder Objektiv aktivieren
- mehr Licht (z. B. Blitz oder Lampen)

Manuelle Steuerung (M)

Im Betriebsmodus manuelle Steuerung (M) können Sie Blende und Belichtungszeit unabhängig voneinander einstellen. Es greift keine Automatik. Die Kamera informiert Sie in der Regel mit einer Lichtwaage im Sucher oder Display darüber, inwieweit Ihre Einstellungen den gemessenen Werten und den Empfehlungen der Kamera entsprechen.

Die Lichtwaage in der folgenden Abbildung zeigt, dass die gewählte Kombination aus Belichtungszeit, Blende und ISO-Wert eine Belichtung ergibt, die um +1 EV (Belichtungswert, engl. *exposure value*) über dem von der Kamera ermittelten Wert liegt.

Die Lichtwaage stellt lediglich eine Orientierungshilfe dar. Sollten Sie ein helleres Bildergebnis benötigen, dann könnte dies durchaus die optimale Einstellung sein. Möchten Sie jedoch der Empfehlung der Kamera folgen, müsste in diesem Fall die Belichtungszeit auf 1/500 s verkürzt oder die Blende auf den Wert *f*/4 eingestellt werden.

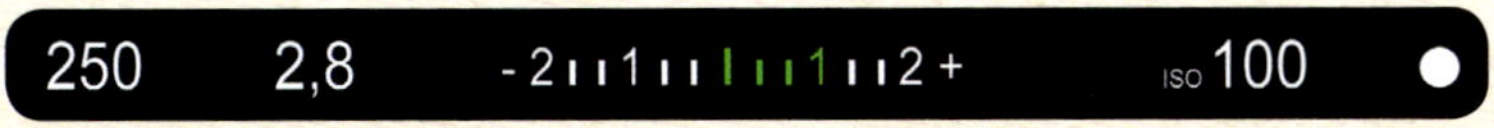

Die Lichtwaage zeigt eine von der Messung abweichende Einstellung von +1 EV

Der Lichtwert EV ist vereinfacht ein Maß für die Lichtmenge. Eine Veränderung um eine Stufe (+/–1 EV) verdoppelt bzw. halbiert die Lichtmenge und beeinflusst damit die Bildhelligkeit. Dies lässt sich erreichen, indem

- die Blende um eine Stufe geöffnet bzw. geschlossen wird oder
- die Belichtungszeit verdoppelt bzw. halbiert wird oder
- der ISO-Wert verdoppelt bzw. halbiert wird.

Der Modus manuelle Steuerung eignet sich sehr gut bei Aufnahmen unter gleichbleibenden Lichtbedingungen und wenn genügend Zeit zur Einstellung von Blende und Verschlusszeit vorhanden ist. Oft wird er bei Aufnahmen mit Stativ (z. B. Nachtaufnahmen) eingesetzt. Auch für Panorama-Bildserien empfehle ich Ihnen diesen Modus, damit Sie eine konstante Schärfentiefe und gleichbleibende Belichtung erreichen. Viele Aufgaben lassen sich jedoch bequemer und schneller in der Zeit- oder Blendenautomatik umsetzen.

Tipps für den Einstieg in die manuelle Steuerung

- Überlegen Sie sich zunächst, ob die Belichtungszeit oder die Blende bei Ihrem Motiv von größerer Bedeutung ist, und stellen Sie zunächst den gewünschten Wert ein.
- Richten Sie die Kamera auf Ihr Hauptobjekt und drücken Sie den Auslöser halb durch. Dadurch wird die Belichtungsmessung aktiviert: Die Kamera zeigt Ihnen anhand einer Lichtwage im Display oder Sucher, wie Sie den verbleibenden Parameter verändern müssen, um zu einer ausreichenden Belichtung zu kommen.
- Probieren Sie die gleiche Aufnahme auch mit Zeit- oder Blendenautomatik und entscheiden Sie selbst, ob der Modus M bei Ihrem Motiv wirklich Vorteile bietet.

Die Beschäftigung mit dem M-Modus hilft, das Zusammenspiel von Blende, Belichtungszeit und ISO besser zu verstehen. Nehmen Sie sich Zeit, ein wenig damit zu experimentieren.

Die Programme auf einen Blick

Die folgende Tabelle gibt Ihnen einen kurzen Überblick, welches Programm sich für welche Situationen anbietet.

Vollautomatik	• für Einsteiger, die sich zunächst auf den Bildaufbau konzentrieren möchten • wenn nichts mehr geht und die Kamera verstellt ist
Motiv-programme	für Einsteiger, die sich mit Blende und Belichtungszeit noch schwertun, aber über die Vollautomatik hinaus die Möglichkeiten der Kamera kennenlernen möchten
Programm-automatik (P)	gutes Standardprogramm, wenn Sie keine konkreten Ideen bezüglich Belichtungszeit oder Blende haben
Zeitautomatik (A/Av)	wenn Sie die Schärfentiefe beeinflussen möchten: • z. B. bei Porträts (kleine Blendenzahl für unscharfen Hintergrund) oder • Landschaftsaufnahmen (oft mit großer Blendenzahl, um Vorder- und Hintergrund scharf abzubilden)
Blenden-automatik (S/Tv)	wenn Sie die Belichtungszeit steuern möchten: • Mit kurzen Zeiten frieren Sie Bewegungen ein (z. B. bei Sportaufnahmen), • mit langen Belichtungszeiten können Sie Bewegungen (z. B. Wasserfall) verwischen lassen, gleichzeitig erhöht sich aber die Verwacklungsgefahr (Stativ verwenden)
Manuelle Steuerung (M)	• wenn genügend Zeit zur Einstellung von Blende und Verschlusszeit vorhanden ist • notwendig z. B. bei Bildserien für Panoramen oder in der Studiofotografie

Belichtungsmessung

Damit eine Kamera die geeigneten Einstellungen für Blende, Belichtungszeit und ISO-Wert vornehmen kann, muss sie zunächst die Belichtung des Motivs messen. Aktuelle Kameras haben eingebaute Belichtungsmesser und bieten meist mehrere Verfahren zur Belichtungsmessung. Die gemessenen Belichtungswerte werden im Anschluss von der Kamera je nach gewähltem Aufnahmemodus für die Steuerung der Belichtungszeit, der Blende und des ISO-Wertes genutzt.

Die manuelle Steuerung stellt eine Ausnahme dar. Dabei zeigt die Kamera das Ergebnis der Belichtungsmessung anhand einer Lichtwaage, an der Sie sich bei der Wahl von Blende, Zeit und ISO-Wert orientieren können. Siehe dazu das Kapitel „Manuelle Steuerung (M)“.

Mehrfeld- oder Matrixmessung

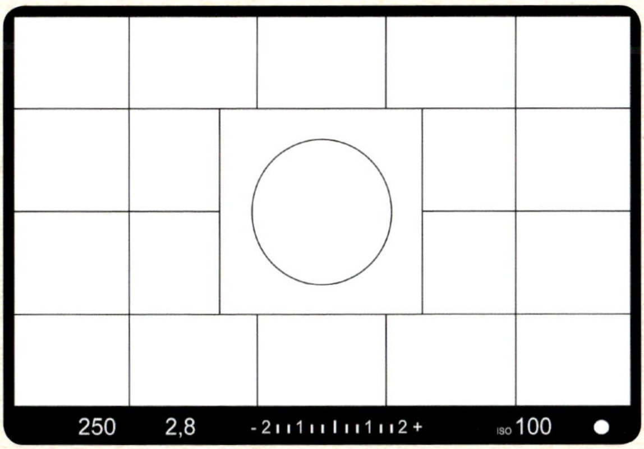

Verteilung der Messfelder bei Mehrfeldmessung (vereinfacht)

Bei der Mehrfeldmessung, auch Matrixmessung genannt, ermittelt die Kamera an verschiedenen Stellen im Bildausschnitt die Helligkeit und Farbverteilung. Dies gibt der Kamera einen Hinweis, auf welchen Bildbereichen der Schwerpunkt liegt. Die Mehrfeldmessung ist sehr zuverlässig, daher empfehle ich Ihnen diese als Standardeinstellung. Mithilfe der Belichtungskorrektur können Sie bequem korrigieren, falls das Bildergebnis nicht Ihren Vorstellungen entspricht.

Integralmessung

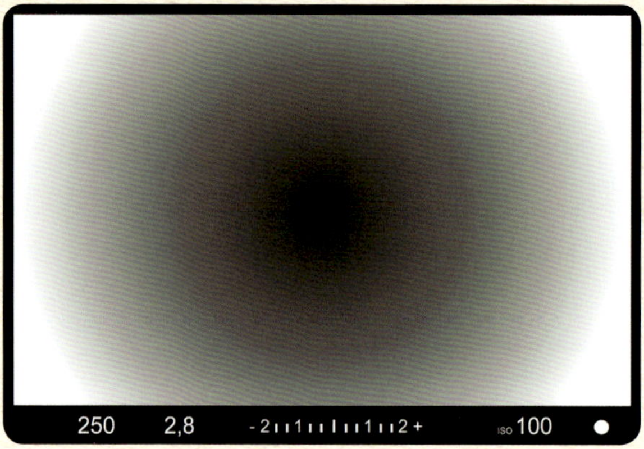

Mittenbetonte Integralmessung

Bei der Integralmessung wird die Helligkeit über den gesamten Bildausschnitt ermittelt. Bei der mittenbetonten Integralmessung wird zusätzlich die Mitte stärker gewichtet. Der Modus ist vor allem bei mittig platzierten Hauptmotiven oder in Verbindung mit der Messwertspeicherung interessant. Bei diesem Modus verändert sich die Belichtung bei einer leichten Veränderung des Bildausschnitts weniger stark als bei der Mehrfeld- bzw. Matrixmessung. Diese Messmethode wird in Verbindung mit manueller Belichtungssteuerung oft für Architektur und Landschaft eingesetzt.

Spot- und Selektivmessung

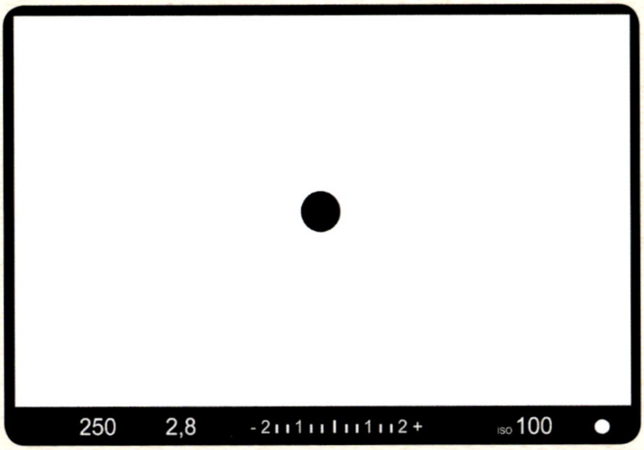

Spotmessung

Die Spotmessung und auch die Selektivmessung erfordern sehr genaues Arbeiten. Hier findet die Belichtungsmessung lediglich in einem kleinen Bereich (oft in der Bildmitte) statt. Die anderen Bildbereiche werden bei der Messung nicht berücksichtigt.

Diese Messmethode eignet sich, wenn die Belichtung auf kleine Motivbereiche erfolgen und die Helligkeit der anderen Bildbereiche nicht berücksichtigt werden soll. Die Spotmessung wird häufig in Verbindung mit der Belichtungs-Messwertspeichertaste AE-L (engl. *auto exposure lock*) genutzt.

Für Einsteiger empfiehlt sich die Mehrfeldmessung. Falls die Messung danebenliegt, können Sie die Belichtungskorrektur nutzen.

Die mittenbetonte Integralmessung bzw. die Spot- und Selektivmessung sind weniger für die Standardnutzung gedacht und bei unbedachter Nutzung oft weniger genau als die Mehrfeldmessung.

Belichtungskorrektur

Die Belichtungskorrektur ist ein einfach zu bedienendes und zugleich mächtiges Werkzeug zur Belichtungssteuerung. Selbst einfache Kameras verfügen über diese Möglichkeit. Die Bedienung ist vom Kameramodell abhängig. Beachten Sie die Anleitung Ihrer Kamera. In der Regel ist das benötigte Bedienelement mit „+/–“ gekennzeichnet.

Das Symbol für die Belichtungskorrektur

Wenn Sie feststellen, dass ein Bild zu dunkel geworden ist, können Sie mit Plus (+) korrigieren und die Aufnahme nochmals machen. Die Korrektur wird in EV (engl. *exposure value* für Belichtungswert) vorgenommen. Eine Korrektur um eine Stufe (+/– 1 EV) verdoppelt bzw. halbiert jeweils die Menge des einfallenden Lichts. Die Kamera verändert hierfür je nach verwendetem Aufnahmemodus die Belichtungszeit, die Blende oder den ISO-Wert. Bei Überbelichtungen wird mit Minus (–) korrigiert.

Je höher der Korrekturwert ist, desto stärker fällt die Korrektur in die jeweilige Richtung aus. Manchmal ist es schwierig, die ideale Einstellung zu finden, dann können Sie auch mehrere Aufnahmen mit verschiedenen Korrekturen (Belichtungsreihe) machen.

Bei Kompakt- und spiegellosen Systemkameras sieht man die Auswirkung der Belichtungskorrektur bereits vor der Aufnahme auf dem Display oder Sucher. Bei Spiegelreflexkameras sehen Sie im Sucher keine Veränderung. Die Korrektur zeigt sich erst bei der anschließenden Bildbetrachtung.

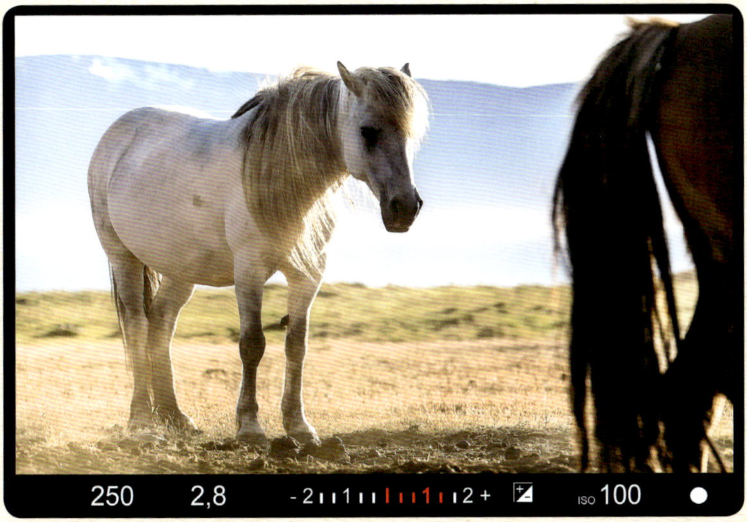

Bei Kompakt- und spiegellosen Systemkameras ist die Belichtungskorrektur vor der Aufnahme sichtbar (hier: +1 ⅓ EV)

Setzen Sie die Belichtungskorrektur nach der Nutzung wieder auf null, da sonst die folgenden Fotos über- bzw. unterbelichtet werden.

Histogramm

Es ist nicht immer einfach, die Belichtung eines Fotos am Display zu beurteilen. Digitalkameras bieten dafür ein tolles Hilfsmittel, das Histogramm. Dieses gibt Ihnen detaillierte Informationen zur Helligkeitsverteilung im Foto. Manche Kameras bieten bereits vor der Aufnahme die Möglichkeit, das Histogramm einzublenden, bei anderen Kameras steht diese Anzeige erst bei der Bildbetrachtung zur Verfügung.

Das Histogramm zeigt die Helligkeitsverteilung im Bild. Es informiert darüber, wie hoch der Anteil von Bildpunkten mit einer bestimmten Helligkeit ist. Das Histogramm beginnt links mit schwarzen und dunklen Bildbereichen. Je weiter rechts Teile des Histogramms liegen, umso heller sind die Bildbereiche. Anhand der Lage des Histogramms ist es möglich, eine Über- oder Unterbelichtung zu erkennen. Die folgenden Beispiele zeigen, wie Sie ein Histogramm interpretieren.

Das Histogramm der Aufnahme unten erstreckt sich über die gesamte Breite und stößt weder rechts noch links an. Auch ohne das Foto zu sehen können Sie bei dieser Verteilung eine ausgewogene Belichtung erwarten. Sollten Sie später Helligkeitsanpassungen am Computer vornehmen wollen, ist eine solche Verteilung eine optimale Ausgangsbasis für eine Korrektur.

Beim ersten Bild auf der nächsten Seite stößt das Histogramm rechts an und wird „abgeschnitten“. Eine solche Verteilung weist auf überbelichtete Bildbereiche hin. Sollten in den hellen Bildbereichen für Sie wichtige Details vorhanden sein, sollten Sie die Aufnahme mit einer Belichtungskorrektur (z. B. –1, –2) wiederholen und das Histogramm erneut analysieren.

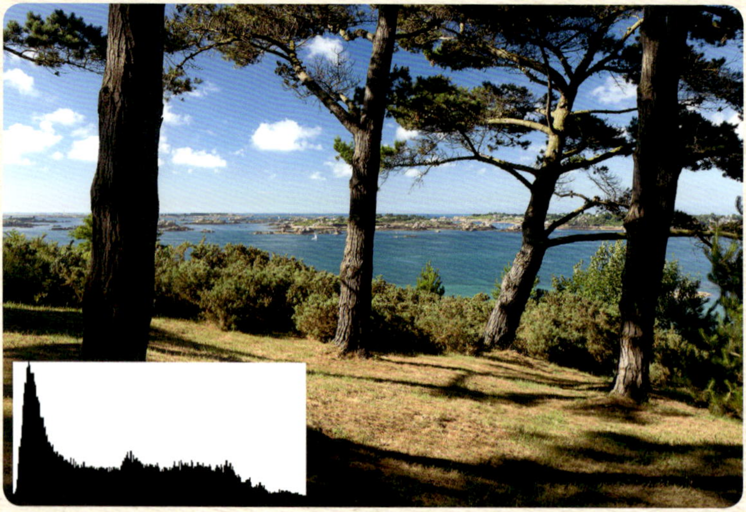

Richtig belichtet

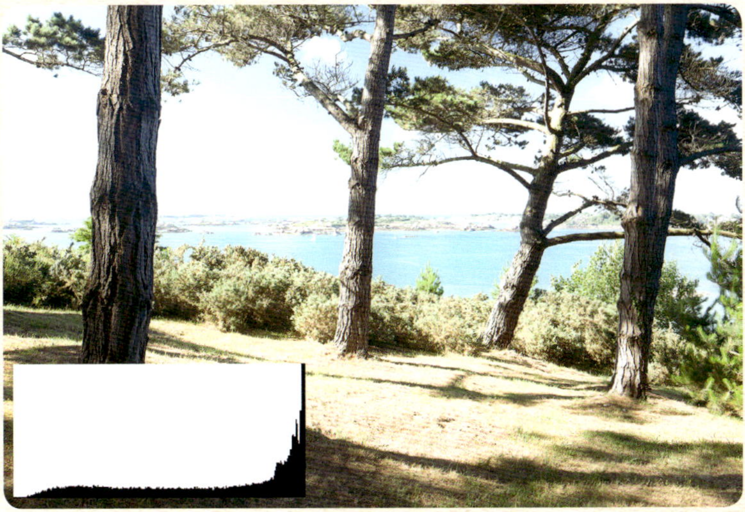

Überbelichtet

Beim Foto unten stößt das Histogramm links an und weist daher auf eine Unterbelichtung hin.

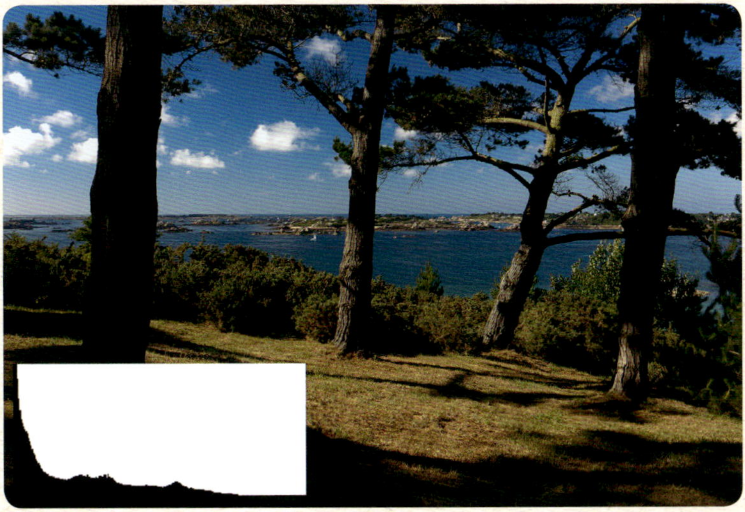

Unterbelichtet

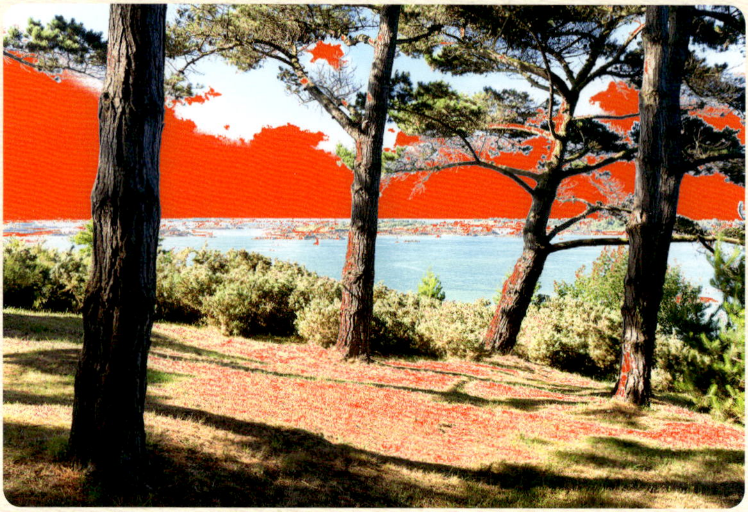

Warnung bei Überbelichtung

Sollten in den dunklen Bildbereichen für Sie wichtige Details vorhanden sein, sollten Sie die Aufnahme mit einer Belichtungskorrektur (z. B. +1, +2) wiederholen und das Histogramm erneut analysieren.

Unterbelichtungen können in der Regel am Computer leichter korrigiert werden als Überbelichtungen. Dennoch sollten Sie auf die richtige Belichtung achten, da Korrekturen meist mit Qualitätseinbußen einhergehen.

Als Alternative zum Histogramm bietet sich auch die Belichtungswarnung an. Hier blinken über- und unterbelichtete Bereiche in der Bildwiedergabe auf.

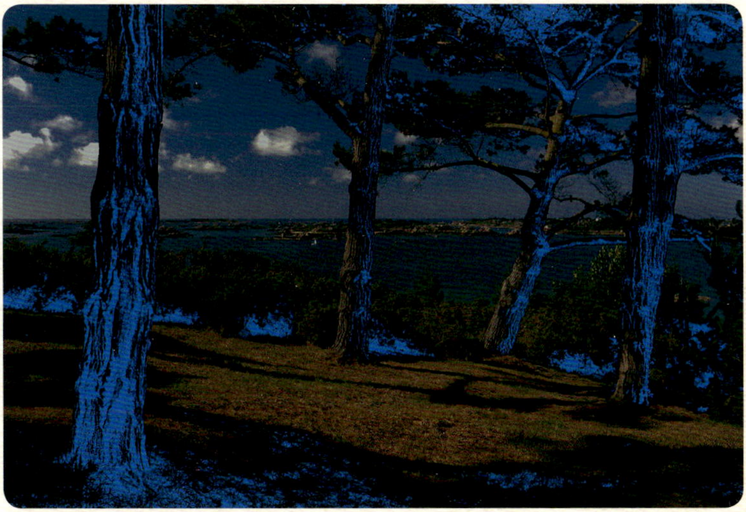

Warnung bei Unterbelichtung

Manchmal stört diese Anzeige, sodass sich viele Fotografen eher auf das Histogramm verlassen. Auch wenn es zunächst etwas kompliziert wirkt: Machen Sie sich mit dem Histogramm vertraut, es lohnt sich. Sie finden diese Histogramme übrigens auch bei Bildbearbeitungsprogrammen. Hier bieten Sie ebenfalls eine wichtige Orientierungshilfe, um die Bildhelligkeit zu analysieren.

Bei Aufnahmen mit sehr hohem Motivkontrast, also großen Helligkeitsunterschieden, spielt die Belichtung eine wichtige Rolle. Falls Sie in JPG fotografieren, sollten Sie bei diesen Aufnahmen zusätzlich das RAW-Format verwenden. Dieses enthält mehr Bildinformationen und bietet mehr Nachbearbeitungsmöglichkeiten.

Machen Sie bei wichtigen Aufnahmen und schwierigen Belichtungssituationen Belichtungsreihen und nutzen Sie zusätzlich das RAW-Format.

Weißabgleich und Farbtemperatur

Wir Menschen sehen weiße Objekte unabhängig von der Art der Beleuchtung weiß, auch wenn die Beleuchtung z. B. von einer Neonröhre kommt, deren Licht eigentlich einen Farbstich hat. Diese Fähigkeit wird als „chromatische Adaption" bezeichnet. Damit bei verschiedenen Beleuchtungsquellen auf dem Foto kein unerwünschter Farbstich auftritt, verfügen Digitalkameras über einen sogenannten Weißabgleich (auch WB für *white balance* genannt).

Der Weißabgleich wirkt sich zunächst nur auf Fotos im JPG-Format aus. In schwierigen Beleuchtungssituationen empfiehlt sich daher das RAW-Format. Dabei werden alle dem Sensor vorliegenden Informationen aufgezeichnet. Sie können den Weißabgleich bequem nachträglich in der Bildbearbeitung korrigieren.

Neben dem automatischen Weißabgleich bieten digitale Kameras die Möglichkeit einer manuellen Anpassung. Dabei stehen meist Voreinstellungen für typische Beleuchtungsquellen zur Verfügung, z. B. Tageslicht, Schatten, Bewölkung, Kunstlicht, Blitz etc.

Für ein besseres Verständnis der Wirkung des Weißabgleichs ist es hilfreich, Aufnahmen mit unterschiedlichen Einstellungen zu machen und die Bildergebnisse zu vergleichen.

Wenn Sie Motive mit unterschiedlichen Lichtquellen haben, kann es schwierig sein, einen zufriedenstellenden Weißabgleich zu erhalten. Nutzen Sie in diesen Fällen das RAW-Format. Bei entsprechenden Kenntnissen lassen sich mit Bildbearbeitungsprogrammen anschließend ausgewählte Bildbereiche unabhängig voneinander korrigieren.

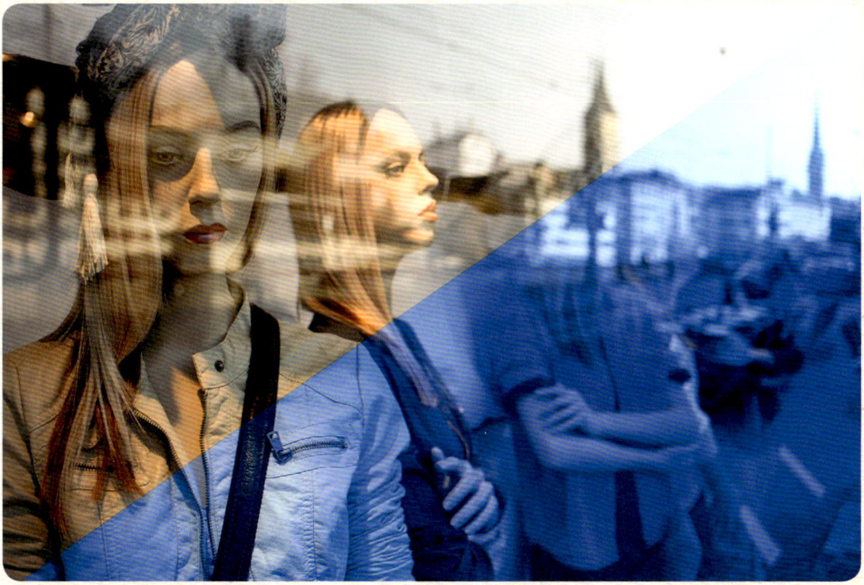

Verschiedene Einstellungen des Weißabgleichs: bewölkt (links oben) – Wolframlampenlicht (rechts unten)

Vor allem bei häufig wechselnden Motiv- und Lichtsituationen ist die Automatikfunktion beim Weißabgleich die passende Einstellung. Zugleich bietet der Weißabgleich eine gute Möglichkeit, die Lichtstimmung des Fotos bei der Aufnahme zu beeinflussen. Dies ist vor allem dann interessant, wenn Sie im JPG-Format fotografieren und Ihre Bilder nicht am Computer bearbeiten. Vergessen Sie anschließend nicht, den automatischen Weißabgleich wieder zu aktivieren, sonst haben die folgenden Aufnahmen einen Farbstich.

Im RAW-Format können Sie bei Bedarf den Weißabgleich ohne Qualitätsabstriche im Nachhinein korrigieren. So können Sie sich beim Fotografieren voll auf das Motiv konzentrieren.

Fokussierung

Bei der Fokussierung teilen Sie Ihrer Kamera mit, in welcher Entfernung sich der Motivteil befindet, der scharf werden soll. Alles, was in dieser Entfernung auf der Schärfeebene liegt, wird ebenfalls scharf.

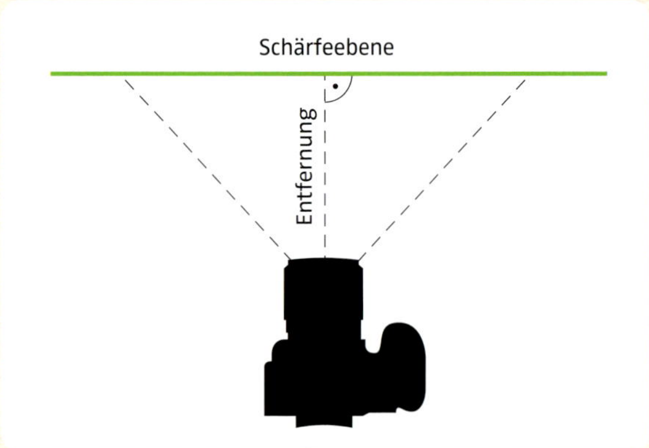

Die Schärfeebene

Wenn Sie ein Zoomobjektiv nutzen, sollten Sie nach erfolgter Fokussierung die Brennweite nicht mehr ändern. Achten Sie auch darauf, dass sich die Distanz zum fokussierten Objekt nicht ändert. Fokussieren Sie gegebenenfalls neu.

Wählen Sie die Brennweite bei Zoomobjektiven vor der Fokussierung.

Manche Objektive weisen eine Wölbung der Fokusebene auf. Dies zeigt sich vor allem im Nahbereich bei kleiner Blendenzahl. Hierbei verlagert sich die Fokusebene, wenn Sie die Kamera schwenken, um den Bildausschnitt zu verändern. Dieses Problem lässt sich umgehen, indem Sie die Fokussierung mit dem endgültigen Bildausschnitt machen und die Kamera nicht mehr schwenken. Hierfür müssen Sie das entsprechende Fokusfeld vor der Aufnahme auswählen.

Autofokus

Damit Sie den Autofokus Ihrer Kamera optimal nutzen können, gibt es zwei wichtige Einstellungen: die Fokusfeldwahl und den Autofokus-Modus.

Fokusfeldwahl

Mithilfe der Fokusfeldwahl stellen Sie ein, auf welchen Bildbereich die Kamera fokussieren darf. Anders ausgedrückt: Damit teilen Sie Ihrer Kamera mit, worauf sie scharfstellen soll. Die Fokusfelder erkennen Sie im Display bzw. im Sucher anhand von kleineren farbigen Kästchen oder Rahmen. Die aktiven Fokusfelder leuchten bei erfolgter Fokussierung in der Regel auf.

Automatische Fokusfeldwahl

Bei der automatischen Fokusfeldwahl (Standard in der Vollautomatik) versucht die Kamera durch Farb- und Kontrastverteilung im Bild zu erraten, wo sich das Hauptobjekt befindet. Meist stellt der Autofokus dabei auf das der Kamera am nächsten liegende Objekt scharf. Einige Kameras verfügen zusätzlich über eine Gesichtserkennung. Dabei wird davon ausgegangen, dass, wenn ein Gesicht im Bild ist, dieses das Hauptobjekt ist. Das Bildbeispiel zeigt die zur Verfügung stehenden Felder in der automatischen Fokusfeldwahl bei einer Kamera mit 61 Fokusfeldern.

Wenn in diesem Modus mehrere Fokusfelder gleichzeitig aufleuchten, bedeutet dies nicht, dass die Kamera in der Lage ist, auf verschiedene Distanzen gleichzeitig zu fokussieren, sondern nur, dass sich diese Bildbereiche in annähernd gleicher Distanz zur Kamera befinden.

Kameras sind nicht in der Lage, die gestalterischen Absichten eines Menschen zu erraten, daher kommt es vor, dass die Kamera mit dem Fokus danebenliegt. Spätestens dann sollten Sie Alternativen zur Automatik kennenlernen.

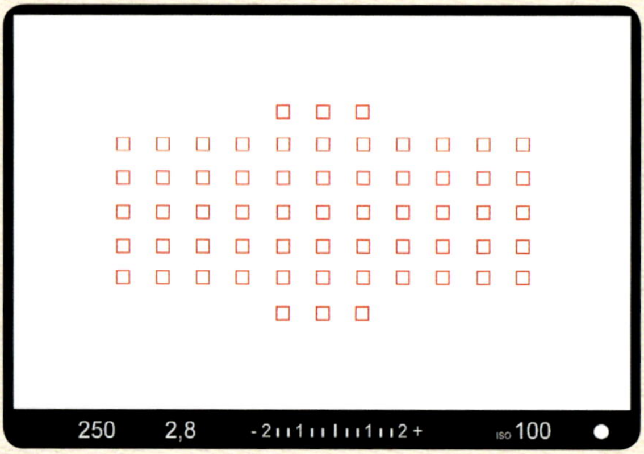

Kamera mit 61 aktiven Fokusfeldern

Einzelnes Fokusfeld

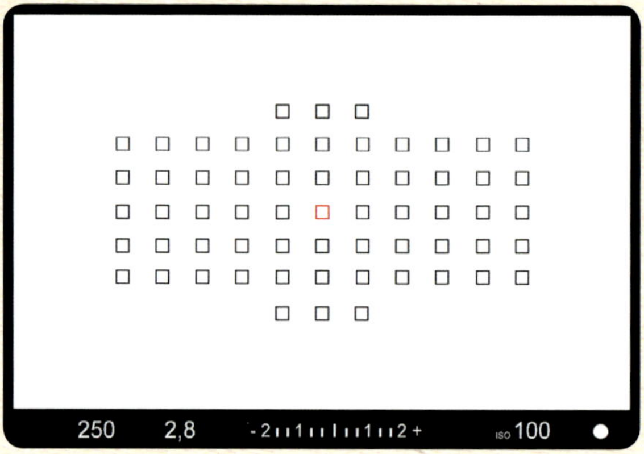

Mittleres Fokusfeld ist aktiv

Viele Fotografen nutzen standardmäßig ein einzelnes Fokusfeld für die Fokussierung. Dadurch stellen sie sicher, dass die Kamera auf das gewünschte Objekt scharfstellt. Oft genügt es, mit dem mittleren Fokusfeld zu arbeiten und den Bildausschnitt mit halb gedrücktem Auslöser zu verschieben.

Wenn Sie sehr nahe am Motiv sind und gleichzeitig mit offener Blende fotografieren, sollten Sie den Bildausschnitt nach erfolgter Fokussierung nicht mehr verändern. In diesem Fall müssen Sie vor der Fokussierung das passende Fokusfeld aktivieren.

Fokusfeldbereiche

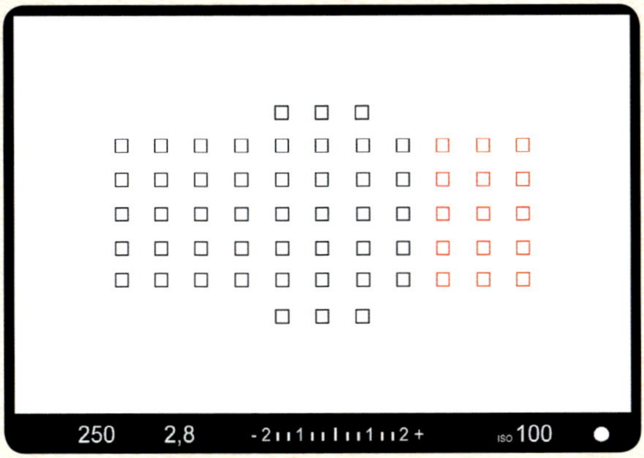

Fokusfelder im rechten Bereich sind ausgewählt

Bei den meisten Kameras können Sie auch Fokusfeldbereiche wählen. Dies ist dann hilfreich, wenn Sie bewegte Objekte (z. B. Sportereignisse oder Kinder) fotografieren möchten. Mit einem Fokusfeldbereich ist es meist einfacher, die bewegten Objekte zu verfolgen, als mit einem einzelnen Fokusfeld.

Autofokus-Modus

Bei der Fokusfeldwahl bestimmen Sie, wo die Kamera fokussieren soll. Mit dem Autofokus-Modus bestimmen Sie, wie die Kamera scharfstellen soll. Soll die Kamera die Fokussierung dauerhaft fortsetzen, weil z. B. ein bewegtes Objekt verfolgt werden soll? Oder soll die Kamera die Fokussierung so lange speichern, wie Sie auf den Auslöser drücken?

Der Einzelautofokus (AF-S)

Der Einzelautofokus (AF-S für *single autofocus*) ist bei Objekten, deren Distanz zur Kamera gleichbleibt, erste Wahl. Mit dem angewählten Fokusfeld können Sie entscheiden, worauf fokussiert werden soll. Die eingestellte Entfernung wird nach erfolgter Scharfstellung so lange gespeichert, wie der Auslöser halb gedrückt bleibt.

> Wenn Sie die Zoomeinstellung oder den Abstand zum Motiv ändern, müssen Sie erneut fokussieren!

Aber auch für Sportaufnahmen oder andere dynamische Ereignisse kann sich der Einzelautofokus eignen, wenn sich Objekte in einer vorher bekannten Entfernung bewegen (z. B. Zieleinlauf – Fokus auf die Ziellinie). So verwenden Sie den AF-S:

- Aktivieren Sie Einzelautofokus (AF-S).
- Wählen Sie ein einzelnes Fokusfeld.
- Richten Sie das gewählte Fokusfeld auf das Objekt, das scharf werden soll, und drücken Sie den Auslöser halb durch.
- Nach abgeschlossener Fokussierung können Sie den Bildausschnitt wählen.

Der kontinuierliche Autofokus (AF-C)

Der kontinuierliche Autofokus (AF-C für *continuous autofocus*) wird für Objekte, deren Distanz zur Kamera sich ändert, eingesetzt (z. B. Sportfotografie). Dabei wird die Fokussierung so lange fortgesetzt, wie Sie den Auslöser drücken. So funktioniert der AF-C:

- Wählen Sie den kontinuierlichen Autofokus (AF-C).
- Aktivieren Sie einen Fokusfeldbereich, in dem Sie Ihr bewegtes Objekt während der Aufnahme positionieren möchten, oder aktivieren Sie die automatische Fokusfeldwahl. Probieren Sie beide Methoden. Die geeignete Einstellung ist vom Motiv, aber auch von der Kamera abhängig.

- Bei bewegten Objekten kann es sein, dass nicht jedes Bild perfekt fokussiert ist. Nutzen Sie darum auch den Serienbildmodus und machen Sie mehrere Aufnahmen.

Manueller Fokus

Leider bieten nicht alle Kompaktkameras die Möglichkeit der manuellen Fokussierung. Bei Spiegelreflex- und spiegellosen Systemkameras gehört dies jedoch zur Standardausstattung.

In manchen Aufnahmesituationen hat der manuelle Fokus deutliche Vorteile gegenüber dem Autofokus. Darüber hinaus bietet sich die manuelle Fokussierung immer dann an, wenn der Autofokus nicht das macht, was man möchte. Zudem löst die Kamera bei manueller Fokussierung ohne Verzögerung aus.

Einsatzbeispiele für den manuellen Fokus:

- wenn der Autofokus nicht funktioniert, z. B. bei Dunkelheit
- Aufnahmen mit Stativ: So können Sie mehrere Aufnahmen vom gleichen Motiv machen, ohne jedes Mal neu zu fokussieren
- gleichbleibende Entfernung (auch für bewegte Objekte, z. B. Läufer auf der Ziellinie)
- Objekte zwischen Hauptmotiv und Kamera, z. B. schmutzige Fenster
- niedriger Motivkontrast, z. B. bei Nebel

Es gibt verschiedene Hilfsmittel, mit denen Sie Ihre Kamera beim manuellen Fokussieren unterstützen können, beispielsweise Sucherlupe, Fokusfelder, Bildschirmlupe, Fokus-Peaking u. a.

Machen Sie sich mit diesen Hilfsmitteln vertraut: Das Handbuch Ihrer Kamera gibt Ihnen Auskunft darüber, welche davon Ihnen zur Verfügung stehen.

Einzel- oder Serienbild

Nutzen Sie den Einzelbildmodus, wenn wenig Bewegung vorhanden ist und Sie das Bild gezielt gestalten können.

Der Serienbildmodus eignet sich bei bewegten Objekten, insbesondere dann, wenn kleinste Veränderungen beim Motiv für das Gelingen einer Aufnahme entscheidend sein könnten. Dies ist nicht nur bei Sportaufnahmen interessant, manche Fotografen setzen diesen Modus auch bei Porträts ein, um z. B. Probleme mit geschlossenen Augen zu vermeiden. Auch bei schwierigen Lichtbedingungen kann sich der Serienbildmodus anbieten. Bei mehreren Aufnahmen ist oft eine dabei, bei der die Kamera ruhiger gehalten wurde und das Bild weniger verwackelt ist.

Probieren Sie den Serienbildmodus auch bei schlechten Lichtbedingungen oder bei Porträtaufnahmen aus.

Selbstauslöser

Der Selbstauslöser eignet sich nicht nur dann, wenn auch der Fotograf mit aufs Foto soll. Auch wenn Sie Fotos mit Stativ machen und keinen Fernauslöser haben, sollten Sie den Selbstauslöser aktivieren. Dadurch vermeiden Sie Verwacklungen, die beim Druck auf den Auslöser entstehen.

Blitzen

Blitzlichtfotografie spaltet die Gemeinde der Fotografen beinahe ebenso stark wie die Frage nach dem Umfang akzeptabler digitaler Bildbearbeitung. Bilden Sie sich selbst eine Meinung, inwieweit Sie Blitzlicht für Ihre Aufnahmen benötigen bzw. einsetzen möchten.

In vielen Fällen ist das Blitzlicht zu weiß und passt nicht zur Lichtstimmung. Dies können Sie sehr einfach beheben. Es gibt für die Blitzlichtfotografie preiswerte Farbfolien, die vor dem Reflektor angebracht werden und mit denen die Lichtfarbe des Blitzlichts beeinflusst wird. In der Regel nimmt man Folien, die der Farbe des vorhandenen Lichts entsprechen. Dadurch fällt das Blitzlicht weniger auf, und die Lichtstimmung sieht etwas natürlicher aus.

Machen Sie zusätzlich auch Aufnahmen ohne Blitz. Auch wenn die Bilder eventuell verwackelt sind oder starkes Bildrauschen aufweisen, lohnt es sich, die Lichtstimmung auch ohne Blitz einzufangen.

Wenn Sie auf Blitzlicht angewiesen sind, sollten Sie die Unterschiede zwischen direktem und indirektem Blitzen kennen.

Direktes Blitzen

Beim direkten Blitzen wird der Reflektor wie beim eingebauten Blitz direkt auf das Hauptobjekt gerichtet. Dabei wird die Blitzleistung optimal genutzt, Sie haben eine maximale Blitzreichweite. Die Nachteile sind eine harte und flache Ausleuchtung. Motivteile werden ungleich belichtet, wenn sie unterschiedlich weit vom Blitzgerät entfernt sind.

Sie können den Blitz auch bei Porträts im Gegenlicht oder senkrecht stehender Sonne einsetzen. Dies funktioniert je nach Blitzleistung nur auf kurze Distanzen zuverlässig.

Nehmen Sie bei Blitzlichtaufnahmen die Streulichtblende vom Objektiv, um unerwünschte Schatten im Bild zu vermeiden.

Indirektes Blitzen

Beim indirekten Blitzen wird der Reflektor des Blitzgeräts auf eine möglichst helle Fläche (Wand oder Decke) gerichtet. Das Licht wird von dort reflektiert, und Sie erhalten eine weichere und gleichmäßigere Ausleuchtung der Szenerie. Achten Sie auf die Farbe der angeblitzten Flächen, das reflektierte Licht nimmt diese Farbe an. Wenn Sie z. B. eine grüne Wand anblitzen, so erhalten Sie grünes Licht.

Für das indirekte Blitzen benötigen Sie einen Aufsteckblitz mit schwenkbarem Reflektor. Beim indirekten Blitzen geht viel Licht verloren, daher sind Blitzgeräte mit entsprechend hoher Leitzahl von Vorteil (siehe Kapitel „Blitzgeräte"). Beim indirekten Blitzen kann es vorkommen, dass die Augen dunkel und matt wirken. Viele Aufsteckblitze besitzen daher eine weiße Scheibe zum Aufstellen hinter dem Reflektor. Dunkle Schatten unter den Augen werden dadurch reduziert, und die Augen erhalten Glanzlichter. Die abgelichteten Personen wirken dadurch lebendiger.

Für Aufsteckblitzgeräte gibt es eine Vielzahl von Lichtformern (z. B. Bouncer, Softbox, Reflektoren), mit denen die Wirkung des Blitzlichts gesteuert werden kann. Sind Sie häufig auf den Blitz angewiesen, sollten Sie sich das Angebot an Lichtformern unbedingt genauer ansehen.

Rote Augen

Ein altbekanntes Problem in der Blitzlichtfotografie sind „rote Augen". Dieses Problem tritt vor allem bei eingebauten Blitzgeräten auf. Was ist die Ursache für dieses Phänomen? Das menschliche Auge passt sich an die Helligkeit an. Wenn es dunkler wird, öffnen sich die Pupillen. Wenn Sie mit Blitzlicht fotografieren, kann das Licht auf der Netzhaut reflektieren und sich als roter Punkt im Bild zeigen. Die meisten aktuellen Kameras sind mit einer Rotaugenreduktion ausgestattet. Diese ist jedoch in der Regel nicht sehr zuverlässig, außerdem lösen viele Kameras bei Blitzaufnahmen mit aktivierter Rotaugenreduktion verzögert aus. Da die Korrektur von roten Augen mit der Bildbearbeitung relativ einfach ist, empfehle ich Ihnen, die Rotaugenkorrektur in der Kamera zu deaktivieren und betroffene Aufnahmen anschließend in der Bildbearbeitung zu korrigieren.

Blitzen im Nachtporträtmodus

Beim Blitzen im Nachtporträtmodus werden automatisch längere Verschlusszeiten eingesetzt, um vorhandenes Licht für die Aufnahme zu nutzen. Die Lichtstimmung bleibt dabei besser erhalten als beim Blitzen in der Automatik.

Mit dem Nachtporträtmodus bzw. der Langzeitsynchronisation können Sie stimmungsvolle Aufnahmen mit Blitzlicht machen.

Viele Kameras verfügen in den Motivprogrammen über einen Nachtporträtmodus. Probieren Sie diesen Modus unbedingt aus. Besonders eindrücklich ist die Wirkung, wenn Sie nachts Personen oder Objekte mit beleuchteten Gebäuden im Hintergrund fotografieren.

Die Kamera nutzt im Nachtporträtmodus bzw. bei der Langzeitsynchronisation längere Verschlusszeiten. Damit erhöht sich das Verwacklungsrisiko. Nutzen Sie daher am besten ein Stativ. Wenn sich die Porträtierten während der Aufnahme bewegen, können aufgrund der langen Belichtungszeit Wischeffekte entstehen.

Falls Ihre Kamera über keinen Nachtporträtmodus verfügt, sollten Sie die Blitzeinstellungen prüfen. Die Langzeitsynchronisation ist in der Regel unter den englischen Ausdrücken *slow-sync, slow synchro* oder *slow shutter synchronisation* zu finden.

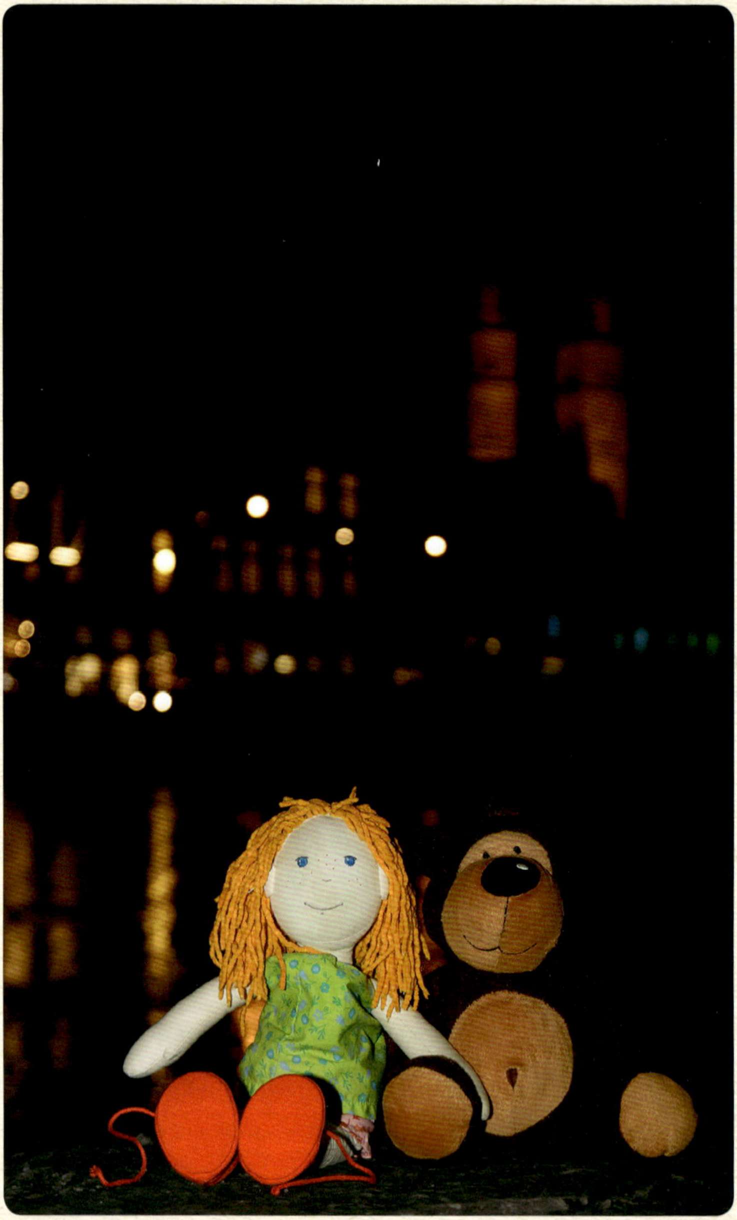

Aufnahme mit Vollautomatik

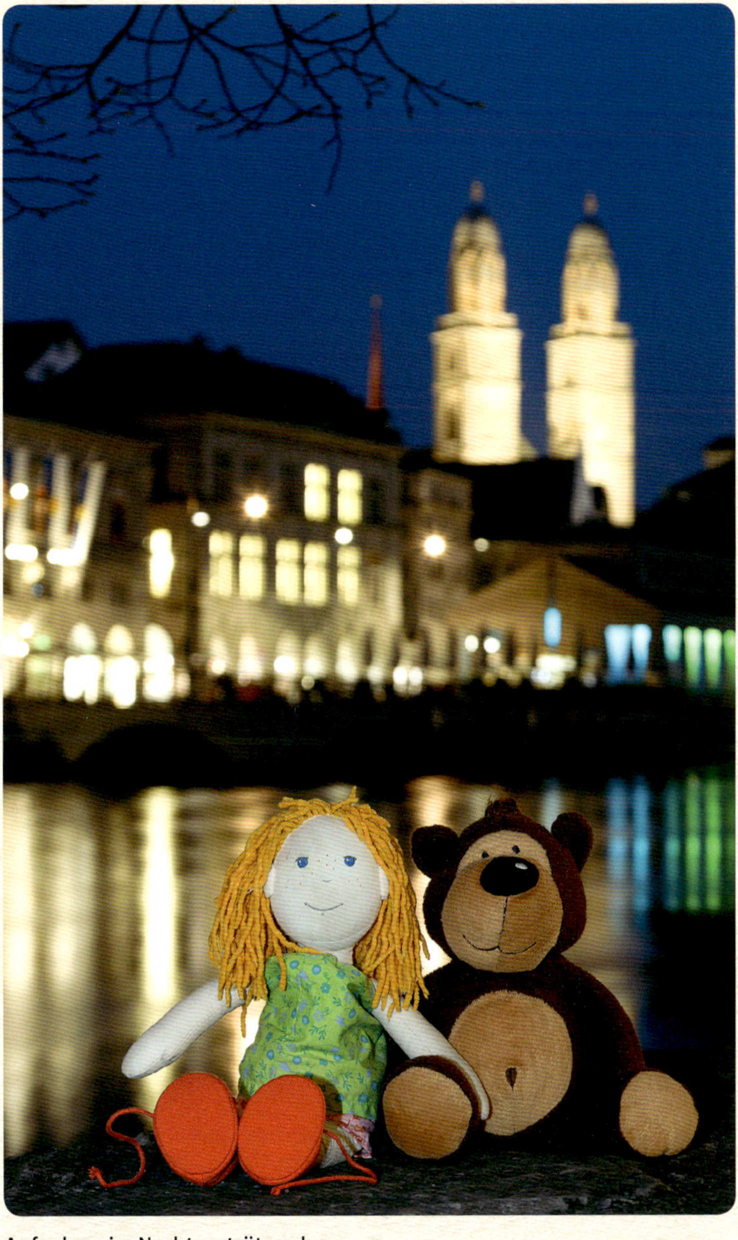

Aufnahme im Nachtporträtmodus

Display oder Sucher?

Je nach Kamera und Aufnahmesituation bietet der Sucher oder das Display Vor- und Nachteile. So kann es an einem sonnigen Tag sehr mühsam sein, etwas auf dem Display zu erkennen. Hier ist das Sucherbild eindeutig überlegen. Das Fotografieren mit dem Display ist für viele dennoch Standard. Der Vorteil ist, dass Sie den Bildausschnitt entsprechend groß sehen. Außerdem verschwindet man nicht hinter der Kamera, sondern kann z.B. bei Porträts weiterhin Blickkontakt halten. Nicht zuletzt sehen Sie Änderungen bei den Einstellungen direkt im Bild.

Mit einem schwenkbaren Display können Sie die Kamera bequem weiter unten oder weiter oben positionieren und so tolle Perspektiven ohne körperliche Verrenkungen erreichen.

Wenn Sie mit dem Sucher fotografieren, lässt sich die Kamera in der Regel etwas ruhiger halten. Bei längeren Brennweiten ist es einfacher, den Bildausschnitt über den Sucher festzulegen.

Bei elektronischen Suchern sehen Sie wie beim Display die Änderungen bei den Einstellungen im Livebild. Spiegelreflexkameras haben optische Sucher. Sie blicken dabei direkt durchs Objektiv und sehen Änderungen bei den Einstellungen erst nach der Aufnahme am Display. Die meisten Spiegelreflexkameras bieten beim Fotografieren mit dem Sucher einen deutlich schnelleren Autofokus als beim Fotografieren mit dem Display.

Digitale Sucher und auch das Displaybild bieten Vorteile, wenn Sie manuell fokussieren möchten. Je nach Kamera wird im manuellen Fokus ein Bildausschnitt vergrößert dargestellt, damit die Schärfe für diesen Bereich besser eingestellt werden kann. Eine andere verbreitete Technik ist das „Fokuspeaking". Dabei werden Bildbereiche, die im Fokus liegen, farblich hervorgehoben.

In vielen Fällen ist es Geschmacksache, was Sie lieber nutzen, machen Sie sich dennoch mit beiden Varianten vertraut, damit Sie die Vorteile beider Methoden nutzen können.

Nutzen Sie bei wenig Licht und bei langen Telebrennweiten den Sucher. Außergewöhnliche Perspektiven können Sie einfacher mit dem Display umsetzen.

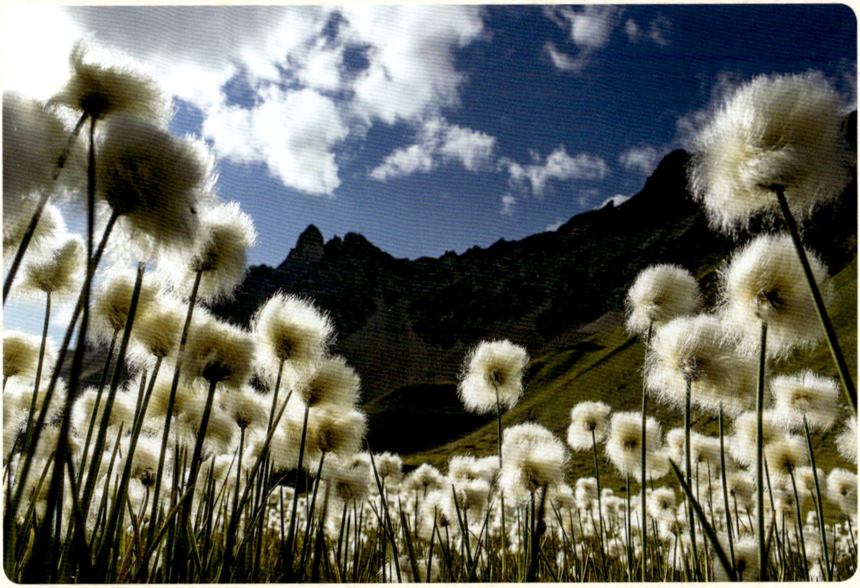

Außergewöhnliche Perspektiven sind mit dem Display einfacher umzusetzen

Dioptrieneinstellung

Viele aktuelle Kameras verfügen über eine Dioptrieneinstellung am Sucher. Hiermit können Sie den Sucher auf Ihre Sehstärke anpassen. Bei manchen Kameras verstellt sich die Dioptrienkorrektur leicht, Sie sollten die Einstellung daher regelmäßig prüfen. Fokussieren Sie mit dem Autofokus zunächst auf ein Objekt. Sie können nun den Auslöser loslassen. Verändern Sie dann die Dioptrieneinstellung, bis Sie das Sucherbild und die Anzeigen scharf sehen.

Bildkontrolle

Überprüfen Sie die Bildschärfe Ihrer Fotos regelmäßig am Display. Zoomen Sie in der Wiedergabefunktion Ihrer Kamera (Lupenfunktion) in die Aufnahmen und verschieben Sie den Bildausschnitt auf die wichtigen Bereiche, damit Sie die Bildschärfe und das Bildrauschen in der vergrößerten Darstellung beurteilen können. Achten Sie bei Porträts besonders darauf, dass die Augen scharf sind.

Je nach Umgebungsbeleuchtung wirken Fotos auf dem Kameradisplay anders. Farben und Helligkeit lassen sich nicht zuverlässig bei der Bildbetrachtung über das Display beurteilen. Damit Sie die Belichtung besser einschätzen können, lässt sich bei der Bildkontrolle für die jeweilige Aufnahme das dazugehörige Histogramm einblenden (siehe auch Kapitel zur Belichtungskorrektur). Für die Beurteilung von Farbe, Helligkeit und Kontrast wäre ein kalibrierter Monitor optimal. Geräte für die Kalibrierung von Computermonitoren sind mittlerweile bereits ab etwa 100 € zu haben.

Über die Info- oder Displaytaste lassen sich zusätzliche Informationen wie Blende, Belichtungszeit und Histogramm einblenden, die Ihnen helfen können, Ihre Bilder zu analysieren.

Standardeinstellungen

Im Folgenden nenne ich Ihnen Einstellungsvorschläge, die Ihnen das Umsteigen von der Vollautomatik in die Kreativprogramme (P, S/Tv, A/Av) erleichtern. Sie können diese Einstellungen individuell an Ihre Bedürfnisse anpassen

Standardeinstellung – einfach

Die folgenden Einstellungen sind für viele Situationen als Standard geeignet.

- Programmautomatik (P)
- ISO-Automatik (wenn Sie mit Stativ fotografieren, stellen Sie den gewünschten Wert am besten manuell ein)
- Autofokus-Modus – Einzelautofokus (AF-S)
- einzelnes Fokusfeld
- Einzelbild
- Belichtungskorrektur (nach Bedarf)
- Blitz (nach Bedarf)

Standardeinstellung – Schärfentiefe

Diese Einstellungen eignen sich gut für Motive, bei denen es auf die Schärfentiefe ankommt (Porträt, Landschaft, Makro).

- Zeitautomatik (A/Av): Wählen Sie die gewünschte Blende: große Blendenzahl für große Schärfentiefe, kleine Blendenzahl für kleine Schärfentiefe
- ISO-Automatik (wenn Sie mit Stativ fotografieren, stellen Sie den gewünschten Wert am besten manuell ein)
- Autofokus-Modus – Einzelautofokus (AF-S)
- einzelnes Fokusfeld
- Einzelbild
- Belichtungskorrektur (nach Bedarf)
- Blitz (nach Bedarf)

Standardeinstellung – bewegte Objekte

Diese Einstellungen eignen sich für bewegte Objekte (z. B. Sport), bei denen Sie bestimmen können, ob Sie die Bewegung einfrieren oder als Wischeffekt abbilden möchten.

- Blendenautomatik (S/Tv): Wählen Sie die gewünschte Belichtungszeit: kurze Zeiten zum Einfrieren, längere Zeiten für Wischeffekte
- ISO-Automatik
- Autofokus-Modus – kontinuierlicher Autofokus (AF-C)
- Fokusfeldbereiche oder automatische Fokusfeldwahl
- Serienbildmodus
- Belichtungskorrektur (nach Bedarf)

Wenn Sie außerhalb von Vollautomatik und Motivprogrammen fotografieren, gewinnen Sie viele gestalterische Freiheiten. Dies erfordert aber auch, dass Sie die Kameraeinstellungen kontrollieren. Achten Sie vor allem auf folgende Einstellungen:

- Bildqualität/Auflösung
- ISO-Wert
- Belichtungskorrektur (+/–)
- Weißabgleich (bei JPG)

Darüber hinaus gibt es noch eine Vielzahl weiterer Einstellmöglichkeiten über das Menü der Kamera.

Sollte Ihre Kamera „verstellt“ sein und Sie nicht mehr wissen, wie Sie die ursprüngliche Einstellung wiederherstellen, so können Sie die Kamera auch im Menü auf Werkseinstellungen zurücksetzen. Dabei werden alle Einstellungen gelöscht.

BILDGESTALTUNG

Bisher haben Sie viel über die technischen Aspekte der Fotografie erfahren, doch dies ist nur eine Seite der Fotografie. Ebenso wichtig sind Bildideen, ein Blick für Motive und Bildgestaltung. Denn: Sehen lässt sich lernen!

Voraussetzung für das Sehenlernen ist die bewusste Auseinandersetzung mit eigenen und fremden Fotos. Lassen Sie sich von anderen Fotografen inspirieren. Gehen Sie in Ausstellungen, schauen Sie sich Fotos im Internet an, Magazine und Fotobücher. Wenn Sie formulieren können, was Ihnen gefällt, können Sie dies auch für Ihre eigenen Bilder nutzen.

Erstellen Sie ein Fotonotizbuch. Hierin können Sie sowohl Ihre eigenen Notizen als auch Tipps und Informationen aus Literatur und Internet sammeln.

Auch Fotos aus Zeitschriften und Magazinen, die für Sie interessant sind, sollten Sie einfügen. Notieren Sie sich dabei auch, welche Aspekte Sie bei den entsprechenden Aufnahmen ansprechen oder stören. Es ist interessant zu beobachten, wie sich die eigene Wahrnehmung im Verlauf der Zeit ändert.

Überlegen Sie sich immer, was Ihnen an einem Foto gefällt und was nicht, wenn Sie sich eigene oder fremde Aufnahmen ansehen.

Die Drittelregel

Die Positionierung von Bildelementen hat einen großen Einfluss auf die Wirkung eines Fotos. Gestaltungsraster wie die Drittelregel helfen, ein Gefühl für den Bildaufbau zu entwickeln.

Nach der Drittelregel wird der Bildausschnitt durch je zwei horizontale und vertikale Linien in neun gleiche Teile gegliedert. Positionieren Sie Ihr Hauptmotiv und andere bildwichtige Elemente, z. B. Horizont, Personen, Augen, auf oder entlang der Linien und Schnittpunkte. Die Bildelemente in den Schnittpunkten haben besonderes Gewicht.

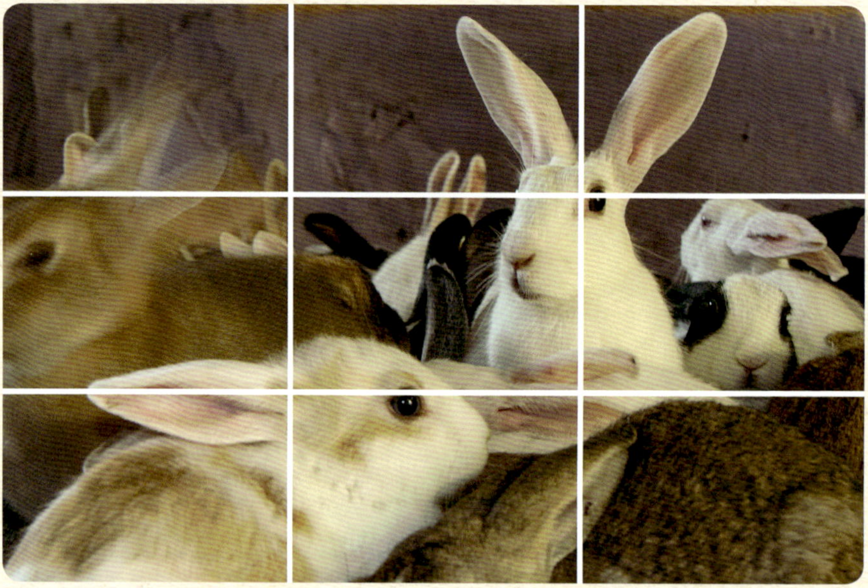

Drittelregel: Die Augen liegen auf Schnittpunkten bzw. Linien

Bei vielen Amateuren und Fotoeinsteigern wird das Hauptmotiv oft in der Mitte platziert. Dieser Bildaufbau wirkt schnell eintönig. Die Drittelregel hilft Ihnen, sich von der oft intuitiven zentralen Anordnung des Hauptmotivs zu lösen.

Gestaltungsraster können Ihnen beim Bildaufbau helfen. Dies bedeutet jedoch nicht, dass Sie sich bei jedem Foto daran orientieren müssen. Im Gegenteil: Häufig ist es notwendig, sich davon zu lösen. Dennoch bieten die Drittelregel und die folgenden Gestaltungsregeln immer dann eine gute Basis, wenn sie keine andere (bessere) Idee für den Bildaufbau haben.

Achten Sie bei Fotos in Magazinen oder Büchern auf den Bildaufbau. Entdecken Sie ein Gestaltungsraster? Finden Sie Fotos, die nach der Drittelregel oder nach den im Anschluss vorgestellten Gestaltungsregeln aufgebaut sind?

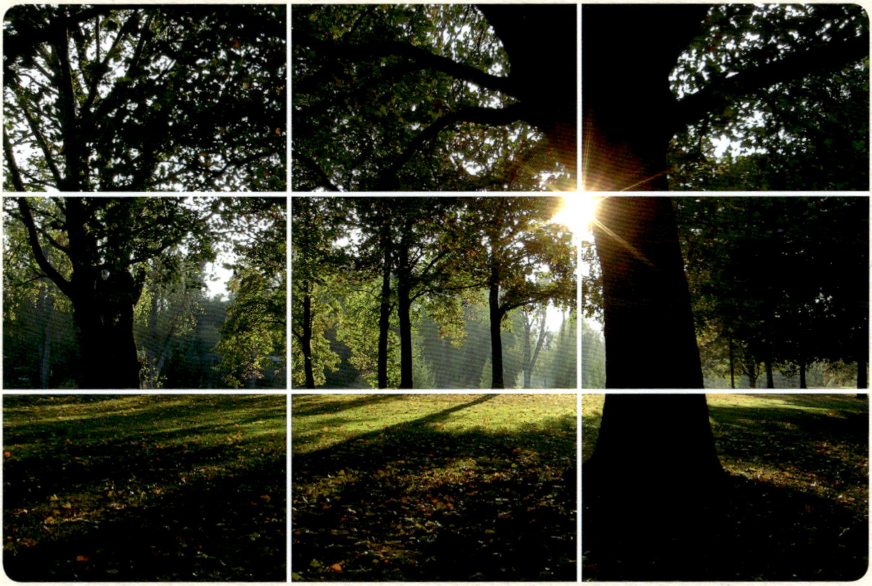

Drittelregel: Horizont, Baum und Sonne liegen auf Schnittpunkten bzw. Linien

Viele Kameras bieten die Möglichkeit, Gestaltungsraster beim Fotografieren einzublenden. Damit gelingt die Bildaufteilung noch leichter.

Der Goldene Schnitt

Der Goldene Schnitt ist wohl das bekannteste Gestaltungraster, nicht nur in der Fotografie, auch in Malerei, Architektur und Design. Aufnahmen nach dem Goldenen Schnitt wirken in der Regel sehr harmonisch.

Der Goldene Schnitt ähnelt der Drittelregel, doch rücken alle Bezugslinien und damit auch die Kreuzungspunkte etwas mehr in Richtung Bildmitte. Auch hier positionieren Sie Ihr Hauptmotiv und andere bildwichtige Elemente auf oder entlang der Linien und Schnittpunkte.

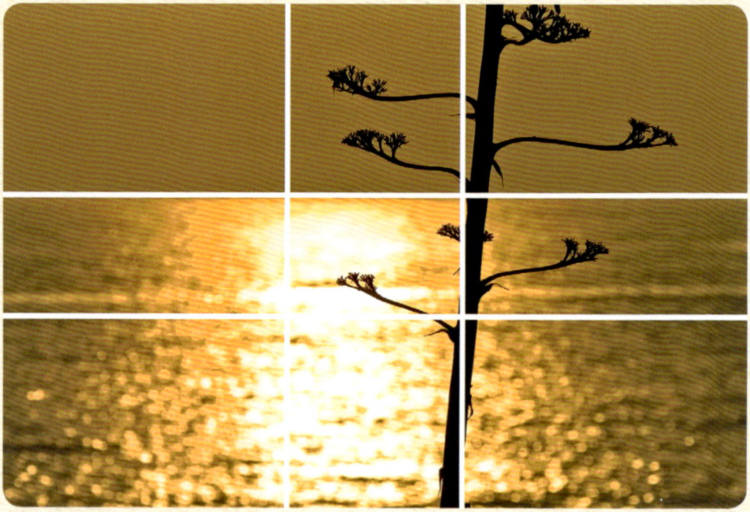

Goldener Schnitt: Die bildwichtigen Elemente Horizont und Baum liegen auf den Linien

Bei Bildbearbeitungsprogrammen wie z. B. Adobe Lightroom und Adobe Photoshop lassen sich diese und noch weitere Gestaltungsraster einblenden. So können Sie bequem den Bildaufbau Ihrer Fotos am Computer überprüfen.

Bildmitte

Viele Einsteiger positionieren ihr Hauptmotiv in der Bildmitte. Das wirkt schnell langweilig. Machen Sie es anders. Mit dem Goldenen Schnitt und der Drittelregel haben Sie bereits zwei alternative Gestaltungsraster kennen gelernt.

Aber: Es gibt auch Motive, bei denen sich eine zentrale Positionierung anbietet, z. B. dann, wenn Symmetrien vorhanden sind. Diese können durch eine zentrale Positionierung betont werden.

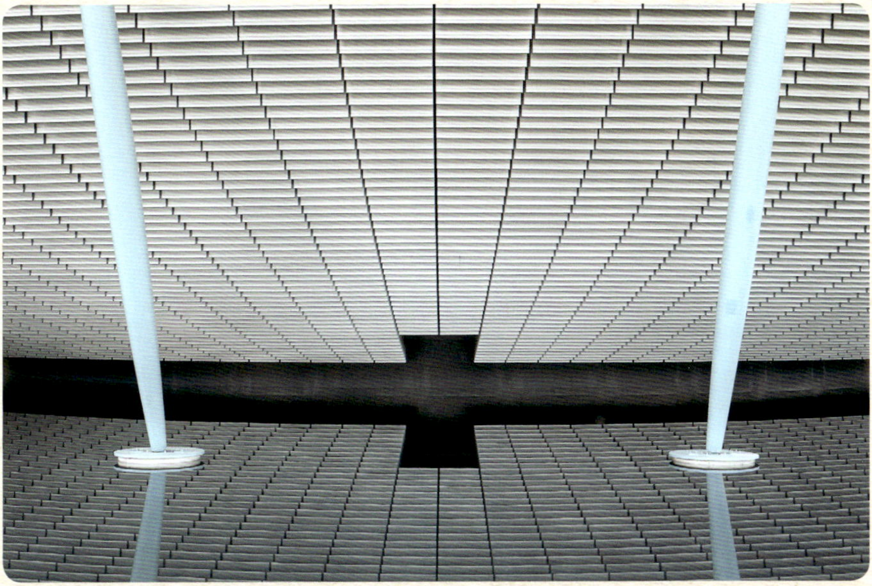

Das Hauptmotiv in der Bildmitte

Positionieren Sie Ihr Hauptmotiv außerhalb der Bildmitte. Aber: Bei symmetrischen Motiven bietet sich oft ein mittiger Bildaufbau an.

Horizont

Die Lage des Horizonts ist vor allem bei der Landschaftsfotografie ein wichtiges Mittel der Bildgestaltung. Bei vielen Einsteigern landet der Horizont in der Bildmitte. Wenn Sie keinen guten Grund für den Horizont in der Bildmitte haben, platzieren Sie ihn besser weiter unten oder weiter oben, z. B. nach dem Goldenen Schnitt oder der Drittelregel.

Die folgenden Bildbeispiele zeigen anhand der gleichen Motivsituation die unterschiedliche Bildwirkung bei veränderter Positionierung des Horizonts. Nutzen Sie dieses Gestaltungsmittel.

Im ersten Bild wirkt das Bild trotz der weiten Landschaft durch den hohen Horizont eher eng. Beim zweiten mit dem tieferliegenden Horizont nimmt der Himmel einen großen Teil des Bildes ein. Es entsteht der Eindruck von Weite. Achten Sie darauf, dass das

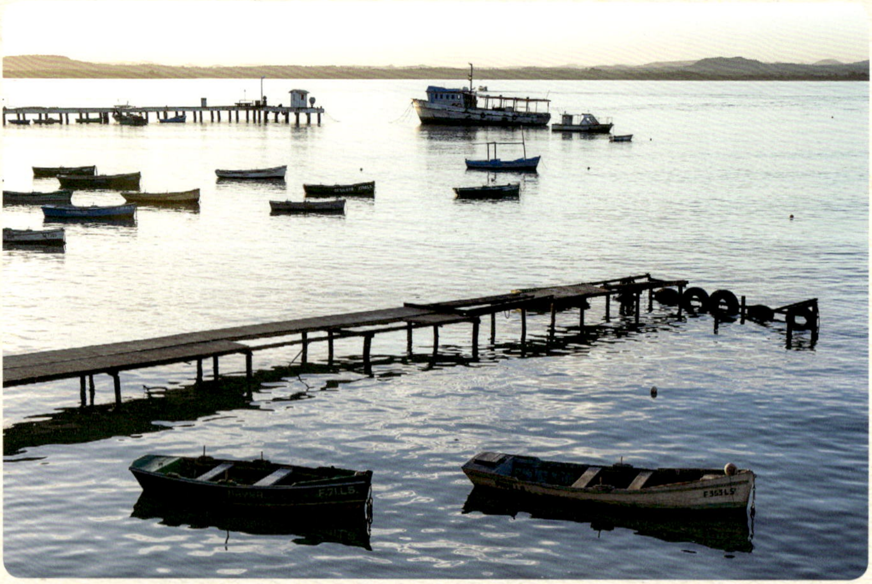

Horizont weit oben

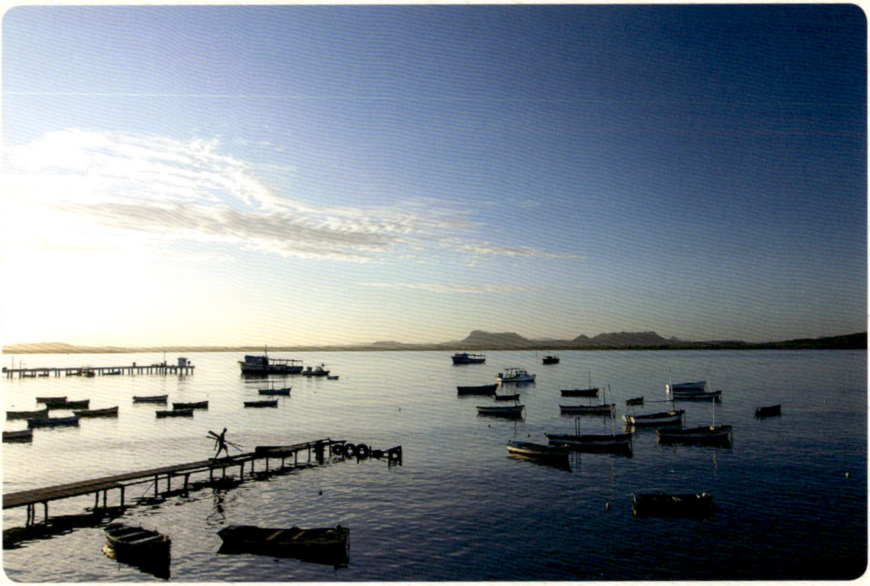

Horizont unterhalb der Bildmitte

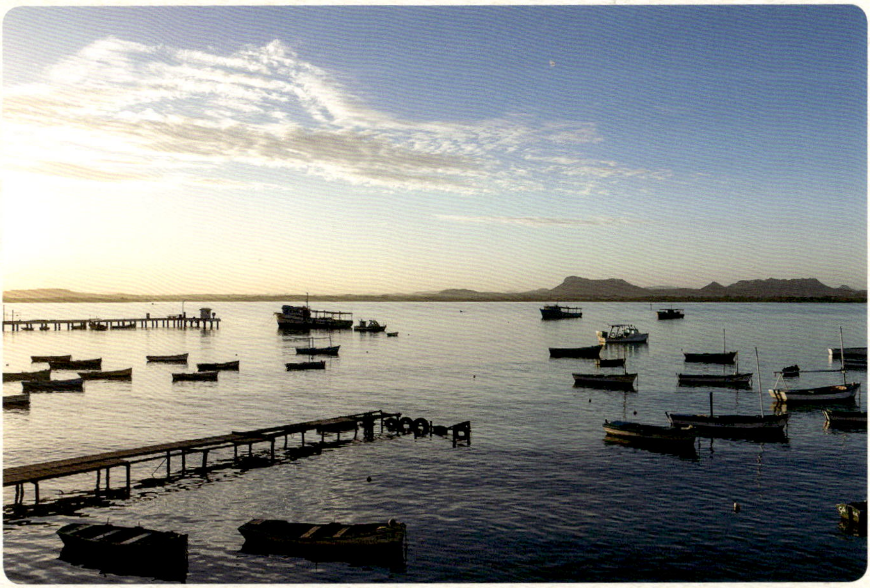

Horizont in der Bildmitte

Hauptmotiv genügend Gewicht im Bild behält. Dieser Bildaufbau bietet sich z. B. an, wenn interessante Wolkenformationen vorhanden sind.

Die dritte Aufnahme zeigt, dass auch ein Horizont in der Bildmitte zu interessanten Bildergebnissen führen kann. Ohne die Wolken würde dieser Bildaufbau jedoch nicht funktionieren.

Blickfang

Suchen Sie sich Motive, bei denen einzelne Objekte durch Form, Farbe oder Kontrast aus dem sonstigen Inhalt hervorstechen. Positionieren Sie diese Elemente bewusst, indem Sie sich an der Drittelregel oder am Goldenen Schnitt orientieren.

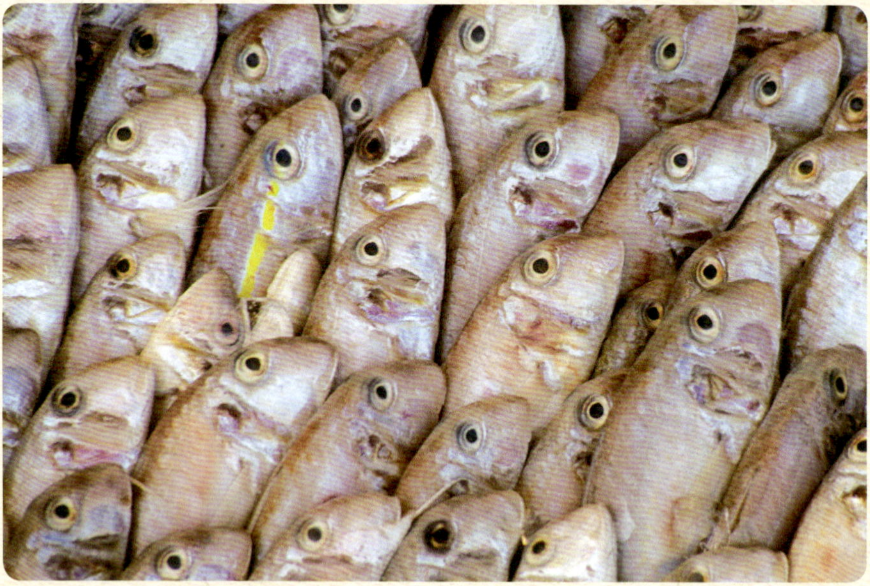

Ein deutlicher Blickfang

Hoch- und Querformat

Häufig wird bei Landschaftsaufnahmen automatisch das Querformat eingesetzt und bei Porträts automatisch das Hochformat. Machen Sie es anders, wechseln Sie das Format. Sie werden feststellen, dass nicht immer das gewohnte Format die besseren Aufnahmen liefert.

Die folgenden Bilder eines Eisenbahnviadukts zeigen, dass hohe Motive nicht zwingend im Hochformat aufgenommen werden müssen. Die Hochformataufnahme lässt die Ausmaße des Bauwerks und auch die Höhe lediglich erahnen. Im Querformat wirkt der Viadukt wuchtiger. Die durch die Kameraneigung stärker hervortretenden stürzenden Linien vermitteln die imposante Höhe des Bauwerks.

Die Begrenzung auf ein Format ist eine gute Übung. Fotografieren Sie einen Tag nur im Quer- und den anderen Tag nur im Hochformat! Gehen Sie in beiden Fällen jedoch nicht den typischen Quer- oder Hochformat-Motiven aus dem Weg. Dabei verlassen Sie gewohnte Pfade. Sie werden immer wieder auf Motive stoßen, bei denen Sie das Format wechseln möchten. Erliegen Sie nicht der Versuchung und bleiben Sie dem gewählten Format treu. Sie werden sich mehr bewegen und die Perspektive verändern. Der Lohn sind neue Blickwinkel und Fotos, die sich vom Gewohnten abheben.

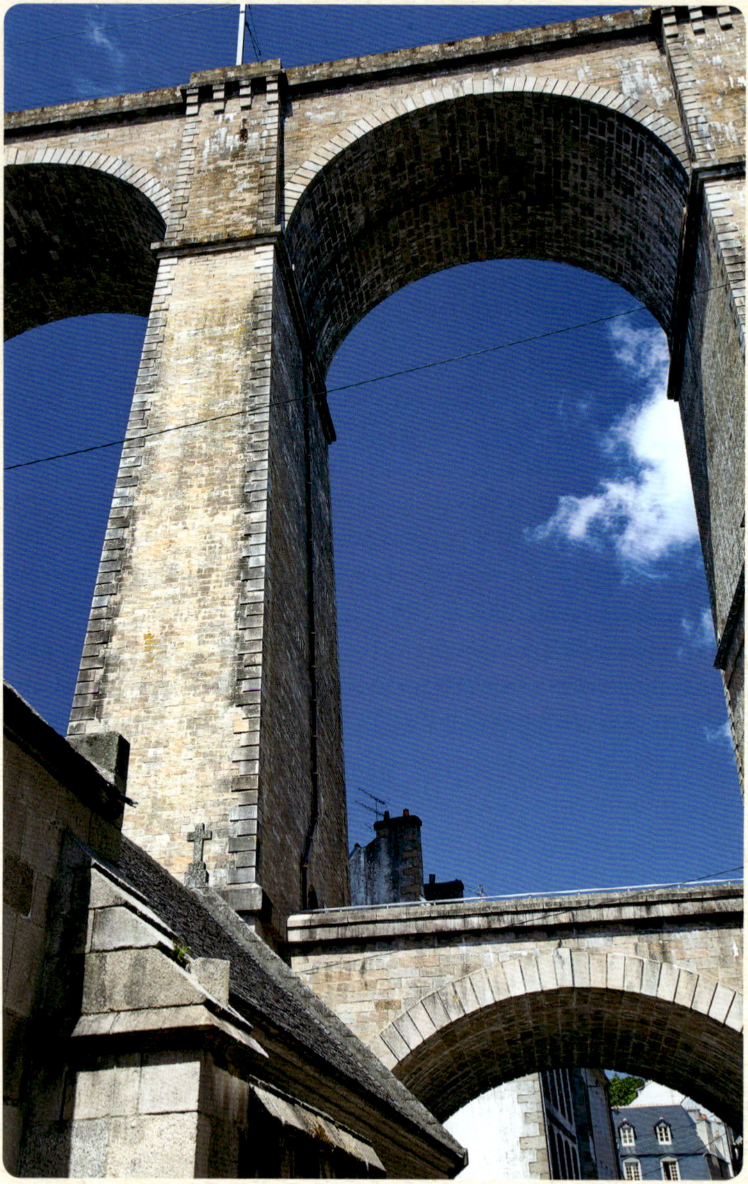

Viadukt im Hochformat ...

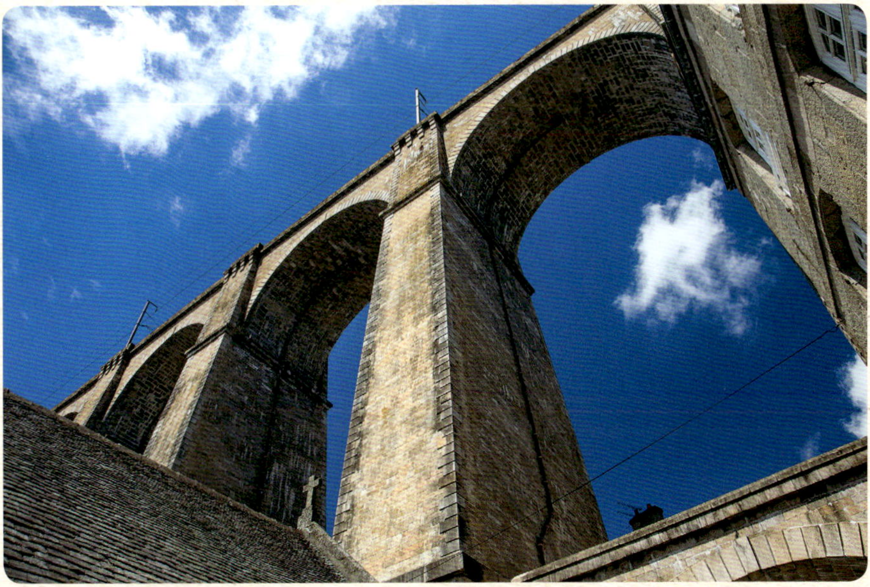

... und im Querformat

Kino und Fernsehen zeigen uns, dass es sehr gut funktioniert, sich auf ein Format zu beschränken. Auch in der Fotografie kann dies sinnvoll sein, z. B. wenn Sie die Aufnahmen über einen Bildschirm oder Beamer präsentieren möchten.

Vordergrund

Binden Sie den Vordergrund bewusst in Ihre Bildgestaltung ein. Ihre Fotos werden interessanter und gewinnen an räumlicher Tiefe.

Die erste Aufnahme des Schweizer Matterhorns habe ich mit einem starken Teleobjektiv aus großer Distanz aufgenommen. Ohne einen Vordergrund wirkt die sonst imposante Berglandschaft flach und wenig eindrücklich.

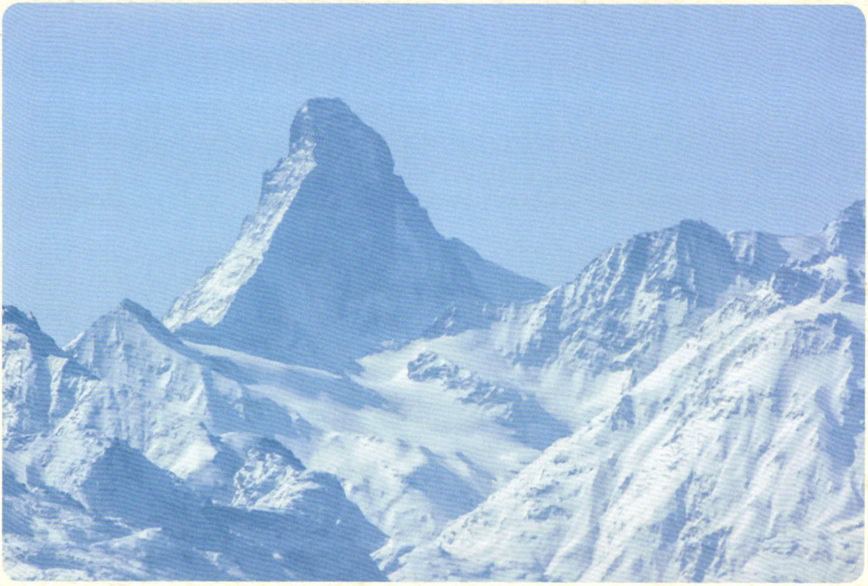

Das Matterhorn – ohne Vordergrund

Bei der zweiten Aufnahme unten bildet das Schild einen farblichen Kontrast und sorgt für räumliche Tiefe. Dabei verändert sich auch die Bildaussage. Das Matterhorn tritt in den Hintergrund. Für viele Betrachter sind solche Aufnahmen interessanter, weil sie trotz bekannter Motive etwas Neues bieten.

In der dritten Aufnahme auf der folgenden Seite rückt das ursprüngliche Hauptmotiv noch weiter in den Hintergrund. Entdecken Sie das Matterhorn?

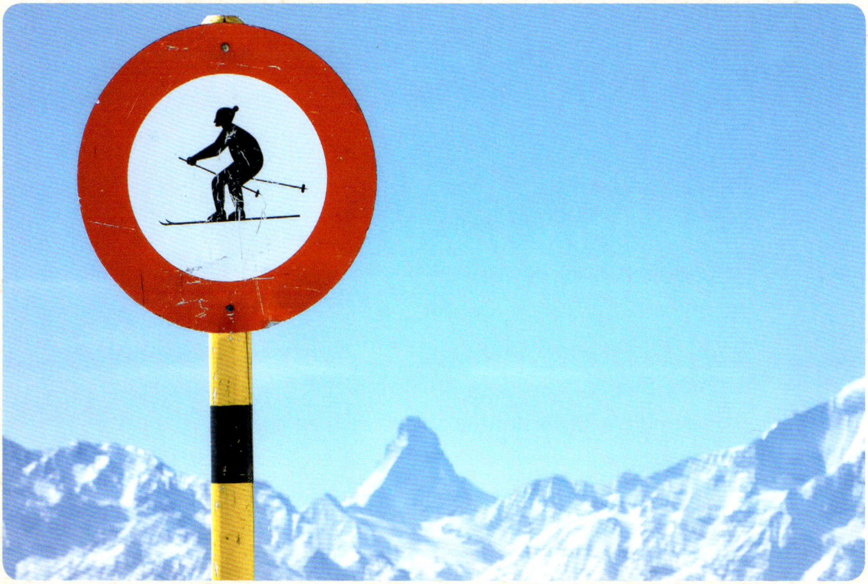

Der Vordergrund schafft einen neuen Bezug

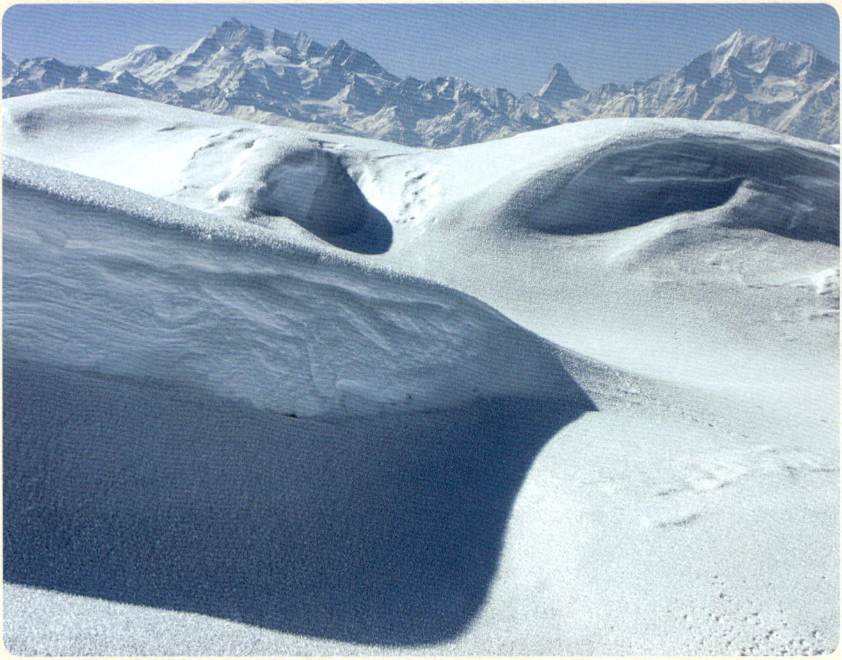

Räumliche Tiefe durch Vordergrund

Diese Winterbilder sind innerhalb weniger Minuten fast vom selben Standort entstanden. Es lohnt sich meist, mit verschiedenen Perspektiven und Bildausschnitten zu experimentieren.

Der Suche nach einem passenden Vordergrund sind kaum Grenzen gesetzt. Ein weiteres Beispiel: Beim Fotografieren stand ich unter einem Baum. Das Blätterdach verdeckt im oberen Teil der Aufnahme den Blick auf die Blumenwiese im Hintergrund. Der obere Bildbereich wird von den Blättern des Baums fast vollständig verdeckt. An einer Stelle ragt etwas Grünes in den oberen Bildbereich, hier ist eine kleine Lücke im Blätterdach, was den Blick auf hohes Gras in der Wiese etwas öffnet. Die dunkle Maskierung und die Unschärfen tragen zu einer fast surrealen Bildwirkung bei. Das zweite Bild zeigt die Ausgangssituation aus größerer Distanz.

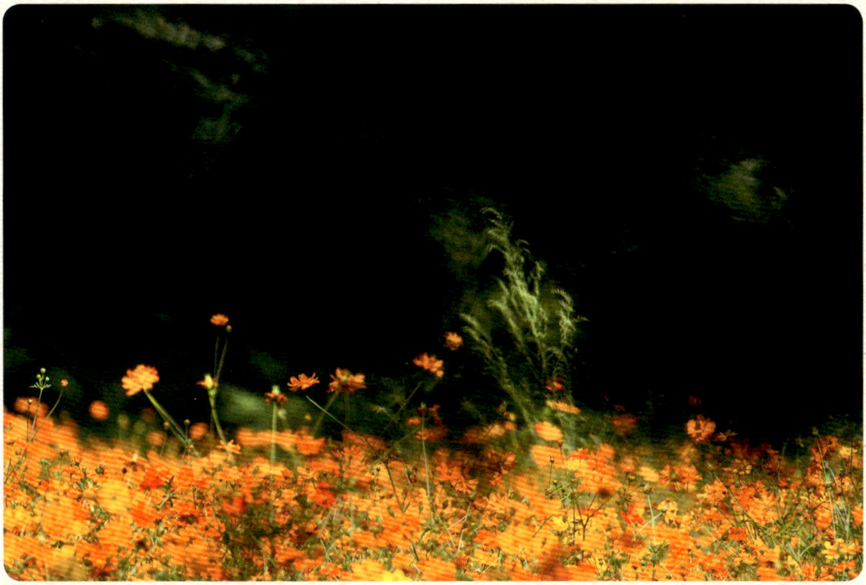

Blumenwiese aus dem Schatten eines Baums

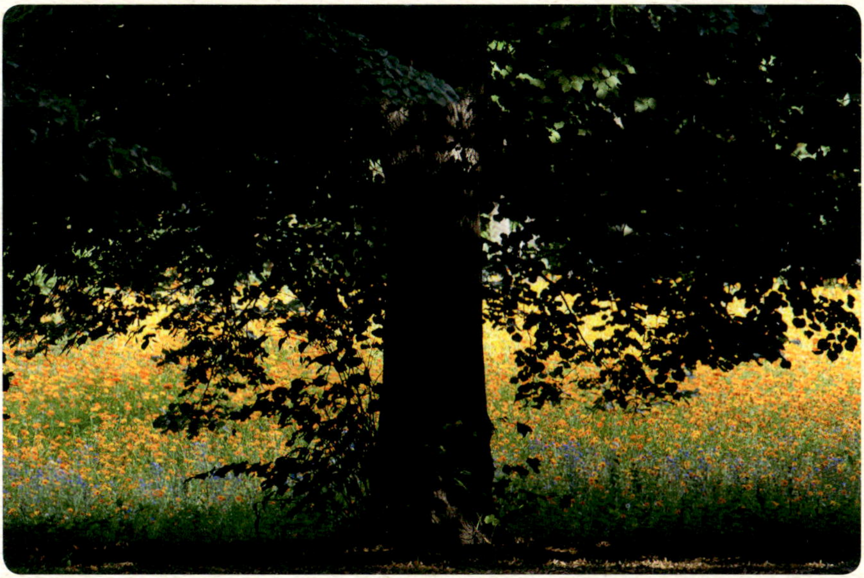

Baum und Blumenwiese aus größerer Distanz

Rahmen

Rahmen sind ein beliebtes und einfaches Mittel für die Bildgestaltung. Elemente, die innerhalb des Rahmens liegen, erhalten ein besonderes Gewicht. Rahmen schaffen räumliche Tiefe. Der Betrachter nimmt eine beobachtende Perspektive ein. Sie können Rahmen auch nutzen, um störende Objekte, z. B. Stromleitungen, zu verdecken. Bei der Suche nach Rahmen gibt es unzählige Möglichkeiten, z. B. Fenster, Pflanzen, Felsspalten – halten Sie die Augen offen!

Eine recht bekannte Form der Umrahmung eines Hauptmotivs stellt die Schlüssellochperspektive dar. Hierbei wird durch eine Öffnung hindurch das Hauptobjekt erfasst. Objekte können jedoch auch durch Elemente im Hintergrund gerahmt werden (z. B. eine Person vor einer Tür). Manchmal entdeckt man einen interessanten Rahmen (z. B. einen Torbogen), aber das Bild ist noch etwas leblos. Warten Sie ab, bis etwas innerhalb des Rahmens passiert. Vielleicht tritt eine interessante Person ins Bild.

Suchen Sie sich gezielt Rahmen, in denen interessante Ereignisse stattfinden könnten. Führen Sie alle Einstellungen wie Belichtungseinstellung, Wahl der Schärfentiefe und Fokussierung durch und warten Sie auf den entscheidenden Augenblick.

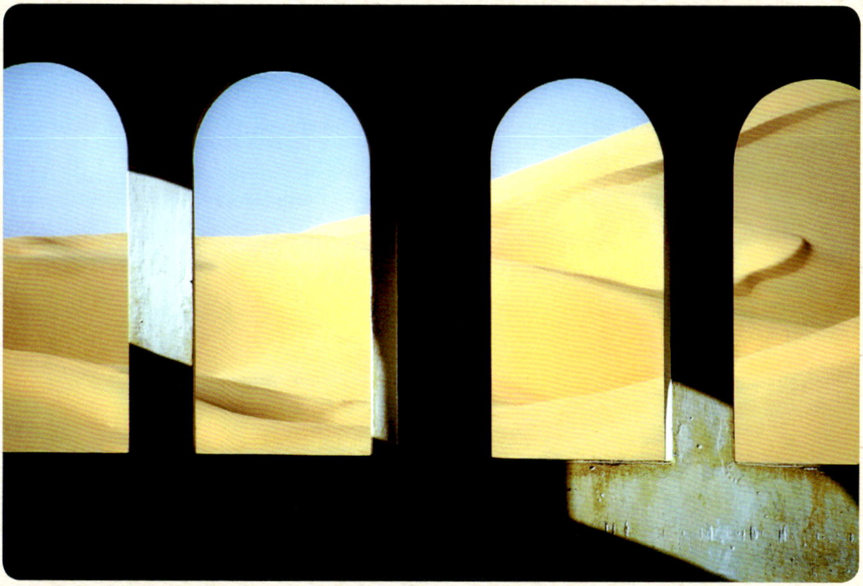

Ein Rahmen kann das Hauptmotiv betonen ...

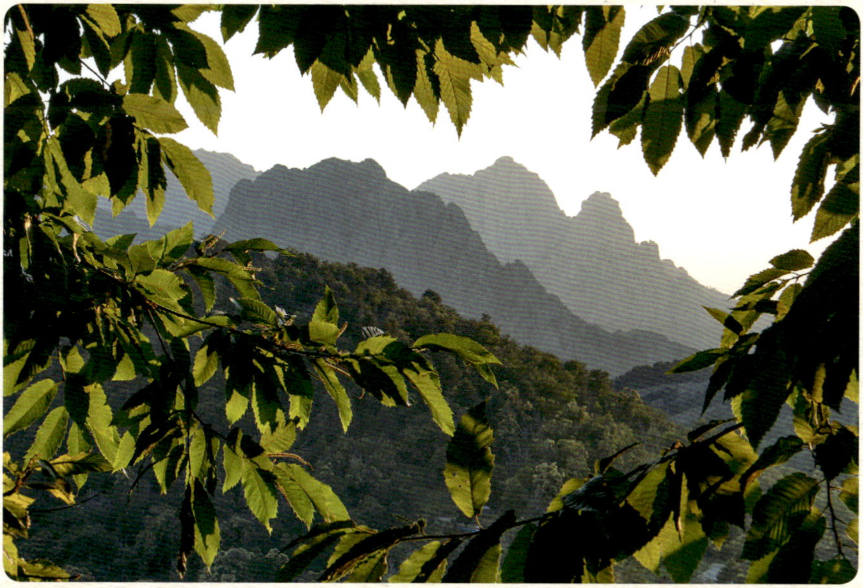

... und Tiefe schaffen

Brennweite

Im Kapitel zum Zubehör haben Sie bereits wesentliche Aspekte von Objektiven kennengelernt. Hier geht es nun um die gestalterischen Aspekte von Brennweiten. Die Wirkung von Brennweiten wird besonders in der Gegenüberstellung von Weitwinkel- und Telebrennweiten deutlich.

Weitwinkel

Die Besonderheit von Weitwinkelobjektiven ist der große Bildwinkel und eine große Schärfentiefe. Weitwinkelobjektive weisen bei kurzer Aufnahmedistanz eine perspektivische Verzerrung auf. Wie im Beispielbild gezeigt, werden nahe Objekte überproportional groß und entfernte deutlich kleiner abgebildet. Nutzen Sie diese optischen Besonderheiten und erweitern Sie damit Ihre fotografischen Möglichkeiten.

Bei Landschaftsaufnahmen mit Weitwinkelobjektiven lohnt es sich, tiefe Kamerastandpunkte auszuprobieren. Gehen Sie mit der Kamera runter. So erhalten Sie einen Vordergrund. Details im Vordergrund (wie die gezeigten Steine) werden überdimensional groß, Entferntes wird klein abgebildet. Dies verleiht dem Foto räumliche Tiefe.

Gehen Sie bei Landschaftsaufnahmen mit dem Weitwinkel in die Hocke, so erhält die Aufnahme mehr räumliche Tiefe.

Weitwinkelobjektive werden oft in der Landschafts- und Architekturfotografie eingesetzt. Doch ihr Einsatzgebiet ist nicht darauf beschränkt. Porträts sollten Sie in der Regel nicht aus kurzer Distanz mit Weitwinkelobjektiven aufnehmen, außer Sie möchten die zum Teil bizarren Verzerrungen bewusst einsetzen.

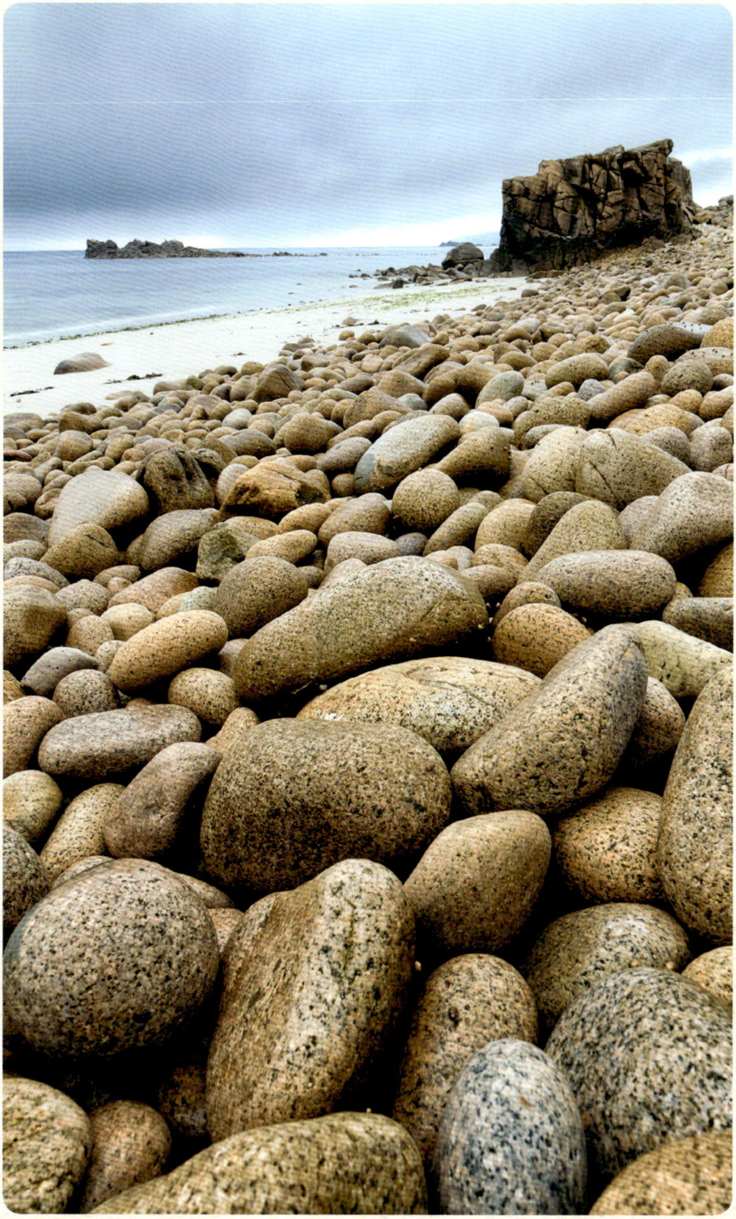

Die perspektivische Verzerrung kann räumliche Tiefe vermitteln

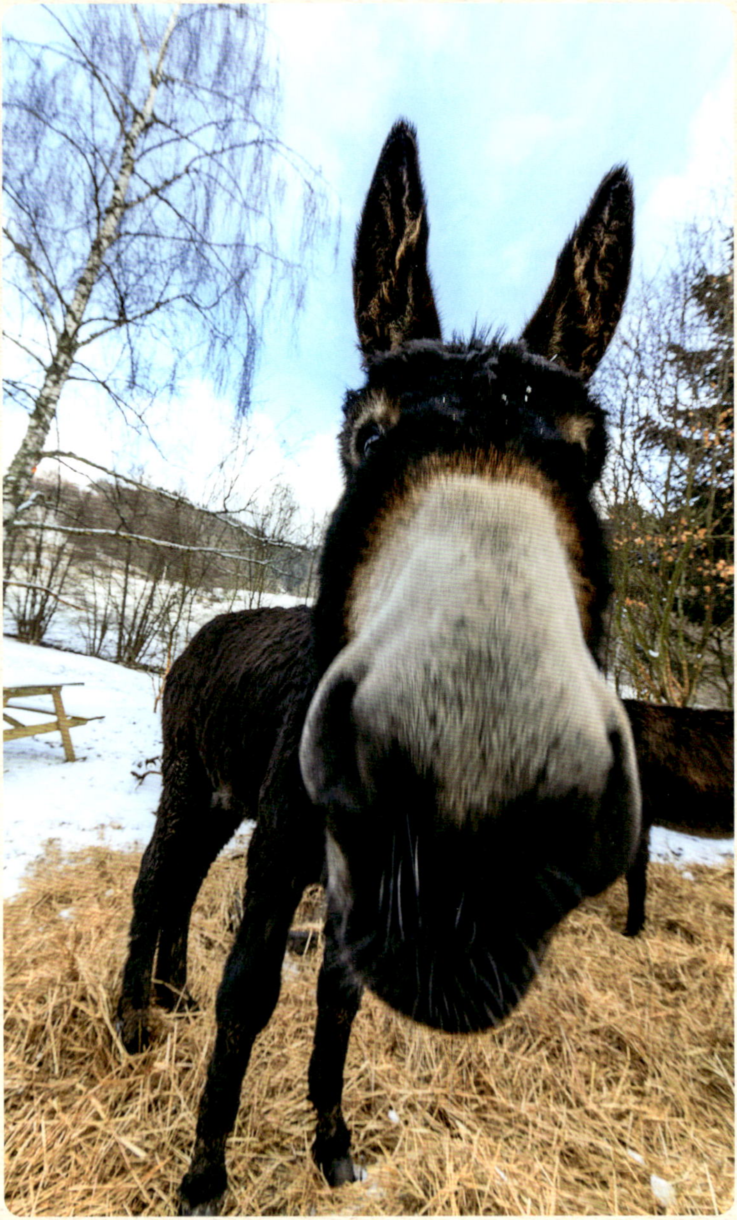

Ein Weitwinkelporträt der etwas anderen Art

Tele

Die Möglichkeit, mit Teleobjektiven weiter entfernte Objekte groß abzubilden, macht diese Brennweiten für viele Bereiche der Fotografie interessant, z. B. Sport-, Tier-, Porträt-, Reportage- und Reisefotografie. Zudem bieten Telebrennweiten noch weitere Besonderheiten, die Sie für die Bildgestaltung einsetzen können:

Je größer die Brennweite, desto kleiner ist bei gleicher Blende die Schärfentiefe. In der Porträtfotografie werden häufig Telebrennweiten eingesetzt, um die porträtierten Personen vom Hintergrund abzuheben. Zugleich werden durch lange Brennweiten und einen größeren Abstand zum Motiv unschöne perspektivische Verzerrungen vermieden (z. B. eine überproportional betonte Nasenpartie).

Im Foto unten zeigt sich die stauchende Wirkung von langen Brennweiten. Die Fenster und Türen des Zuges werden, trotz unterschiedlicher Entfernung, annähernd gleich groß dargestellt. Dabei rücken hintereinanderliegende Objekte räumlich scheinbar zusammen.

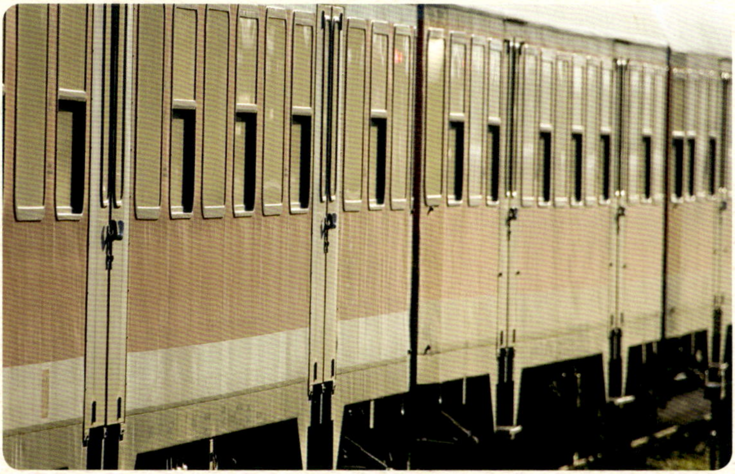

Telebrennweiten haben eine stauchende Wirkung

Perspektive

Die Perspektive ist ein weiteres wichtiges Element bei der Bildgestaltung. Sie ist von der Kameraposition abhängig. Eine Veränderung der Brennweite durch Zoomen oder Objektivwechsel führt zu keiner Perspektivänderung, dadurch verändern Sie lediglich den Bildausschnitt.

Die folgenden zwei Bildbeispiele habe ich von der gleichen Position aufgenommen. Lediglich der Bildausschnitt hat sich geändert, d. h., die zweite Aufnahme wurde mit einer längeren Brennweite vom gleichen Standort fotografiert. Die Berge im Hintergrund befinden sich im Verhältnis zum Schiff an der gleichen Position. Dies ist ein Hinweis, dass die beiden Aufnahmen aus der gleichen Perspektive gemacht wurden.

Das dritte Bild (übernächste Seite) wurde aus kürzerer Entfernung mit einem Weitwinkelobjektiv aufgenommen. Achten Sie darauf, wie sich die Dimensionen des Bugs im Vordergrund bei dieser Perspektive im Verhältnis zum hinteren Teil des Schiffes verändert.

Wenn Sie nahe beim Motiv sind, wirkt sich bereits eine kleine Veränderung der Perspektive auf das Bildergebnis aus. Achten Sie darauf, wie sich das Bild verändert, wenn Sie Ihre Position verändern. Das letzte der vier Fotos wurde aus großer Entfernung oberhalb des Strandes aufgenommen. Blumen bilden den unscharfen Vordergrund.

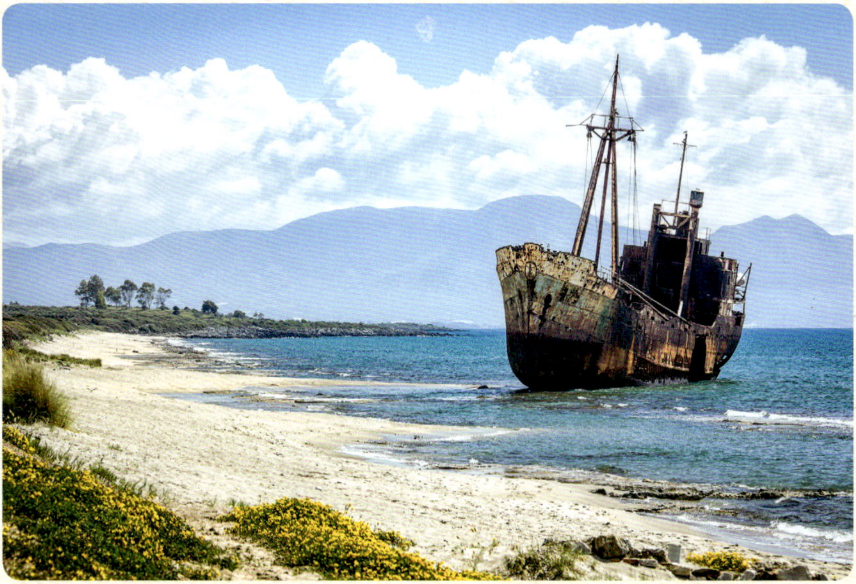

Brennweite 80 mm, APS-C

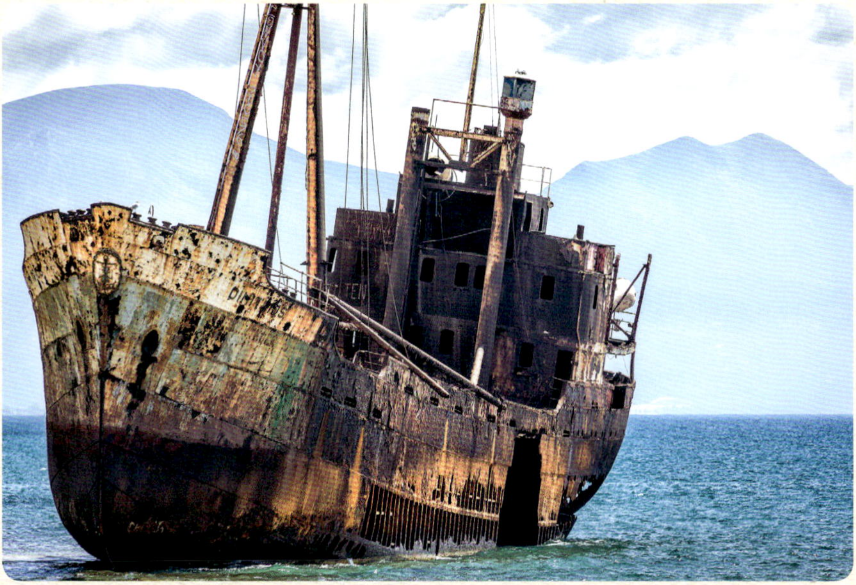

Dieselbe Position, Brennweite 200 mm, APS-C (Tele)

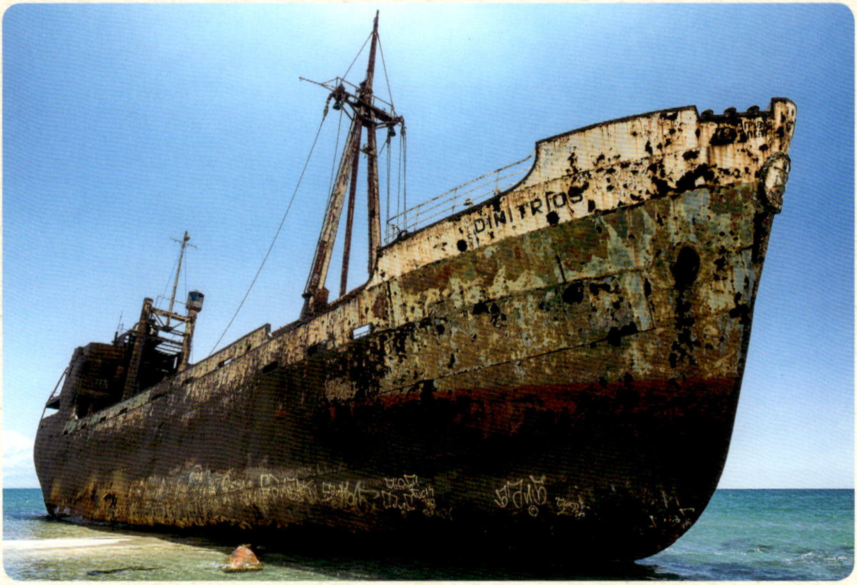

Veränderte Position, Brennweite 18 mm, APS-C (Weitwinkel)

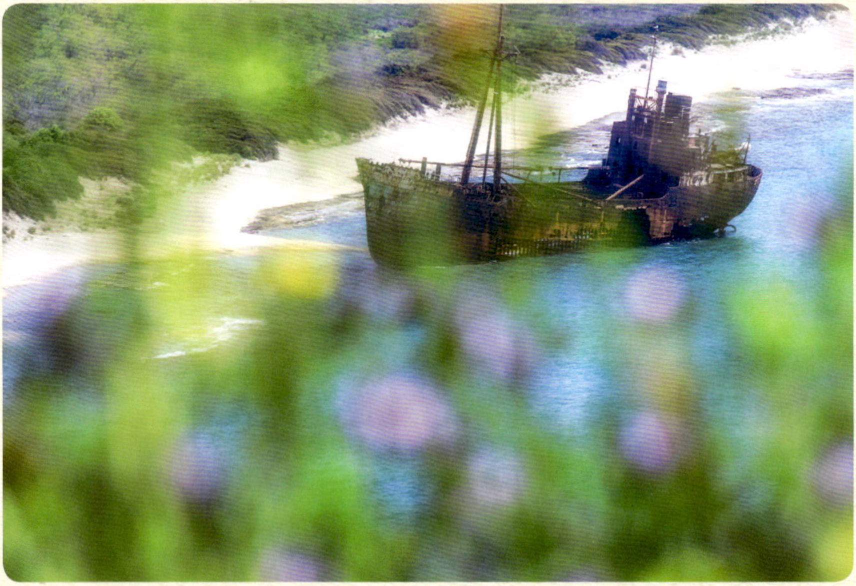

Eine weitere Position, Brennweite 200 mm, APS-C (Tele), mit unscharfem Vordergrund

Es gibt Motive, die eine bestimmte Perspektive nahezu erfordern, beispielsweise Kinder. Wenn Sie aus kurzer Distanz von oben herab ein Kind fotografieren, kann es zu unschönen perspektivischen Verzerrungen kommen. Dabei erscheint der Kopf überproportional groß.

Gehen Sie bei Aufnahmen von Kindern hinunter auf Augenhöhe und nutzen Sie längere Brennweiten. So können Sie diese Verzerrungen vermeiden. Auch beim Bildhintergrund haben Sie mehr Möglichkeiten, wenn Sie die Kamera nicht nach unten richten.

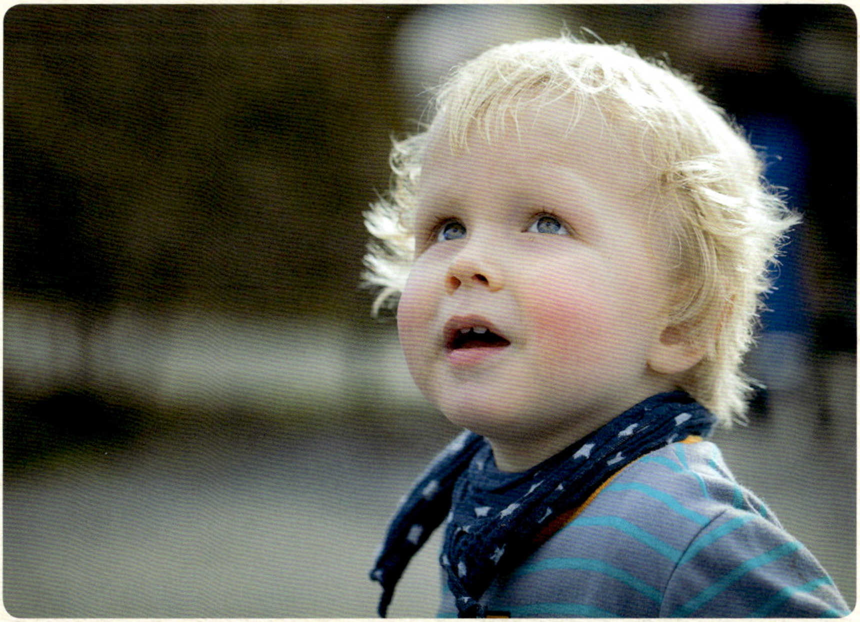

Aufnahme aus Augenhöhe, Brennweite 100 mm, KB (Tele)

Gehen Sie in die Hocke und fotografieren Sie Kinder auf Augenhöhe.

Froschperspektive

Wird die Kamera aus einer niedrigen Position nach oben gerichtet, bezeichnet man diese Perspektive als Untersicht (engl. *low angle*). Wird sie stark nach oben geneigt, nennt man sie auch Froschperspektive.

Durch die Untersicht wirken viele Objekte größer. Dieser Effekt kann bewusst für die Bildgestaltung eingesetzt werden, z. B. um Dominanz und Macht darzustellen. Die Wirkung der Untersicht wird durch die Verwendung von kurzen Brennweiten verstärkt.

Hochhäuser sind ein klassisches Motiv für die Froschperspektive. Die Neigung der Kamera von unten nach oben bewirkt, dass vertikale Linien nach oben hin zusammenlaufen. Man spricht dabei von stürzenden oder konvergierenden Linien.

Für diese Aufnahme habe ich die Kamera mit dem Objektiv nach oben auf den Boden gelegt. Um Verwacklungen zu vermeiden, habe ich den Selbstauslöser genutzt.

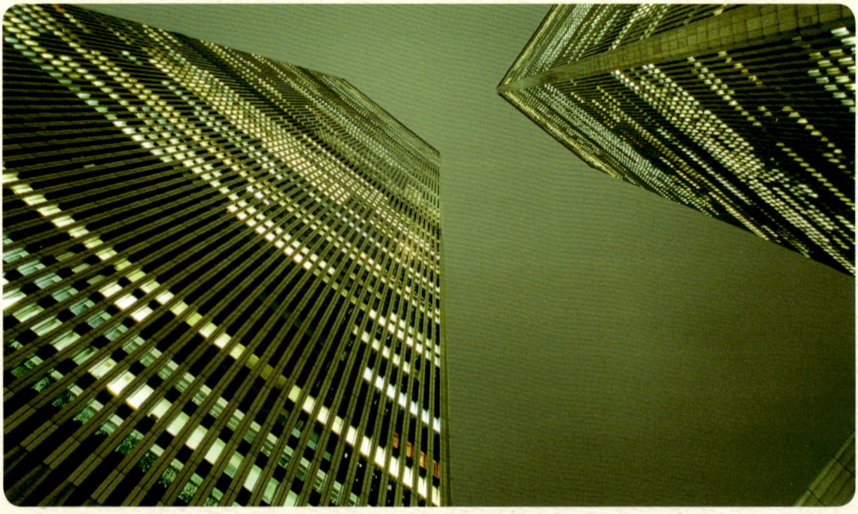

Hochhäuser wirken noch größer aus der Froschperspektive

Vogelperspektive

Der Blick von oben herab wird als Obersicht oder, in extremer Variante, als Vogelperspektive bezeichnet. Durch die Obersicht wirken Objekte kleiner. Auch diese Perspektive wird genutzt, um beim Betrachter gezielt Emotionen auszulösen. Bei Porträts z. B. suggeriert der Blick von oben Unterlegenheit, Unterwürfigkeit, Rückzug, die porträtierte Person wirkt gestaucht und kleiner als real.

Wenn aus großer Höhe ohne Vordergrund fotografiert wird, wirken Aufnahmen aus der Vogelperspektive oft flach. Umso mehr sollten Sie daher auf die Bildgestaltung achten. Welcher besonders interessante Motivbestandteil fällt Ihnen auf? Nutzen Sie diesen Blickfang und positionieren Sie diesen bewusst im Bild.

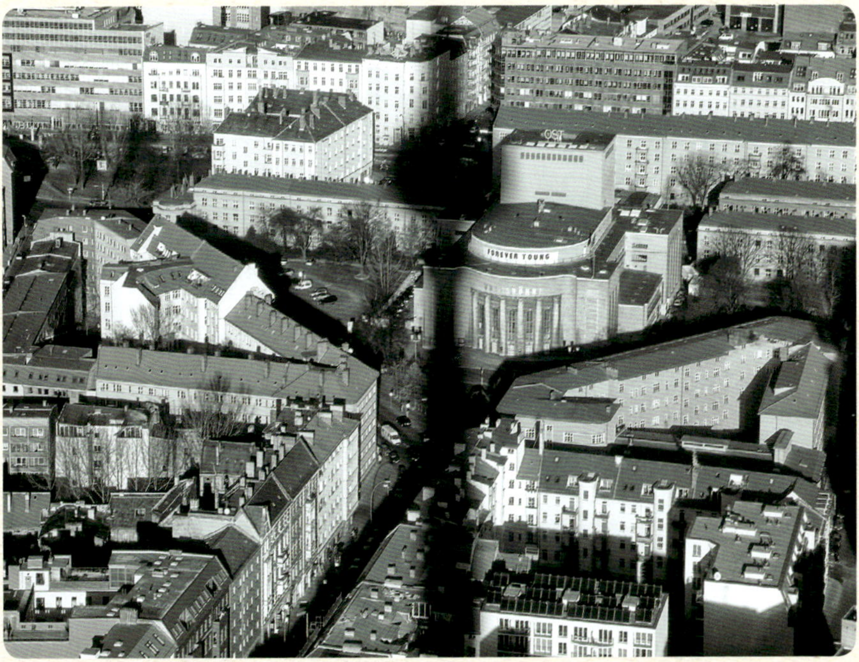

Achten Sie bei Aufnahmen aus der Vogelperspektive auf einen Blickfang – hier ist es der Schatten des Berliner Fernsehturms

Reduktion

Konzentrieren Sie sich bei der Bildgestaltung auf das Wesentliche. Packen Sie nicht zu viele Informationen ins Bild. Sind mehrere Details wichtig, ist es oft besser, mehrere Aufnahmen zu machen. Überlegen Sie sich immer, ob der Betrachter, der nicht beim Fotografieren anwesend war, das für Sie Wesentliche sofort im Bild erkennt.

Bei den folgenden Aufnahmen habe ich die Bildelemente über den Bildausschnitt (Perspektive/Brennweite) stark reduziert. Dadurch entstehen plakative Bilder.

Konzentrieren Sie sich auf das Wesentliche und versuchen Sie nicht, zu viele Details mit einer Aufnahme abzudecken.

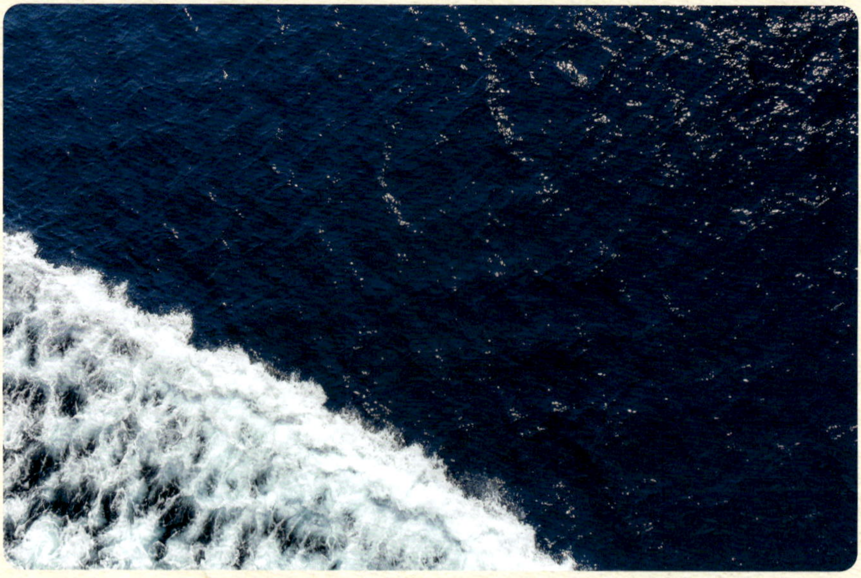

Weniger ist mehr, um eine plakative Bildwirkung zu erhalten

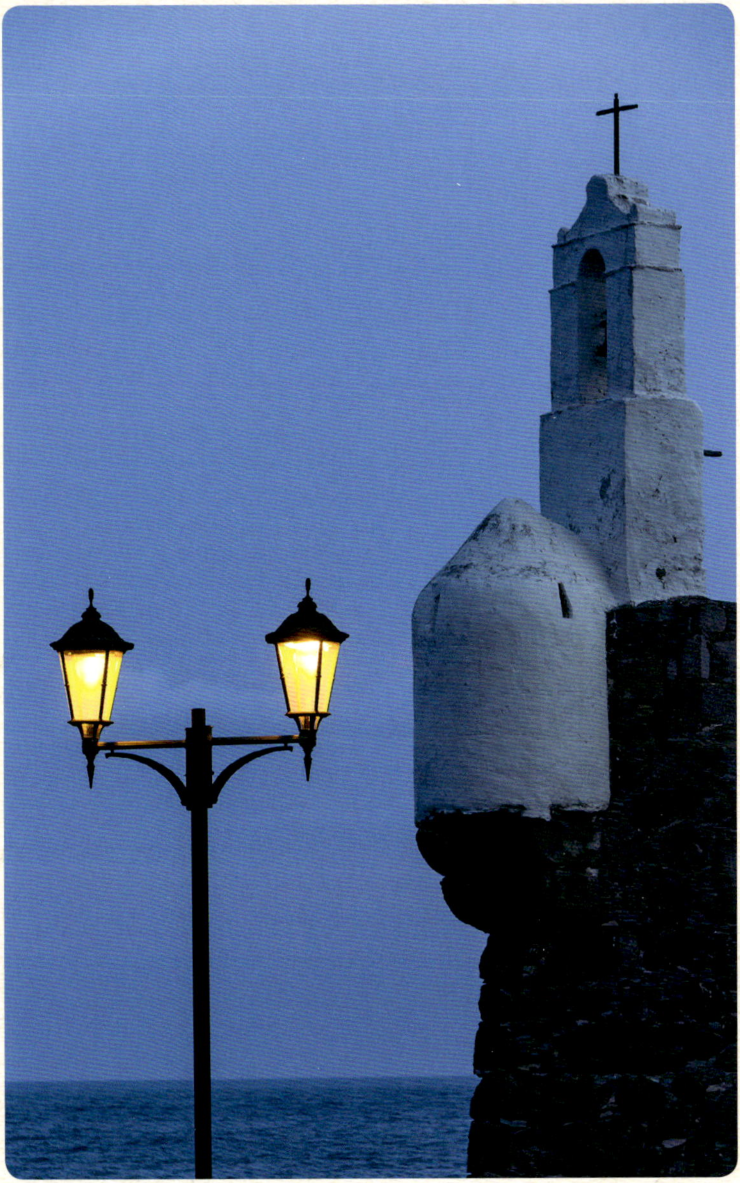

Das Wesentliche aufs Foto bannen

Licht

Die beste Fotoausrüstung hilft wenig, wenn das Licht nicht passt. Für Tageslichtaufnahmen sind die frühen Vormittagsstunden und der späte Nachmittag zu empfehlen. Dann ist das Licht wärmer und weicher.

Wenn Sie nachts Fotos machen möchten, beginnen Sie am besten bereits zur blauen Stunde, also kurz nach Sonnenuntergang, bevor es absolut dunkel wird. Der Himmel färbt sich für kurze Zeit tiefblau und sorgt für besonders stimmungsvolle Aufnahmen. Auch in der Morgendämmerung finden Sie diese Lichtsituation vor.

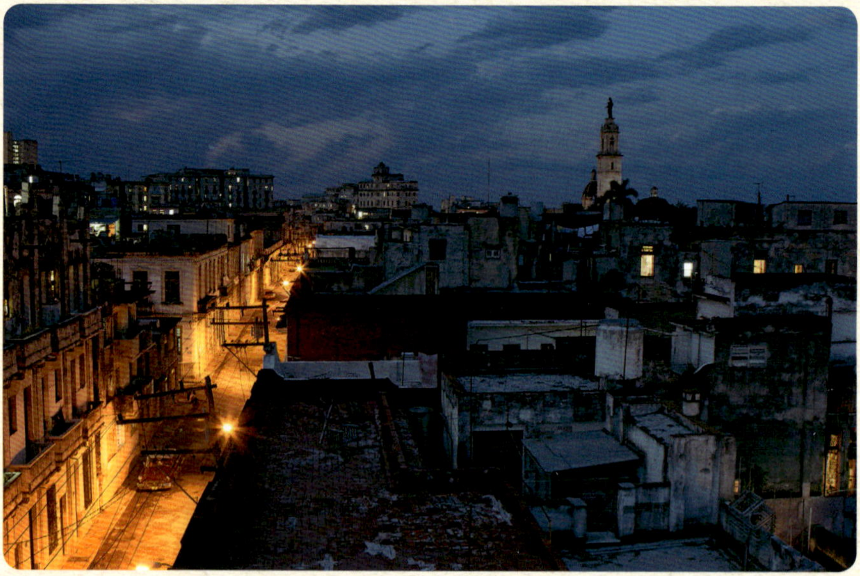

Blaue Stunde in Havanna, Uhrzeit 18:47

Dasselbe Motiv kann zu einer anderen Tageszeit oder bei anderem Wetter völlig anders wirken. Die folgende Aufnahme ist kurz nach Sonnenaufgang vor einem Gewitter entstanden.

Das grelle Licht bei hoch stehender Sonne um die Mittagszeit und am frühen Nachmittag sorgt für harte Schatten und starke Kontraste und wird daher von Profis bei vielen Motiven gemieden. Wenn Sie zu diesen Zeiten fotografieren möchten, können Sie z. B. auf Motive im Schatten ausweichen. Dort haben Sie weiches Licht, das sich gut für Porträtaufnahmen eignet.

Betrachten Sie eigene oder fremde Fotos und überlegen Sie sich, zu welchen Tageszeiten sie aufgenommen wurden. Welche Fotos gefallen Ihnen besser?

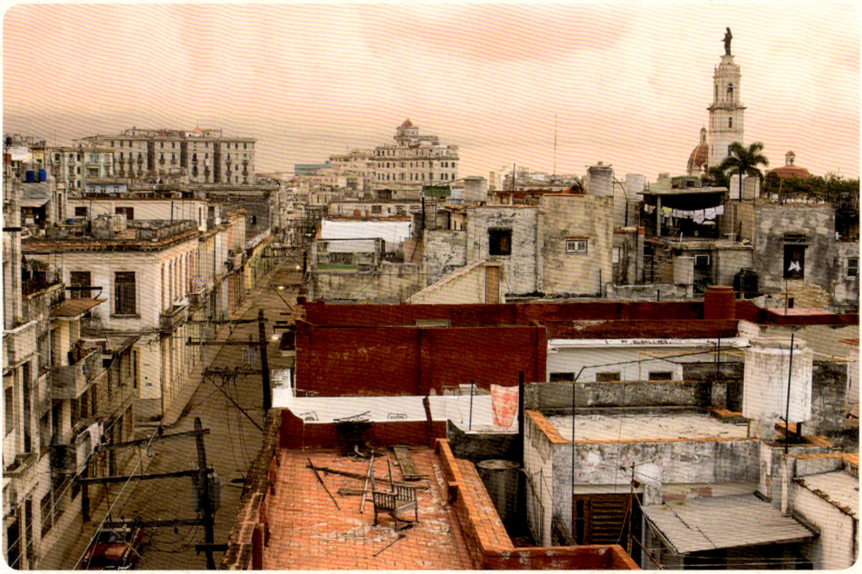

Am Morgen kurz vor einem Gewitter, Uhrzeit 07:05

FOTOWORKSHOP

Entdecken Sie die kreativen Möglichkeiten der Fotografie! In den folgenden Fotoworkshops finden Sie Fotos unterschiedlicher Sujets und das „Rezept" dazu, mit Gedanken und Tipps zur Bildidee, zum Bildaufbau und zur technischen Umsetzung. Lassen Sie sich von den Bildern inspirieren und versuchen Sie die „Rezepte" auf eigene Motive zu übertragen. Fotografieren lernt man beim Fotografieren. Viel Spaß dabei!

Ich empfehle Ihnen, zunächst nur jeweils das Foto auf der rechten Seite zu betrachten und dazu einige Überlegungen anzustellen, bevor Sie den Text links lesen. Fragen Sie sich z. B.:

- Was gefällt mir an der Aufnahme, was nicht?
- Was würde ich anders machen?
- Wie ist der Bildaufbau?
- Welche Rolle spielt die Tageszeit oder das Wetter?
- Wie würde ich die Aufnahme technisch umsetzen?
  - In welchem Modus (Zeit, Blende)?
  - Wie fokussieren?
  - Ist ein Stativ sinnvoll?
  - Einzel- oder Serienbildmodus?
  - ISO-Wert – automatisch oder manuell?

Wenn Sie mit der Zeit Erfahrungen sammeln, werden Sie merken, dass verschiedene technische Herangehensweisen möglich sind.

Bei den folgenden Workshops habe ich bewusst auf alternative Ansätze verzichtet, um Ihnen einen möglichst einfachen Einstieg zu ermöglichen und Verwirrungen zu vermeiden. Suchen Sie sich die Motive aus, die Sie ansprechen, und versuchen Sie, die Ideen auch auf andere Motive zu übertragen.

Ausrüstung

Die vorliegenden Aufnahmen habe ich vor allem mit digitalen Spiegelreflexkameras und spiegellosen Systemkameras (APS-C und Vollformat) gemacht und verschiedenste Objektive eingesetzt, vom extremen Weitwinkel bis zum Supertele.

Sie benötigen für derartige Aufnahmen jedoch keine Profiausrüstung. Ein Standard-Zoomobjektiv (z. B. 18–55 mm) und ein einfaches Teleobjektiv (z. B. 55–200 mm) bieten bereits eine gute Palette an Brennweiten.

Folgendes weitere Zubehör habe ich eingesetzt: Dreibeinstativ, Kabelfernauslöser, Einbeinstativ, Polfilter, Graufilter, Aufsteckblitz, Streulichtblenden.

Die Bildidee und der Bildaufbau sind ebenso wichtig. Diese können Sie auch mit Bridge- oder Kompaktkameras nachvollziehen.

Einstellungen

ISO: Einsteigern empfehle ich zunächst die ISO-Automatik, dann können Sie sich auf die Bildgestaltung und die anderen Einstellungen konzentrieren. War eine manuelle Steuerung des ISO-Werts notwendig, habe ich das angegeben. Falls Sie mit der manuellen ISO-Steuerung vertraut sind und die Verwacklungsgefahr bei der gewählten Brennweite und Belichtungszeit selbst abschätzen können, spricht nichts gegen eine manuelle Steuerung des ISO-Werts.

Belichtungsmessung: Nutzen Sie zu Beginn die Mehrfeldmessung (Matrixmessung). Diese liefert meist zuverlässige Ergebnisse. In Verbindung mit der Belichtungskorrektur können Sie so fast alle Situationen meistern.

Weißabgleich: Die meisten der Aufnahmen sind mit der Weißabgleichautomatik entstanden. Ich fotografiere in der Regel im RAW-Format, damit kann ich den Weißabgleich nachträglich korrigieren. Wenn Sie im JPG-Format fotografieren, lohnt es sich, hin und wieder mit den Weißabgleicheinstellungen zu spielen. Damit können Sie die Lichtstimmung entscheidend beeinflussen. Setzen Sie die Kamera anschließend unbedingt wieder auf den automatischen Weißabgleich (AWB), sonst haben die folgenden Aufnahmen eventuell einen Farbstich.

Für alle Aufnahmen gilt: Kontrollieren Sie Ihre Fotos gleich nach der Aufnahme auf Schärfe. Zoomen Sie hierfür ins Bild und verschieben Sie den Bildausschnitt entsprechend. Nutzen Sie die Belichtungskorrektur (+/–), falls die Aufnahmen zu hell oder zu dunkel sind. Das Histogramm bietet Ihnen eine Orientierungshilfe.

Fokussierung: Bei den meisten der folgenden Fotos wurde der Einzelautofokus (AF-S) in Verbindung mit einem einzelnen Fokusfeld genutzt. Dies ist bei mir die Standardeinstellung, die ich auch bei bewegten Motiven einsetze, wenn ich die Distanz vorher bereits abschätzen kann. Falls dies nicht funktioniert, wechsle ich bei bewegten Motiven in den kontinuierlichen Autofokus (AF-C). Dabei verwende ich oft Fokusfeldbereiche. Bei Aufnahmen vom Stativ setze ich in der Regel den manuellen Fokus ein.

Einzel- oder Serienbild: Meist nutze ich den Einzelbildmodus. Vor allem bei sehr schnell bewegten Motiven verwende ich jedoch gerne den Serienbildmodus, oft in Verbindung mit dem kontinuierlichen Autofokus. Auch bei Verwacklungsgefahr setze ich regelmäßig den Serienbildmodus ein, um die Chance auf eine verwacklungsfreie scharfe Aufnahme zu erhöhen.

Die Aufnahmen im Workshop sind mit unterschiedlichen Sensorformaten entstanden. Neben der Objektivbrennweite finden Sie jeweils den Hinweis auf das genutzte Format (APS-C, KB für Vollformat). Bei Aufnahmen mit Kompaktkameras wird die kleinbildäquivalente Brennweite angegeben.

Die goldene Stunde

Das warme Licht nach Sonnenauf- bzw. vor Sonnenuntergang verleiht vielen Motiven eine besondere Stimmung. Dieses Foto der Karlsbrücke in Prag entstand in den frühen Morgenstunden. Der Nebel streut das warme Licht und sorgt für eine geheimnisvolle Tiefe.

Umsetzung

Dieses Bild habe ich mit Stativ und Fernauslöser aufgenommen. Eine Freihandaufnahme wäre bei diesem Licht jedoch ebenfalls möglich gewesen.

Nutzen Sie die Zeitautomatik (A/Av), damit Sie die Schärfentiefe steuern können. Bei dieser Aufnahme habe ich dafür die Blende *f*/9 gewählt. Verwenden Sie die ISO-Automatik. Wenn bewegte Objekte unbeabsichtigt verwischt sind, sollten Sie den ISO-Wert manuell erhöhen. Dadurch verkürzen Sie die Belichtungszeit.

Fokussieren Sie mit einem einzelnen Fokusfeld im Modus AF-S auf ein interessantes Objekt im vorderen Bildteil. Sollen Personen aufs Bild, können Sie mit halb gedrücktem Auslöser warten, bis diese durch den fokussierten Bereich laufen, und dann auslösen. Wenn Sie mit Stativ fotografieren, sollten Sie manuell fokussieren, dann müssen Sie nicht bei jedem Foto neu fokussieren.

Kontrollieren Sie die Aufnahmen auf Schärfe. Zoomen Sie hierfür ins Bild. Nutzen Sie die Belichtungskorrektur (+/–), falls die Aufnahmen zu hell oder zu dunkel sind. Vermeiden Sie überbelichtete Bereiche. Das Histogramm bietet Ihnen eine Orientierungshilfe.

Nutzen Sie das stimmungsvolle Licht der frühen Morgenstunden.

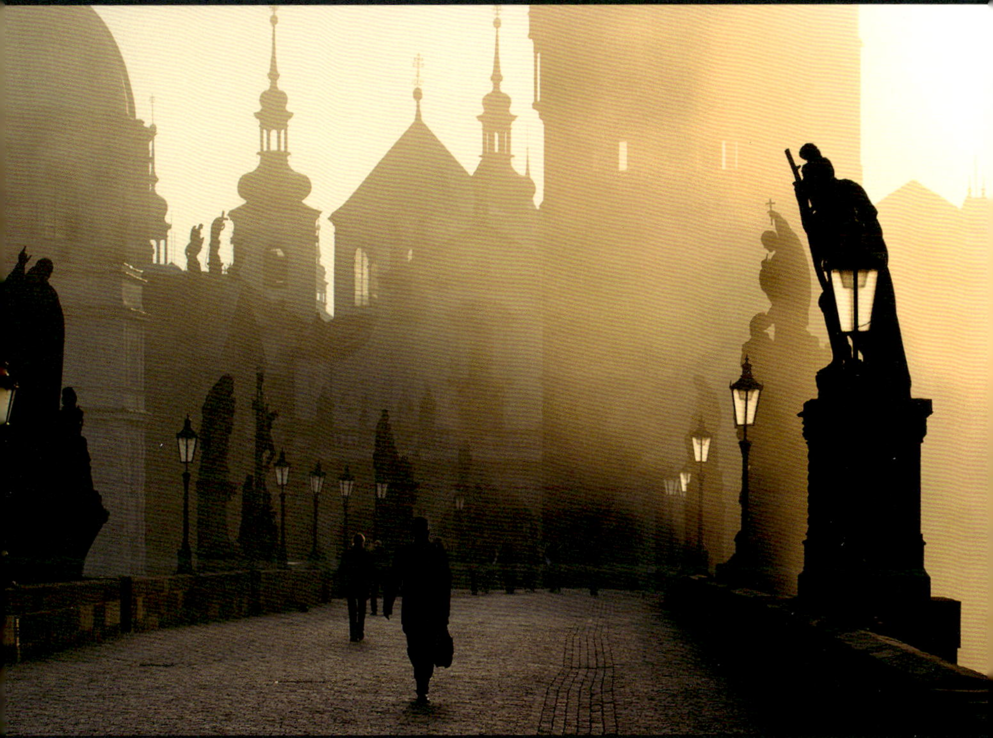

1/200 s | f/9 | ISO 100 | 105 mm | APS-C

Blätter im Licht

Dieses Foto entstand in der Samariaschlucht auf Kreta. Das Blätterdach wird von der hochstehenden Sonne durchleuchtet. Der im Schatten liegende Hintergrund bildet einen starken Kontrast zu den von der Sonne beschienenen Blättern.

Umsetzung

Suchen Sie sich Blätter im Sonnenschein und fotografieren Sie diese gegen das Licht. Fotografieren Sie aus unterschiedlichen Perspektiven und versuchen Sie die Blätter aus einem Winkel aufzunehmen, bei denen der Hintergrund im Schatten liegt. Dabei kommt das Leuchten der Blätter besonders zur Geltung. Ich habe den Ausschnitt so gewählt, dass die Blätter den gesamten Bildbereich füllen, dadurch entsteht ein Muster aus Blättern und Schatten.

Um unerwünschtes Streulicht oder Blendenflecken zu vermeiden, sollten Sie eine Streulichtblende verwenden.

Nutzen Sie die Zeitautomatik (A/Av), um die Schärfentiefe zu steuern und den gewünschten Bereich scharf abzubilden. Bei dieser Aufnahme habe ich Blende *f*/7.1 gewählt. Je nach Motiv bietet es sich an, verschiedene Blendenwerte auszuprobieren, um die Bildwirkung der verschiedenen Werte zu sehen. In der Regel klappt es mit der ISO-Automatik. Bei Verwacklungen können Sie den ISO-Wert manuell erhöhen oder ein Stativ verwenden.

Kontrollieren Sie die Aufnahmen auf Schärfe. Nutzen Sie die Belichtungskorrektur (+/–), falls die Aufnahmen zu hell oder zu dunkel sind. Insbesondere bei dunklem Hintergrund ist oft eine Minuskorrektur notwendig. Vermeiden Sie überbelichtete Bereiche (Histogramm!).

Von der Sonne beschienene Blätter leuchten besonders eindrucksvoll vor dunklem Hintergrund.

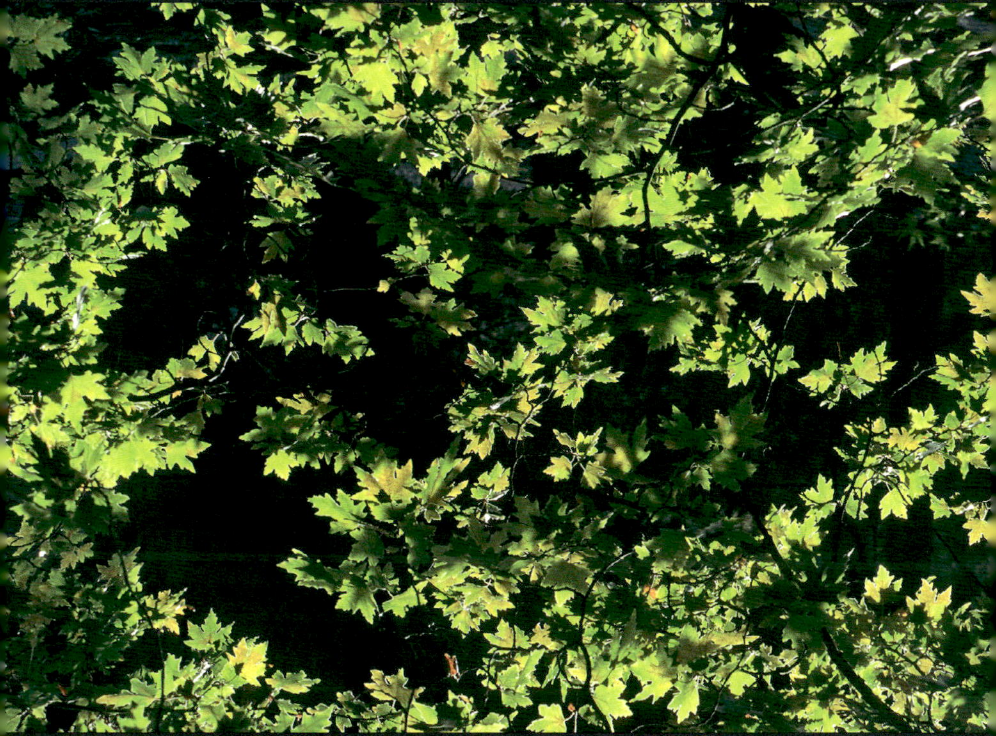

1/200 s | f/7.1 | ISO 100 | –1 EV | 100 mm | APS-C

Gedreht

Der Dreheffekt ist eine besondere Form des Wischeffekts. Dieser Effekt kann bei verschiedensten Motiven eingesetzt werden und bietet interessante Möglichkeiten, um auch statischen Motiven Dynamik zu verleihen. Sie können diese Wirkung auch in der Bildbearbeitung erzeugen, aber fotografiert macht es mehr Spaß.

Umsetzung

Hier habe ich die Kamera während der Aufnahme gedreht. Der Zufall spielt dabei eine große Rolle: Je nachdem, wo die Drehachse liegt, ist auch der Mittelpunkt der Drehung in der Aufnahme verschoben. Die Objekte im Zentrum der Drehung werden am schärfsten abgebildet, daher sollte dort etwas Auffälliges sein (Blume, Verkehrsschild, Gesicht). Je markanter die Form des Hauptobjekts, umso einfacher gelingen gute Aufnahmen.

Verwenden Sie die Blendenautomatik (S/Tv) mit ISO-Automatik. Die vorliegende Aufnahme habe ich mit 1/25 s gemacht. Diesen Wert können Sie als Ausgangswert nutzen; je nach Bildergebnis müssen Sie die Zeit verlängern oder verkürzen. Die „optimale" Zeit hängt von Motiv, Brennweite, Distanz und Drehgeschwindigkeit ab. Am besten probieren Sie verschiedene Zeiten.

Fokussieren Sie mit einem einzelnen Fokusfeld (Modus AF-S) auf die Bereiche, die im Zentrum der Bilddrehung sein sollen. Bei mehreren Versuchen bietet sich der manuelle Fokus an, damit Sie nicht jedes Mal neu fokussieren müssen.

Aktivieren Sie den Serienbildmodus. So erhöhen Sie die Chancen auf gelungene Bilder. Experimentieren Sie auch mit unterschiedlichen Brennweiten.

Nutzen Sie lange Belichtungszeiten und drehen Sie die Kamera während der Belichtung.

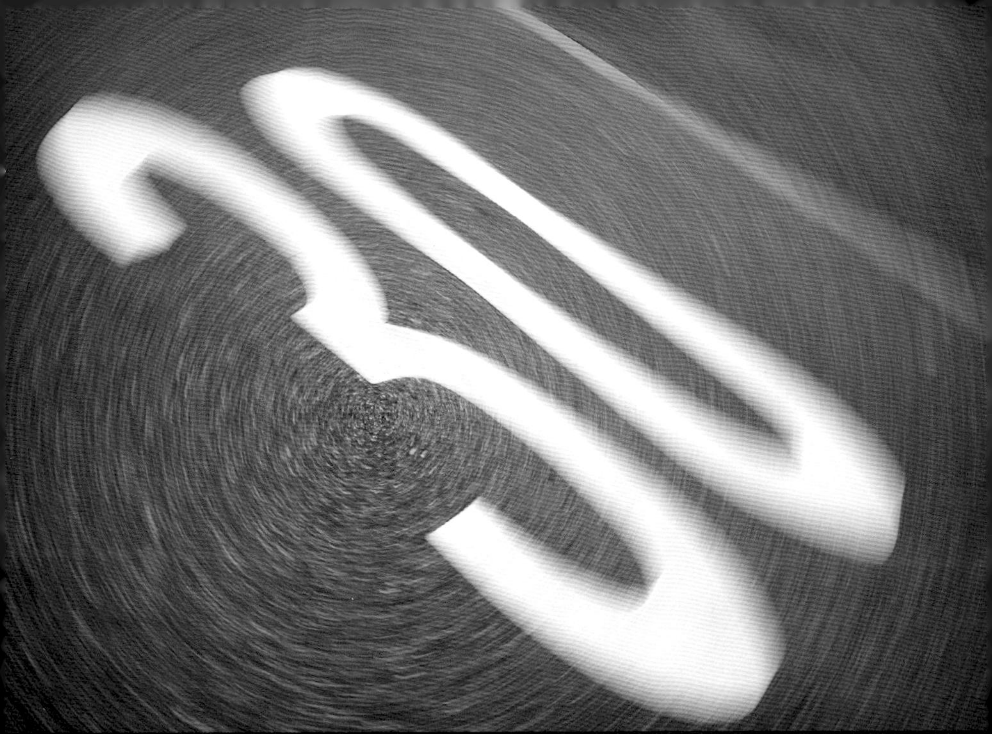

1/25 s | f/20 | ISO 100 | 22 mm | APS-C

Wischeffekt

Bei diesem Foto wurde die abfahrende Berliner U-Bahn mit einem Wischeffekt aufgenommen, um der Aufnahme mehr Dynamik zu geben. Wischeffekte sind von einer passenden Belichtungszeit abhängig, damit die Bewegungsunschärfe nicht zu stark, aber auch nicht zu gering ausfällt.

Umsetzung

Verwenden Sie ein Stativ und einen Fernauslöser, um Verwacklungen zu vermeiden. Schalten Sie (falls vorhanden) den Bildstabilisator aus.

Nutzen Sie die Blendenautomatik S/Tv. Die vorliegende Aufnahme habe ich mit 1/15 s gemacht. Diesen Wert können Sie als Ausgangswert nutzen, je nach Bildergebnis können Sie die Zeit verlängern oder verkürzen. Die „optimale“ Zeit hängt von der Geschwindigkeit Ihres Motivs, der Bewegungsrichtung, der Brennweite und der Distanz ab. Am besten probieren Sie verschiedene Zeiten aus.

Aktivieren Sie den Serienbildmodus, so erhöhen Sie die Chancen auf gelungene Bilder. Fokussieren Sie manuell, damit Sie nicht für jede Aufnahme neu fokussieren müssen. In diesem Fall habe ich auf die Bank im Vordergrund fokussiert.

Kontrollieren Sie die Aufnahmen auf Schärfe und Helligkeit. Nutzen Sie die Belichtungskorrektur (+/–), falls die Aufnahmen zu hell oder zu dunkel sind.

Achten Sie darauf, dass es bei längeren Belichtungszeiten zur Überbelichtung kommen kann, z. B. wenn Sie diesen Effekt bei Sonnenschein nutzen möchten. Ein Graufilter hilft, dieses Problem zu vermeiden.

Mit langen Verschlusszeiten lassen sich Bewegungen dynamisch darstellen.

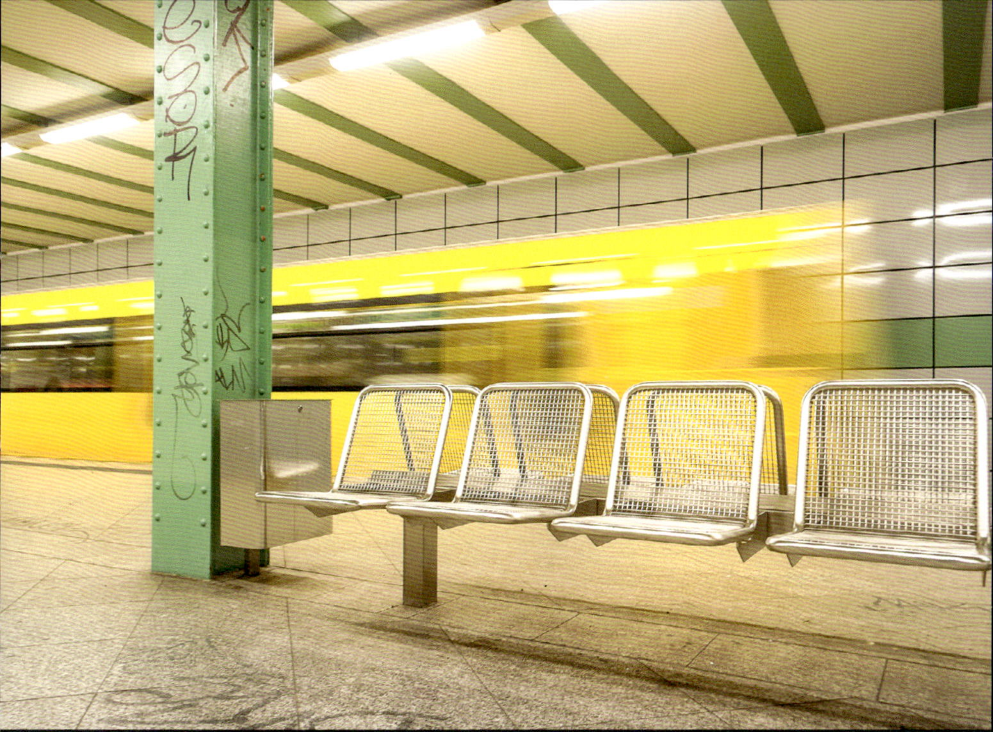

1/15 s | f/7.1 | ISO 400 | 17 mm | APS-C

Dimensionen

Dieses Foto entstand am Skógafoss in Island. Der Wasserfall ist in seinen Dimensionen beeindruckend, doch ohne Bezugspunkt ginge jeder Größenbezug im Foto verloren. Nehmen Sie Objekte in den Bildausschnitt, deren Ausmaße bekannt sind, um die Dimensionen zu verdeutlichen.

Umsetzung

Nutzen Sie eine Telebrennweite aus größerer Distanz. Wenn Sie mit einem Weitwinkel aus kurzer Distanz die gleiche Motivsituation ablichten, wird die Person im Verhältnis zum Wasserfall größer wirken, und die Dimensionen wären nicht mehr so eindrücklich. Achten Sie darauf, die Perspektive so zu wählen, dass sich die Person (oder ein anderes Bezugsobjekt) deutlich vom Hintergrund abhebt. In diesem Fall bildet das Wasser einen guten Kontrast zur Silhouette der Person.

Nutzen Sie die Blendenautomatik (S/Tv). In diesem Fall habe ich eine Zeit von 1/200 s gewählt. Längere Belichtungszeiten lassen das Wasser stärker verwischen, dabei treten die Strukturen des Wassers in den Hintergrund. Probieren Sie verschiedene Belichtungszeiten. Achten Sie bei langen Zeiten auf die Verwacklungsgefahr oder verwenden Sie ein Stativ mit Fernauslöser.

Fokussieren Sie mit einem einzelnen Fokusfeld (AF-S). Hier habe ich auf die Person im Vordergrund fokussiert.

Menschen oder andere Objekte vermitteln bei Landschaftsaufnahmen die räumlichen Dimensionen.

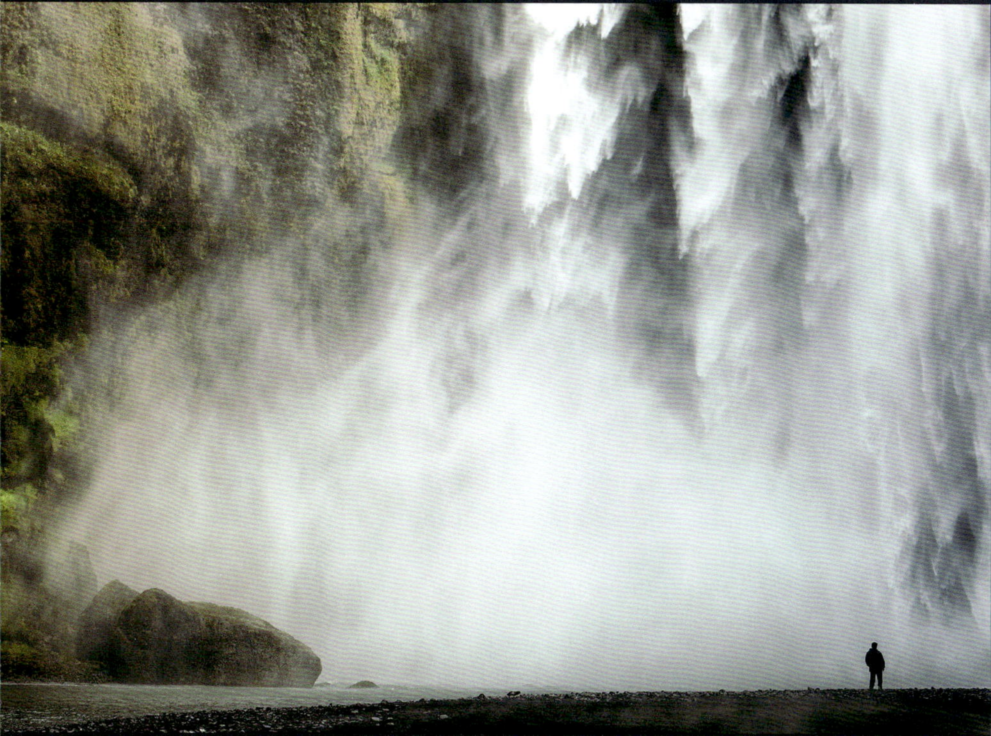

Blitze

Das Foto habe ich auf einer Wanderung in der Serra de Tramuntana auf Mallorca aufgenommen. Als beim Campen nachts ein Gewitter aufzog, entstand die Idee, mehrere Blitze auf ein Foto zu bannen. Hierfür sind lange Belichtungszeiten notwendig. In diesem Fall hat es während der Belichtung viermal hintereinander geblitzt.

Umsetzung

Verwenden Sie ein Stativ und einen Fernauslöser. Achten Sie darauf, dass die Kamera gut befestigt ist und nichts wackelt. Schalten Sie (falls vorhanden) den Bildstabilisator aus. Eine Taschenlampe ist hilfreich, damit Sie auch im Dunkeln die Kamera und das Stativ sicher bedienen können.

Nutzen Sie die Blendenautomatik (S/Tv). Stellen Sie eine Belichtungszeit von mehreren Sekunden ein. Bei dieser Aufnahme wurde eine Belichtungszeit von 30 s gewählt. Die ISO-Einstellung können Sie auf Automatik belassen oder manuell einen niedrigen Wert einstellen (z. B. ISO 100). Beachten Sie, dass lange Belichtungszeiten am Tag zu Überbelichtung führen.

Fokussieren Sie manuell und machen Sie mehrere Aufnahmen. Es gehört etwas Glück dazu: Man weiß nie, wann es wieder blitzt. Ich habe in diesem Fall auf den Horizont fokussiert.

Kontrollieren Sie die Bildergebnisse auf Schärfe und Belichtung. Zoomen Sie hierfür ins Bild und nutzen Sie die Belichtungskorrektur, falls Sie Anpassungen bei der Helligkeit vornehmen möchten.

Fortgeschrittene Fotografen können diese Situation im Modus M oder im Modus A/Av in Kombination mit einem niedrigen ISO-Wert aufnehmen.

Fotografieren Sie Gewitter mit langen Belichtungszeiten.

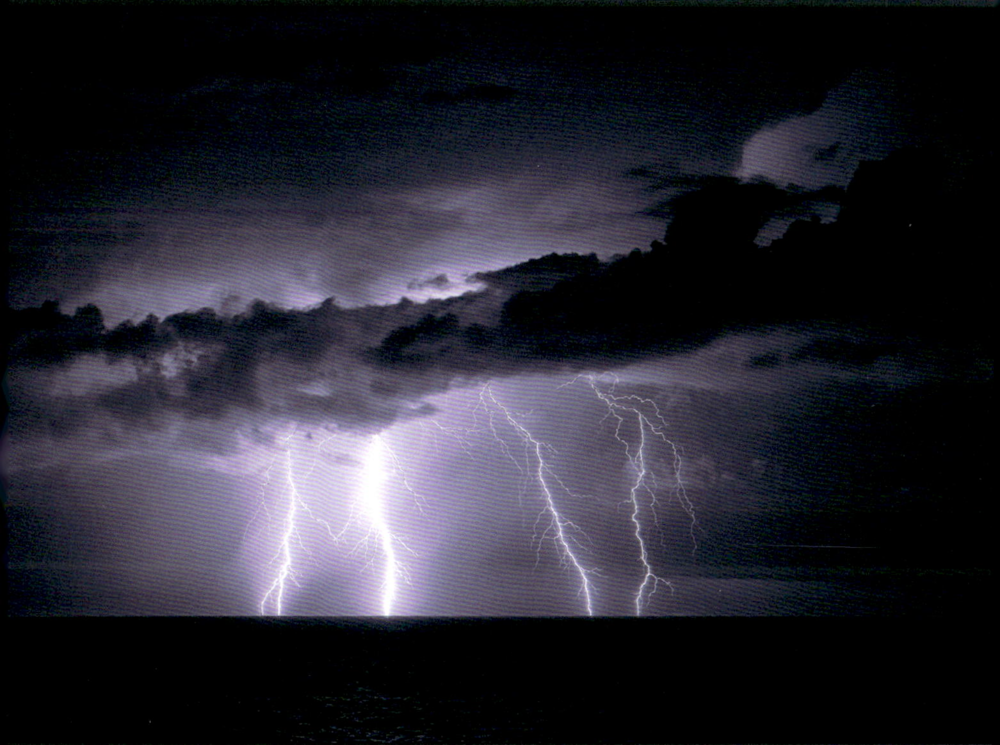

30 s | ƒ/8 | ISO 200 | 33 mm | APS-C

Stürzende Linien

Dieses Foto habe ich in Istanbul mit einem 11–16-mm-Weitwinkelzoom aufgenommen. Trotz des starken Weitwinkels musste ich die Kamera nach oben neigen, damit der Bogen und die Minarette nicht angeschnitten werden. Dabei entstehen stürzende Linien. Das heißt, parallel verlaufende Elemente nähern sich einander scheinbar mit zunehmender Distanz. Manchmal stört dieser perspektivische Effekt, doch er kann wie hier auch bewusst zur Bildgestaltung eingesetzt werden.

Umsetzung

In vielen Fällen lassen sich stürzende Linien nicht vermeiden, daher ist der richtige Umgang damit wichtig. Bei diesem Foto habe ich darauf geachtet, die Symmetrie des Bauwerks zu betonen. Positionieren Sie sich bei solchen Aufnahmen genau in der Mitte des Bauwerks, sonst kippen die stürzenden Linien zu einer Seite weg.

Ein Polfilter sorgt in diesem Foto für das kräftige Blau des Himmels und erhöht den Kontrast zwischen Bauwerk und Himmel.

Nutzen Sie die Zeitautomatik (A/Av), wenn Sie die Schärfentiefe steuern möchten. Bei dieser Aufnahme sollten sowohl der Bogen im Vordergrund als auch die Minarette im Hintergrund scharf abgebildet werden.

Fokussieren Sie mit einem einzelnen Fokusfeld (AF-S). In diesem Fall habe ich auf den Bogen im Vordergrund fokussiert.

Hier habe ich eine Belichtungskorrektur vorgenommen, damit die hellen Bereiche der Moschee nicht überbelichtet werden.

Achten Sie bei stürzenden Linien auf den richtigen Standort.

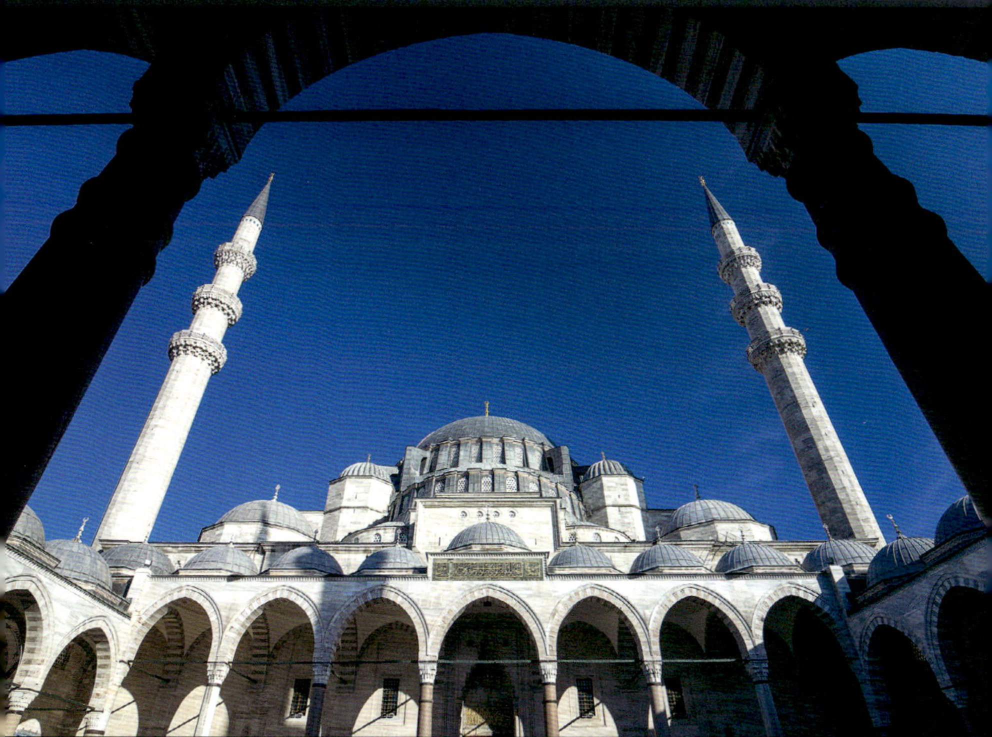

1/100 s | f/9 | ISO 100 | –1/3 EV | 11 mm | APS-C

Lichtspuren

Diese Aufnahme entstand in Sóller im Nordwesten Mallorcas zur blauen Stunde. Bei dieser Aufnahme spielt die Belichtungszeit eine wesentliche Rolle: Sie sorgt dafür, dass die Rücklichter vorbeifahrender Autos Leuchtspuren im Foto bilden.

Umsetzung

Verwenden Sie ein Stativ oder legen Sie die Kamera auf einen festen Untergrund. Jede Berührung der Kamera kann zu Verwacklungen führen, nutzen Sie daher einen Fernauslöser oder aktivieren Sie den Selbstauslöser der Kamera. Schalten Sie (falls vorhanden) den Bildstabilisator aus. Dieses Foto habe ich mit einem Reisestativ nur wenige Zentimeter über dem Boden aufgenommen.

Nutzen Sie die Zeitautomatik (A/Av) und wählen Sie eine große Blendenzahl (*f*/11 oder mehr). Stellen Sie den ISO-Wert manuell auf einen niedrigen Wert (z. B. ISO 100). Die jeweils passende Belichtungszeit wird von der Kamera automatisch ermittelt. Wenn Sie längere Zeiten benötigen, um längere oder mehr Leuchtspuren aufzunehmen, erhöhen Sie die Blendenzahl. In diesem Fall ergab sich bei Blende *f*/11 eine Belichtungszeit von 6 s. Wenn für das Motiv die Schärfentiefe nicht relevant ist, können Sie auch die Blendenautomatik (S/Tv) nutzen.

Fokussieren Sie manuell, so können Sie mehrere Aufnahmen machen, ohne erneut zu fokussieren. In diesem Fall habe ich auf das Pflaster im Vordergrund fokussiert.

Kontrollieren Sie die Aufnahmen auf Schärfe. Nutzen Sie die Belichtungskorrektur (+/−), falls die Aufnahmen zu hell oder zu dunkel sind.

Mit langen Belichtungszeiten lassen sich Leuchtspuren von Scheinwerfern aufnehmen.

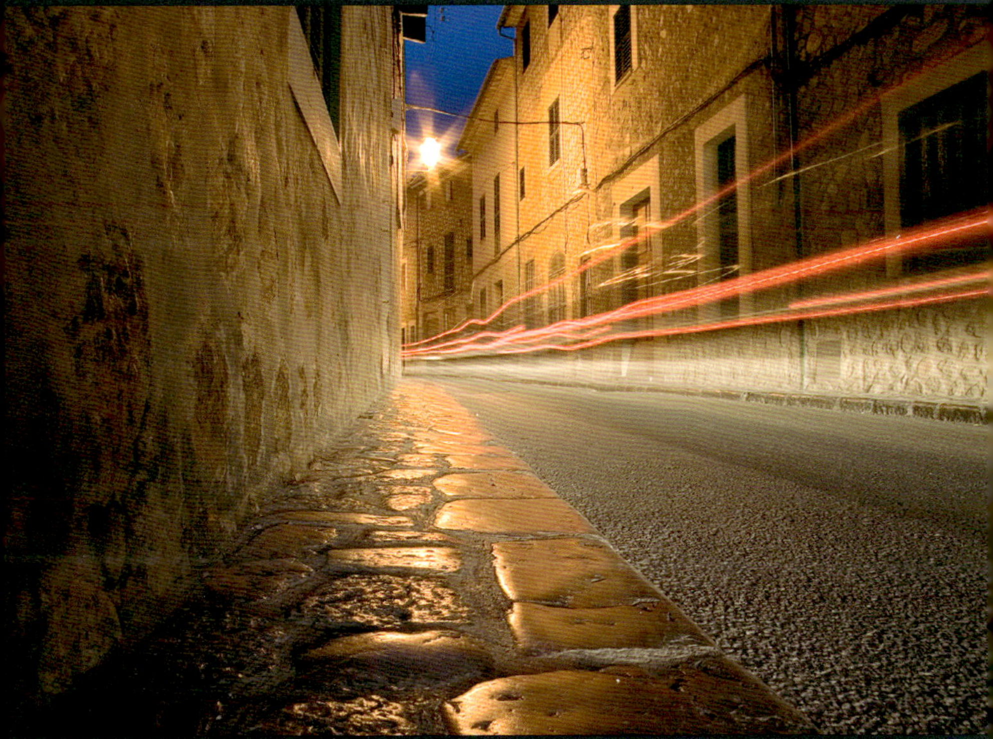

6 s | ƒ/11 | ISO 200 | 17 mm | APS-C

Im Sprung

Dieses Foto wurde an der Maremmaküste in Italien aufgenommen. Mein Ziel war, den Kitesurfer während eines Sprungs zu fotografieren und dabei Bewegung und Wasser einzufrieren.

Umsetzung

Um Wassersportler vom Strand aus zu fotografieren, eignen sich je nach Distanz vor allem Teleobjektive. Wenn Sie oft Sportfotografie mit großen Teleobjektiven machen, sollten Sie sich ein Einbeinstativ zulegen. Es entlastet beim Fotografieren und reduziert Verwacklungen, zugleich lassen sich schnelle Bewegungen flexibel verfolgen.

Nutzen Sie die Blendenautomatik (S/Tv) und stellen Sie eine kurze Belichtungszeit ein, damit Bewegungen eingefroren werden. Die von mir im Beispielbild eingestellte Zeit von 1/800 s ist an der Grenze. Wählen Sie möglichst noch kürzere Zeiten.

Stellen Sie den kontinuierlichen Autofokus (AF-C) ein. Je nach Kamera und Motiv kann die automatische Fokusfeldwahl eine gute Wahl sein, ansonsten am besten die Fokusfelder bzw. den Fokusbereich selbst wählen.

Nutzen Sie den Serienbildmodus. Damit erhöhen Sie die Chance, den optimalen Zeitpunkt einzufangen.

Kontrollieren Sie die Aufnahmen auf Schärfe. Sind die Wassertropfen, ist der Surfer scharf? Je größer die bewegten Objekte im Foto abgebildet werden, desto eher machen sich Bewegungsunschärfen bemerkbar.

Verwenden Sie die Belichtungskorrektur (+/–), falls die Aufnahmen zu hell oder zu dunkel sind.

Mit kurzen Belichtungszeiten frieren Sie schnelle Bewegungen ein.

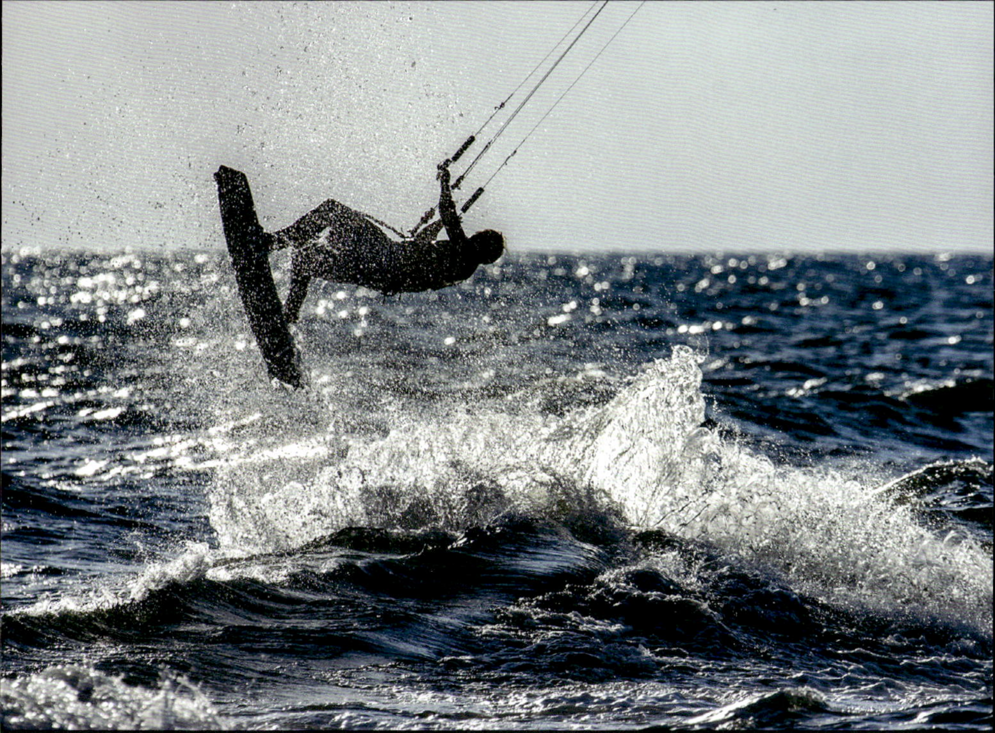

1/800 s | ƒ/10 | ISO 100 | 400 mm | APS-C

Im Fluss

Diese Aufnahme entstand während einer Wanderung auf dem Laugavegur auf Island. Ziel bei dieser Aufnahme war, das Wasser verwischen zu lassen. Dadurch entsteht eine fast märchenhafte Atmosphäre.

Umsetzung

Verwenden Sie ein Stativ oder legen Sie die Kamera auf einen stabilen Untergrund. Nutzen Sie den Selbstauslöser der Kamera oder einen Fernauslöser, um auch kleinste Erschütterungen zu vermeiden. Schalten Sie (falls vorhanden) den Bildstabilisator aus.

Um den Wischeffekt zu erreichen, benötigen Sie Belichtungszeiten von mehreren Sekunden. Nutzen Sie hierfür die Blendenautomatik (S/Tv). In diesem Fall habe ich eine Belichtungszeit von 20 s gewählt. Stellen Sie die ISO-Zahl manuell auf den niedrigsten Wert. Dieser ist von der Kamera abhängig.

Am einfachsten ist es, während der Dämmerung zu fotografieren, weil Sie dann problemlos längere Belichtungszeiten nutzen können. Bei hellem Sonnenschein benötigen Sie einen Graufilter, da es bei langen Belichtungszeiten zur Überbelichtung kommt.

Nutzen Sie den manuellen Fokus. Damit können Sie mehrere Aufnahmen machen, ohne immer wieder neu zu fokussieren. Zudem löst die Kamera ohne Verzögerung aus.

Kontrollieren Sie die Aufnahmen auf Schärfe. Nutzen Sie die Belichtungskorrektur (+/–), falls die Aufnahmen zu hell oder zu dunkel sind.

In der Dämmerung lassen sich Wischeffekte bei Wasserfällen auch ohne Graufilter fotografieren.

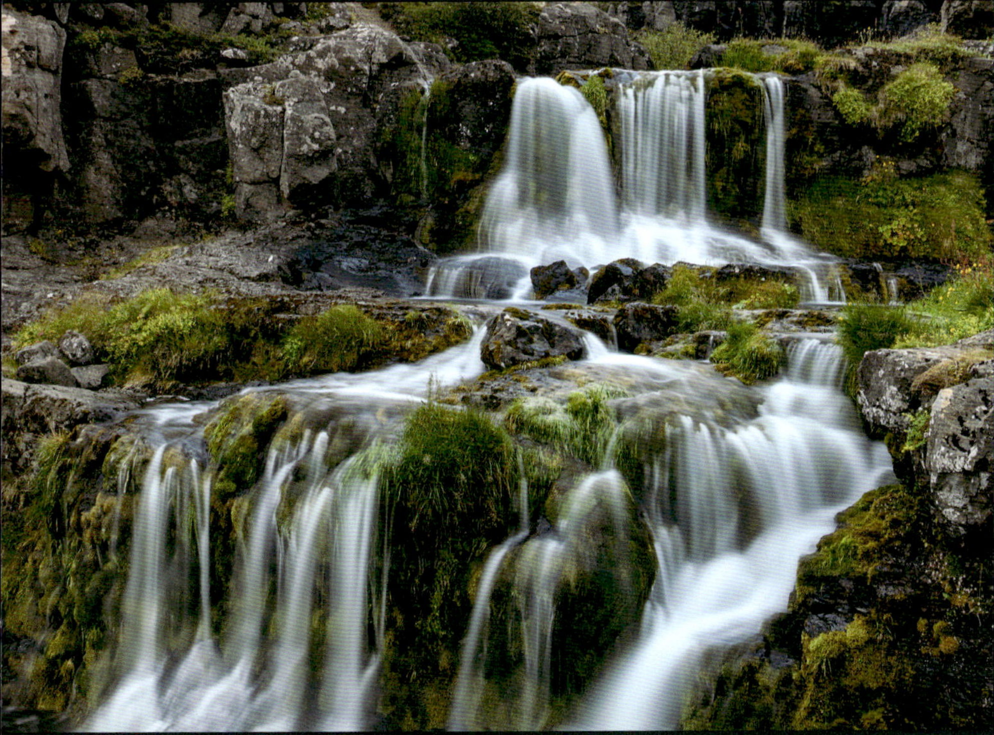

20 s | ƒ/18 | ISO 50 | 32 mm | KB

Mitgezogen

Diese Aufnahme ist in Kuba entstanden. Die Person in Bewegung ist scharf, der Vorder- und Hintergrund hingegen verwischt. Man sieht diesen Mitzieheffekt häufig bei Fotos im Bereich Motorsport. Dadurch wird Dynamik vermittelt. Dieser Effekt funktioniert bei vielen bewegten Motiven, es muss nicht immer ein Fahrzeug sein.

Umsetzung

Beim Mitzieheffekt verfolgen Sie während der Aufnahme mit der Kamera das bewegte Objekt. Ziehen Sie die Kamera möglichst gleichmäßig mit. Dreibein- oder Einbeinstative können dabei helfen, aber mit etwas Übung klappt es auch aus der freien Hand.

Nutzen Sie die Blendenautomatik (S/Tv) und stellen Sie zunächst eine Belichtungszeit von 1/15 s ein. Dies ist ein guter Ausgangswert, aber je langsamer sich ein Objekt bewegt, umso länger muss die Belichtungszeit sein. Ich habe für diese Aufnahme 1/8 s gewählt. Bei schnellen Bewegungen können Sie die Zeit verkürzen. Bei langen Belichtungszeiten erhöht sich die Verwacklungsgefahr. Es ist normal, dass man dabei auch Ausschuss produziert. Aktivieren Sie den Serienbildmodus, um die Chance auf gelungene, verwacklungsfreie Aufnahmen zu erhöhen.

Kontrollieren Sie Ihre Aufnahmen, um die Schärfe und den Wischeffekt zu beurteilen. Für mehr Wischeffekt benötigen Sie längere Zeiten. Sind die bewegten Objekte über alle Aufnahmen hinweg unscharf, sollten Sie kürzere Belichtungszeiten probieren.

Kontrollieren Sie die Aufnahmen auf Schärfe und Helligkeit (Histogramm). Nutzen Sie die Belichtungskorrektur (+/–), falls die Aufnahmen zu hell oder zu dunkel sind.

Nutzen Sie den Mitzieheffekt, um Dynamik und Bewegung zu vermitteln.

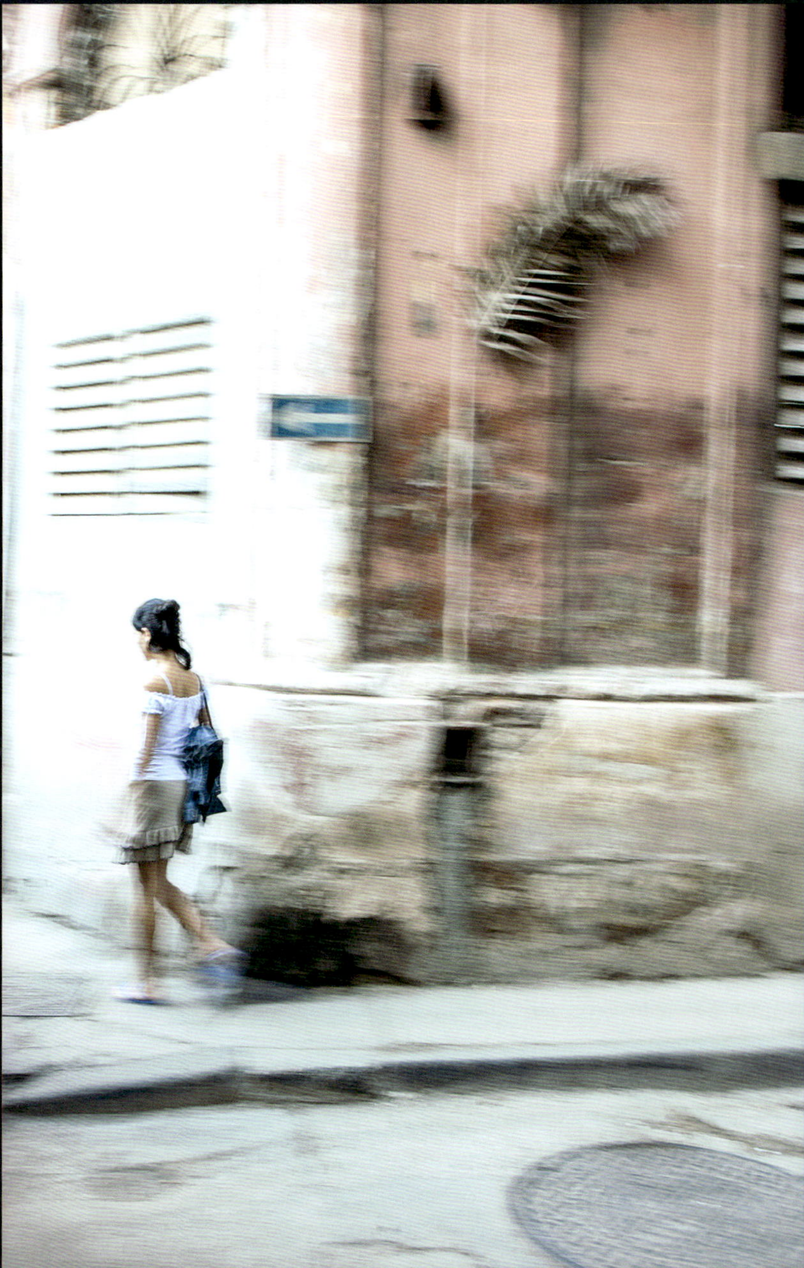

Bei Mondschein

Dieses Foto habe ich in Trinidad auf Kuba gemacht. Mondschein kann bei Nachtaufnahmen problematisch sein, da es leicht passiert, dass ganze Himmelsbereiche überbelichtet werden. Hier habe ich die Perspektive so gewählt, dass die Hausmauer links im Bild den Mond verdeckt.

Umsetzung

Die Aufnahme wurde mit einem 12-mm-Weitwinkelobjektiv aus niedriger Position gemacht. Nutzen Sie bei Nachtaufnahmen ein Dreibeinstativ mit Fernauslöser. Schalten Sie (falls vorhanden) den Bildstabilisator aus.

Bei Weitwinkelobjektiven empfiehlt sich oft eine tiefe Kameraposition. So können Sie den Vordergrund besser gestalten und steigern den Eindruck räumlicher Tiefe.

Nutzen Sie die Zeitautomatik (A/Av). Wenn der Vorder- und Hintergrund schärfer werden sollen, müssen Sie die Blendenzahl erhöhen, wenn sie unschärfer werden sollen, benötigen Sie eine kleinere Blendenzahl. Das Pflaster sollte bei dieser Aufnahme von vorne bis hinten scharf sein. In Verbindung mit dem starken Weitwinkel von 12 mm genügte bei dieser Aufnahme die Blende *f*/9. Stellen Sie den ISO-Wert manuell auf einen niedrigen Wert, um eine hohe Bildqualität mit geringem Rauschen zu gewährleisten.

Nutzen Sie den manuellen Fokus. In diesem Fall habe ich auf das Pflaster im vorderen Bilddrittel fokussiert.

Kontrollieren Sie die Aufnahmen auf Schärfe und vermeiden Sie überbelichtete Bereiche mithilfe des Histogramms.

Achten Sie bei Nachtaufnahmen darauf, dass der Mond den Himmel nicht überstrahlt.

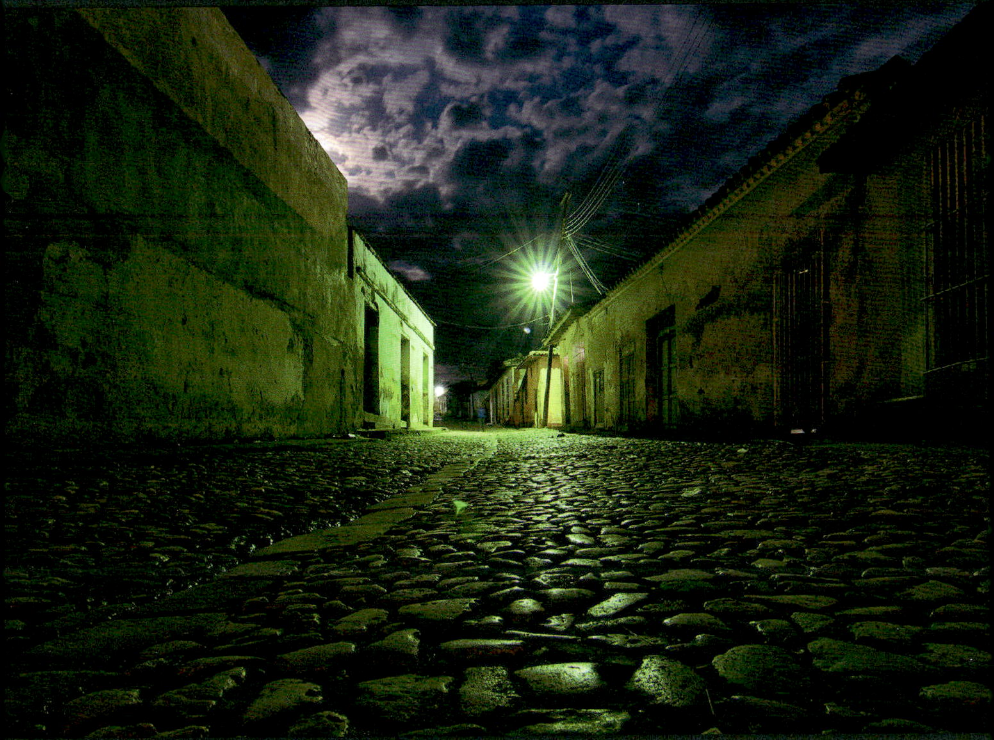

20 s | f/9 | ISO 200 | 12 mm | APS-C

Unterwegs

Unterwegs auf einer Landstraße irgendwo in Kuba. Das Licht passt, leider waren Gebäude und Zäune im Hintergrund, die die Szene störten. Sie sehen nichts vom störenden Hintergrund? Die unscharfen Gräser im Vordergrund schaffen eine räumliche Tiefe und kaschieren störende Objekte im Hintergrund. Die Aufnahme wirkt wie aus der Perspektive eines Raubtiers.

Umsetzung

Dieses Foto habe ich liegend im Gras aufgenommen. Durch die Perspektive wird die Silhouette des Mannes betont. Die Bewegungs- und Blickrichtung der Person geht in das Bild hinein.

Nutzen Sie die Zeitautomatik (A/Av). Wenn der Vorder- und Hintergrund schärfer werden sollen, müssen Sie die Blendenzahl erhöhen, sollen sie unschärfer werden, benötigen Sie eine kleinere Blendenzahl.

Nutzen Sie die manuelle Fokussierung. Überlegen Sie sich, in welcher Entfernung die Person sein wird, wenn Sie das Bild machen. Fokussieren Sie auf ein Element in dieser Distanz, wählen Sie den Bildausschnitt und warten Sie, bis sich die Person (oder ein anderes Objekt) im Schärfebereich befindet.

Kontrollieren Sie die Aufnahmen auf Schärfe. Nutzen Sie bei Bedarf die Belichtungskorrektur (+/–). Achten Sie insbesondere bei Aufnahmen mit Sonne und Wolken auf die Belichtung. In diesem Fall habe ich um –2/3 EV unterbelichtet, damit die Struktur in den Wolken erhalten bleibt.

Durch eine veränderte Perspektive lassen sich störende Elemente verdecken.

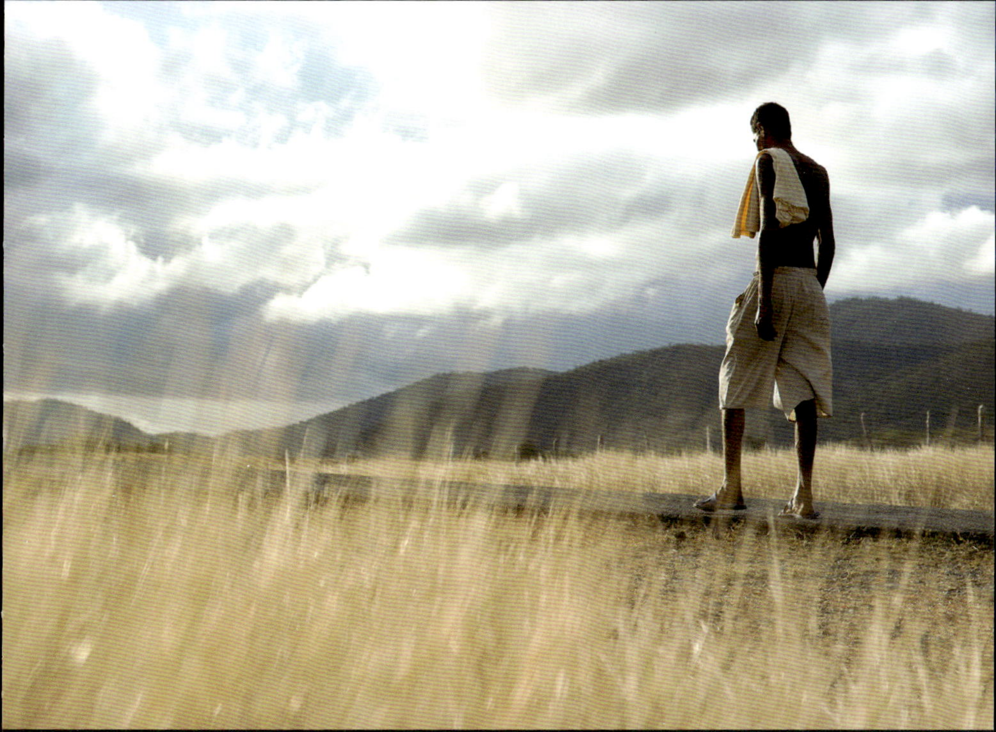

1/320 s | ƒ/7.1 | ISO 100 | −2/3 EV | 80 mm | APS-C

Der richtige Moment

Immer wieder treffen wir auf Fotos, die auf den ersten Moment wie Schnappschüsse wirken. Wie hat der Fotograf das wohl angestellt? Wie konnte er wissen, was passieren würde? Wie konnte er genau in diesem Moment den Auslöser drücken? Alles Zufall? Oft verfluche ich meine Ausrüstung, die mir immer wieder einen Strich durch die Rechnung macht, weil sie scheinbar zu langsam ist – doch da fehlt es schlicht an der entsprechenden Vorbereitung.

Umsetzung

Dieses Bild habe ich mit einer analogen Kamera mit manuellem Fokus fotografiert. Die Ausrüstung war also alles andere als schnell. Zu dumm, dass ich zuerst meine Kamera nicht bereit hatte, um den Augenblick einzufangen. Das Wasser spritzte, der Hund wich zurück, der Augenblick war vorüber.

Der Hund ließ sich wieder nieder, um sich von diesem Schrecken zu erholen. Wenige Sekunden später ergoss sich wieder ein Eimer Wasser. Der Vierbeiner sprang abermals zu Seite, nur um sich danach an dieselbe Stelle hinzulegen. Ich hatte meine Kamera wieder nicht bereit.

In der Hoffnung, dass das Ganze ein drittes Mal passierte, nahm ich die Kamera aus der Tasche, stellte Modus und Belichtungszeit ein, fokussierte und wählte den Bildausschnitt. Als der Hund ein weiteres Mal aufsprang, war nur noch ein sanfter Druck auf den Auslöser notwendig, und die Aufnahme war im Kasten.

Die Aufnahmeeinstellungen sind für diesen Tipp eher zweitrangig, dennoch möchte ich sie Ihnen nicht vorenthalten: Blendenautomatik (S/Tv), eine kurze Belichtungszeit von 1/800 s oder kürzer, Serienbildmodus (zur Sicherheit) und manueller Fokus.

Oft können wir die Zukunft erahnen. Bereiten Sie sich und Ihre Kamera auf die Motive vor.

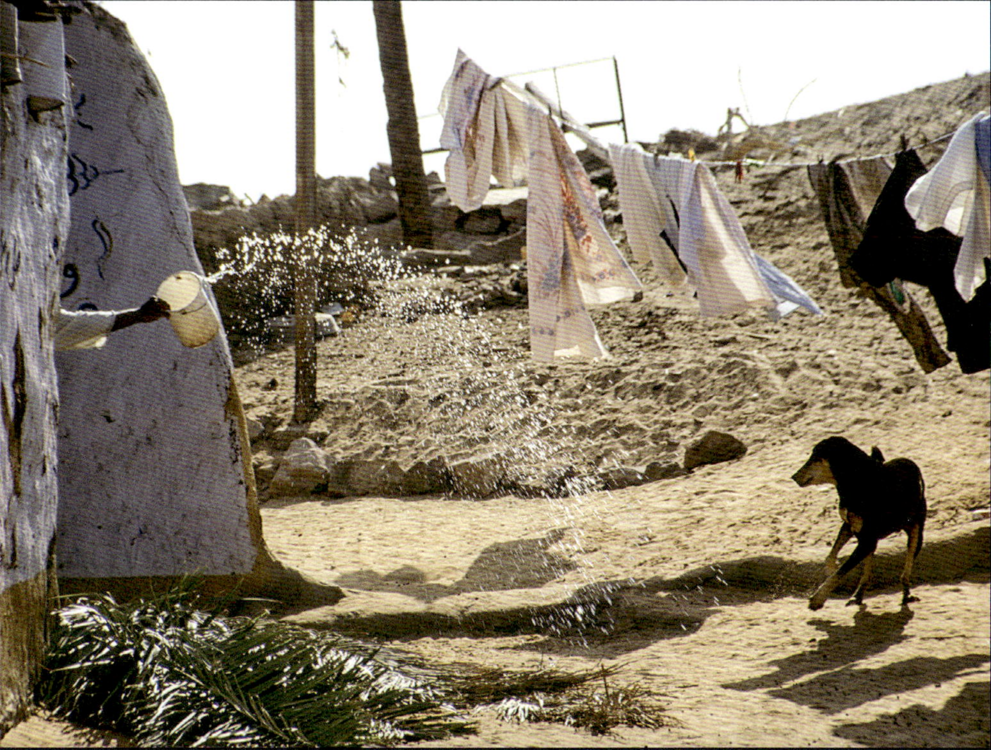

1/800 s | f/9 | ISO 100 | 60 mm | KB

Strandleben

Strandbilder sind wohl eines der beliebtesten Urlaubsmotive. Achten Sie darauf, die Kamera vor Sand und Wasser zu schützen. Salzwasser ist sehr aggressiv und kann die Fotoausrüstung beschädigen. Bewahren Sie Ihre Ausrüstung am Strand sorgfältig in einer geeigneten Fototasche auf. Bei Wind sollten Sie besonders vorsichtig sein. Je nachdem empfiehlt sich auch die Anschaffung einer staub- und wasserdichten Actionkamera.

Umsetzung

Für stimmungsvolle Aufnahmen eignet sich vor allem das warme Licht am frühen Morgen oder späten Nachmittag. Spielen Sie bei der Bildgestaltung mit Vorder- und Hintergrund. Ein Foto, auf dem sich nur Wasser befindet, kann leicht eintönig wirken. Bei dieser Aufnahme habe ich einen Polfilter eingesetzt, der für den tiefblauen Himmel und das intensive Blau des Meeres sorgt.

Nutzen Sie die Zeitautomatik (A/Av). Höhere Blendenzahl – schärferer Hintergrund, kleinere Blendenzahl – unschärferer Hintergrund.

Nutzen Sie ein einzelnes Fokusfeld (AF-S). Richten Sie das Fokusfeld auf das gewünschte Motivteil, drücken Sie den Auslöser halb durch und wählen Sie bei gedrücktem Auslöser den Bildausschnitt. In diesem Fall habe ich auf den mittleren Sonnenschirm fokussiert.

Kontrollieren Sie die Aufnahmen auf Schärfe. Nutzen Sie die Belichtungskorrektur (+/–), falls die Aufnahmen zu hell oder zu dunkel sind.

Nutzen Sie am Meer Objekte am Strand als Vordergrund.

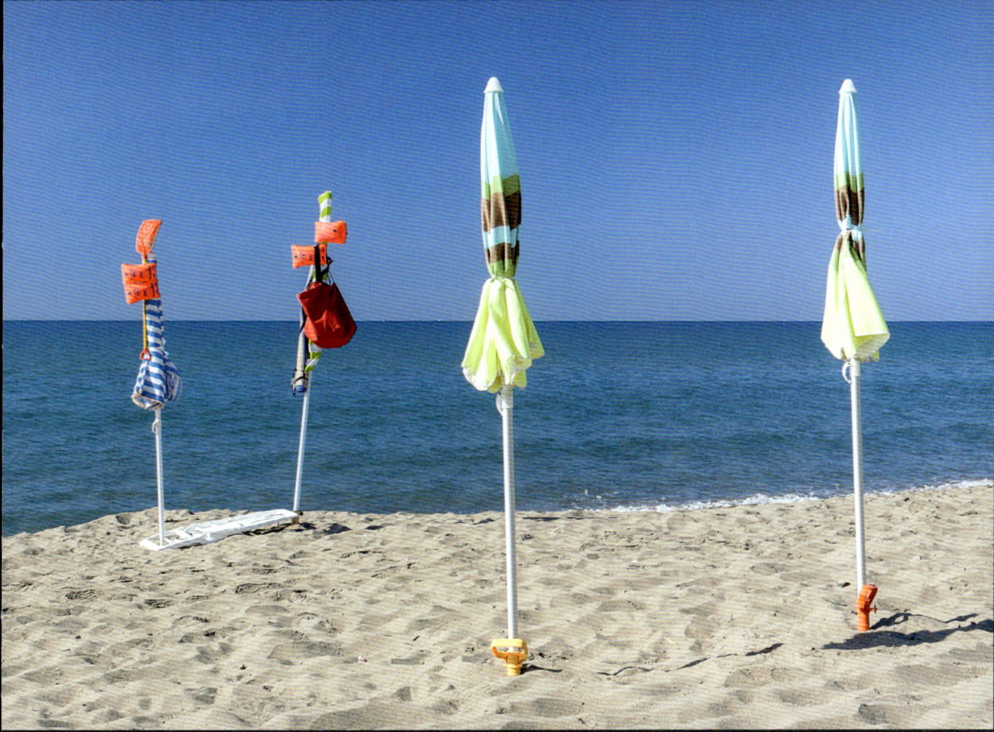

1/50 s | f/10 | ISO 100 |+1/3 EV | 32 mm | APS-C

Warten

Oldtimer in Kuba sind nicht nur Klischee, es gibt sie tatsächlich – immer noch. Wie können Sie solche Fotos interessant gestalten? Nehmen Sie Menschen mit ins Bild, das sorgt für Abwechslung.

Umsetzung

Verwenden Sie die Blendenautomatik (S/Tv). Stellen Sie zunächst eine Belichtungszeit von 1/15 s ein. Dies ist ein guter Ausgangswert für Wischeffekte von Fußgängern. Mit längeren Zeiten erhalten Sie mehr, mit kürzeren Zeiten weniger Wischeffekt. Achtung, bei längeren Belichtungszeiten besteht erhöhte Verwacklungsgefahr! Wenn Sie sichergehen möchten, verwenden Sie ein Stativ mit Fernauslöser.

Nutzen Sie den manuellen Fokus. Damit können Sie mehrere Aufnahmen machen, ohne immer wieder neu zu fokussieren, und, was für Aufnahmen wie diese interessant ist, die Kamera löst ohne Verzögerung aus. Ich habe bei diesem Foto auf den Oldtimer im Vordergrund fokussiert.

In solchen Aufnahmesituationen bietet sich der Serienbildmodus an, dadurch erhöhen Sie die Chance auf den perfekten Treffer.

Kontrollieren Sie die Aufnahmen auf Schärfe. Verwenden Sie bei Bedarf die Belichtungskorrektur (+/–). In diesem Fall wurde leicht unterbelichtet, um genügend Zeichnung in den spiegelnden Fahrzeugpartien zu erhalten.

Suchen Sie sich einen interessanten Vordergrund und warten Sie darauf, dass Menschen durchs Bild laufen.

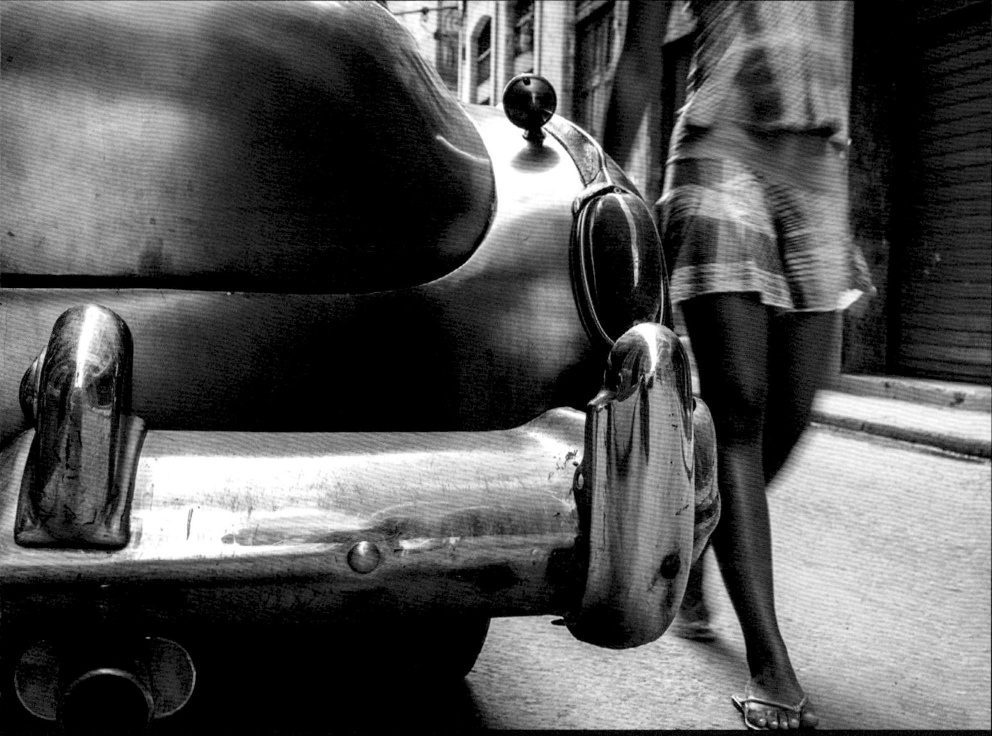

Giganten der Meere

Dieses Foto wurde in Istanbul von Bord eines Schiffes gemacht. Die Fähre im Vordergrund liefert den Maßstab für die gigantischen Kreuzfahrtschiffe im Hintergrund.

Umsetzung

Um Größenunterschiede wie im Beispielbild eindrücklich festzuhalten, sind Teleobjektive besonders geeignet. Ein vergleichbarer Ausschnitt aus kurzer Distanz und Weitwinkel würde nähere Objekte größer und entferntere Objekte kleiner erscheinen lassen.

Nutzen Sie die Zeitautomatik (A/Av). Wenn der Hintergrund schärfer werden soll, müssen Sie die Blendenzahl erhöhen, wenn der Hintergrund unschärfer werden soll, benötigen Sie eine kleinere Blendenzahl. Um nicht zu verwackeln und Bewegungsunschärfen zu vermeiden, sollten Sie auch auf die Belichtungszeit achten. Falls Ihre Kamera Ihnen in der Zeitautomatik keine passenden Belichtungszeiten anbietet, können Sie den ISO-Wert manuell erhöhen, bis Sie die gewünschten Zeiten erreichen.

Nutzen Sie ein einzelnes Fokusfeld (AF-S). Richten Sie das aktive Fokusfeld auf das Hauptmotiv, drücken Sie den Auslöser halb durch und wählen Sie bei gedrücktem Auslöser den Bildausschnitt. Bei dieser Aufnahme habe ich auf das Schiff im Vordergrund fokussiert.

Kontrollieren Sie die Aufnahmen auf Schärfe. Nutzen Sie die Belichtungskorrektur (+/–), falls die Aufnahmen zu hell oder zu dunkel sind. Das Histogramm bietet Ihnen eine Orientierungshilfe.

Mit dem Teleobjektiv lassen sich Größenunterschiede verdeutlichen.

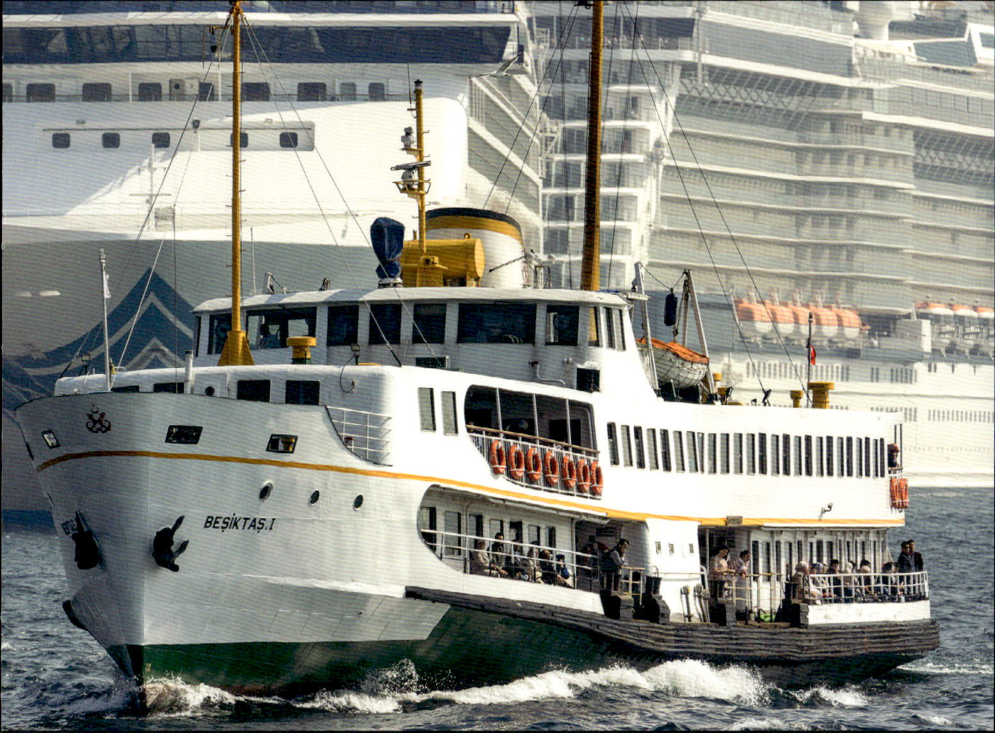

1/500 s | ƒ/6.3 | ISO 125 | +1/3 EV | 300 mm | APS-C

Schattentheater

Nicht gegen das Licht fotografieren – so lautet ein häufiger Rat. In der analogen Fotografie ist das Ergebnis bei Gegenlichtaufnahmen tatsächlich manchmal schwer abschätzbar, aber in der Digitalfotografie können Sie Ihre Fotos am Display überprüfen und gegebenenfalls eingreifen. Im Gegenlicht ergeben sich oft tolle Motive. Probieren Sie es aus!

Umsetzung

Um Schatten und Silhouetten zu fotografieren, bietet sich der Morgen oder der späte Nachmittag an. Positionieren Sie sich so, dass Sie mit der Kamera in Richtung Sonne blicken. Um Streulicht auf der Linse zu vermeiden, sollten Sie eine Streulichtblende verwenden.

Bei der Programmwahl ist entscheidend, was Sie im Gegenlicht als Silhouette fotografieren möchten. Bei unbewegten Motiven bietet sich die Zeitautomatik (A/Av) an, bei schnell bewegten Motiven wählen Sie wie bei dieser Aufnahme eine kurze Belichtungszeit in der Blendenautomatik (S/Tv).

Nutzen Sie bei bewegten Objekten den kontinuierlichen Autofokus (AF-C). Je nach Kamera und Motiv kann die automatische Fokusfeldwahl eine gute Wahl sein, ansonsten wählen Sie die Fokusfelder bzw. den Fokusbereich am besten selbst.

Bei dieser Aufnahme habe ich die sehr hellen Bereiche in der Bildbearbeitung etwas abgedunkelt. Besser wäre eine leichte Unterbelichtung (z. B. EV –1) gewesen.

Kontrollieren Sie die Aufnahmen auf Schärfe und Helligkeit (Histogramm). Achten Sie darauf, dass die Lichter nicht angeschnitten sind, und nutzen Sie bei Bedarf die Belichtungskorrektur (+/–).

Fotografieren Sie Schatten und Silhouetten im Gegenlicht.

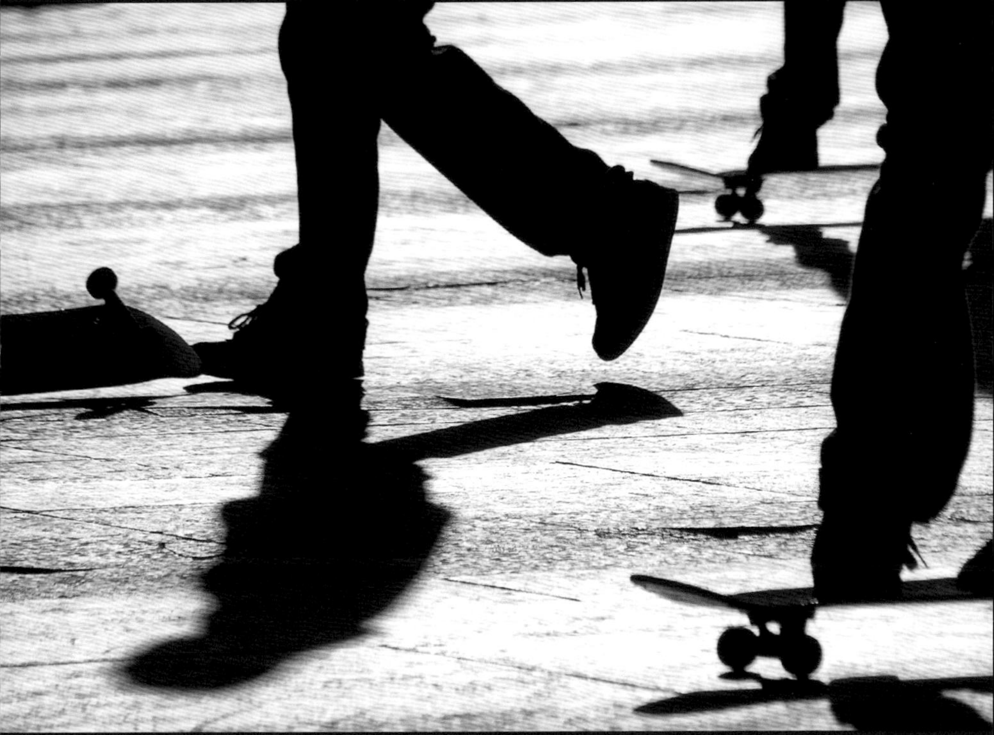

1/1000 s | ƒ/11 | ISO 100 | 300 mm | APS-C

Näher ran

Diese Aufnahme der Hände eines Fischers ist in Alexandria entstanden. Manchmal erzählen Details eine ganze Geschichte. Achten Sie auf solche Details und gehen Sie nah ran.

Umsetzung

Dieses Foto habe ich aus der Hocke aufgenommen, so bildet das Netz den unscharfen weichen Vordergrund im linken unteren Bildteil. Mit Teleobjektiven lassen sich leichter Details einfangen, aber wenn Sie sich trauen, gehen Sie näher ran und nutzen Sie kürzere Brennweiten. Man sieht den Aufnahmen diese Nähe an.

Verwenden Sie die Zeitautomatik (A/Av). Wenn der Vorder- und Hintergrund schärfer werden sollen, erhöhen Sie die Blendenzahl, wenn sie unschärfer werden sollen, wählen Sie eine kleinere Blendenzahl.

Nutzen Sie ein einzelnes Fokusfeld (AF-S). Richten Sie das aktive Fokusfeld auf das gewünschte Detail, drücken Sie den Auslöser halb durch und wählen Sie bei gedrücktem Auslöser den Bildausschnitt. Ich habe bei dieser Aufnahme auf den Daumen rechts im Bild fokussiert. Achtung: Im Nahbereich wirken sich kleine Distanzänderungen auf die Fokussierung aus. Gegebenenfalls müssen Sie nochmals fokussieren.

Kontrollieren Sie die Aufnahmen auf Schärfe und Helligkeit (Histogramm). Nutzen Sie die Belichtungskorrektur (+/–), falls die Aufnahmen zu hell oder zu dunkel sind. Bei unerwünschten Bewegungsunschärfen können Sie manuell den ISO-Wert erhöhen.

Achten Sie bei Porträts auch auf die Hände.

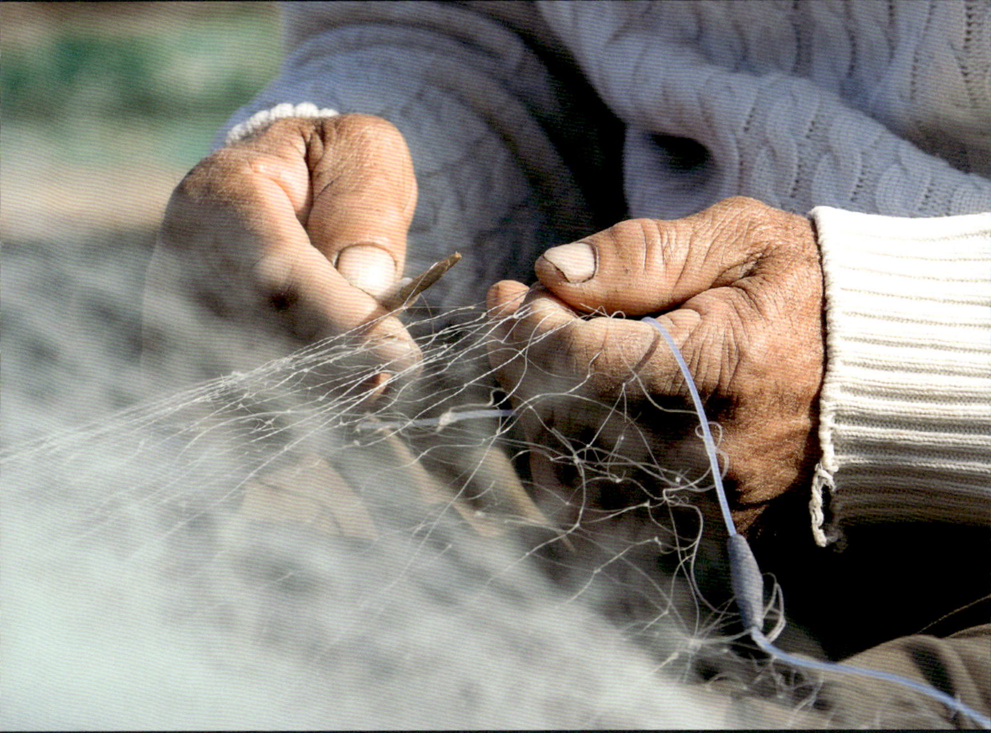

1/400 s | ƒ/6.3 | ISO 100 | 235 mm | APS-C

Silhouette im Sonnenuntergang

Dieses Foto entstand in Istanbul von Bord einer Fähre wenige Sekunden nach Sonnenuntergang. Sonnenuntergänge sind ein beliebtes Motiv. Mit interessanten Silhouetten im Vordergrund können Sie diese Bilder spannender gestalten.

Umsetzung

Überlegen Sie sich, wo Sie den Horizont im Foto platzieren möchten. Bei der vorliegenden Aufnahme liegt der Horizont sehr tief, dieser Aufbau funktioniert hier wegen der Vögel. Auch bei interessanten Wolkenformationen könnte sich ein solcher Aufbau anbieten. Wenn Sie den Horizont weiter nach oben verlagern, sollten Sie darauf achten, dass unterhalb des Horizonts interessante Details vorhanden sind (z. B. die Spiegelung der Sonne im Wasser).

Für Aufnahmen von Sonnenuntergängen bietet sich die Zeitautomatik (A/Av) an. Damit können Sie die Schärfentiefe bestimmen, was vor allem dann wichtig ist, wenn Sie einen Vordergrund im Bild haben.

Nutzen Sie ein einzelnes Fokusfeld (AF-S). Richten Sie das aktive Fokusfeld auf das gewünschte Motiv, drücken Sie den Auslöser halb durch und wählen Sie bei gedrücktem Auslöser den Bildausschnitt. Bei dieser Aufnahme habe ich auf die Moschee am Horizont fokussiert.

Kontrollieren Sie die Aufnahmen auf Schärfe und Helligkeit. Nutzen Sie die Belichtungskorrektur (+/–), falls die Aufnahmen zu hell oder zu dunkel sind. Vermeiden Sie, dass Bildbereiche um die Sonne überbelichtet werden. Mit einer Unterbelichtung erreichen Sie, dass Objekte im Gegenlicht zu Silhouetten werden und die Farben des Himmels intensiver werden.

Suchen Sie interessante Silhouetten für Sonnenuntergänge.

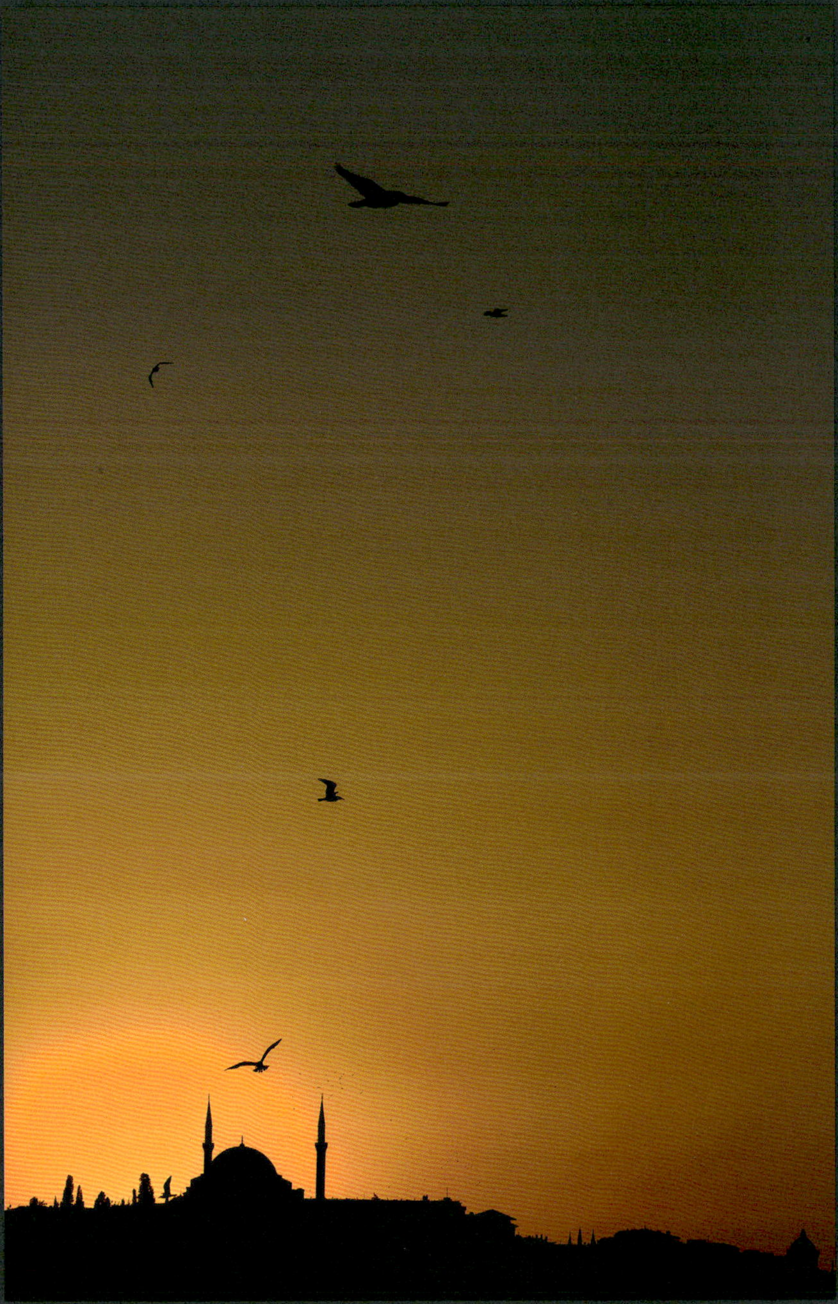

1/1000 s | f/8 | ISO 100 | –1 EV | 105 mm | APS-C

Mit Licht gemalt

Mit beweglichen Lichtquellen lassen sich tolle Effekte erzielen, Light Painting oder Light Writing genannt. Das Wesentliche dabei sind lange Belichtungszeiten, damit während der Belichtung das gewünschte Motiv „gemalt" werden kann.

Umsetzung

Verwenden Sie ein Stativ oder legen Sie die Kamera auf einen festen Untergrund. Jede Berührung der Kamera kann zu Verwacklungen führen, nutzen Sie daher den Fernauslöser oder den Selbstauslöser. Schalten Sie (falls vorhanden) den Bildstabilisator aus.

Stoppen Sie die Zeit, die Sie für Ihre Zeichnung benötigen. Nutzen Sie die Blendenautomatik (S/Tv) und stellen Sie die ermittelte Zeit ein. Im Beispiel betrug die Belichtungszeit 25 s. Beachten Sie aber, dass lange Belichtungszeiten zu Überbelichtung führen können. Reduzieren Sie gegebenenfalls die Belichtungszeit.

Fokussieren Sie manuell, damit Sie dies nicht bei jeder Aufnahme neu machen müssen. Am einfachsten ist es, wenn Sie zu zweit sind. So kann sich eine Person auf das Fotografieren und die andere auf das Malen konzentrieren. Sie können mit jeder ausreichend hellen Lichtquelle (Taschenlampe, Fackeln, Wunderkerze) malen. Wenn Sie die malende Person im Foto unsichtbar bekommen möchten, sollte sie dunkle Kleidung tragen, möglichst nicht angeleuchtet werden und während der Belichtung nicht an einem Ort stehen bleiben.

Kontrollieren Sie nach der Aufnahme das Bildergebnis. Sollte Ihr Light Painting nicht vollständig sein, waren Sie zu langsam bzw. die Belichtungszeit zu kurz. Nutzen Sie bei Bedarf die Belichtungskorrektur.

Experimentieren Sie mit verschiedenen Lichtquellen. Wenn Ihre Fotos richtig belichtet sind und nur das Light Painting zu dunkel ist, wählen Sie eine stärkere Lichtquelle.

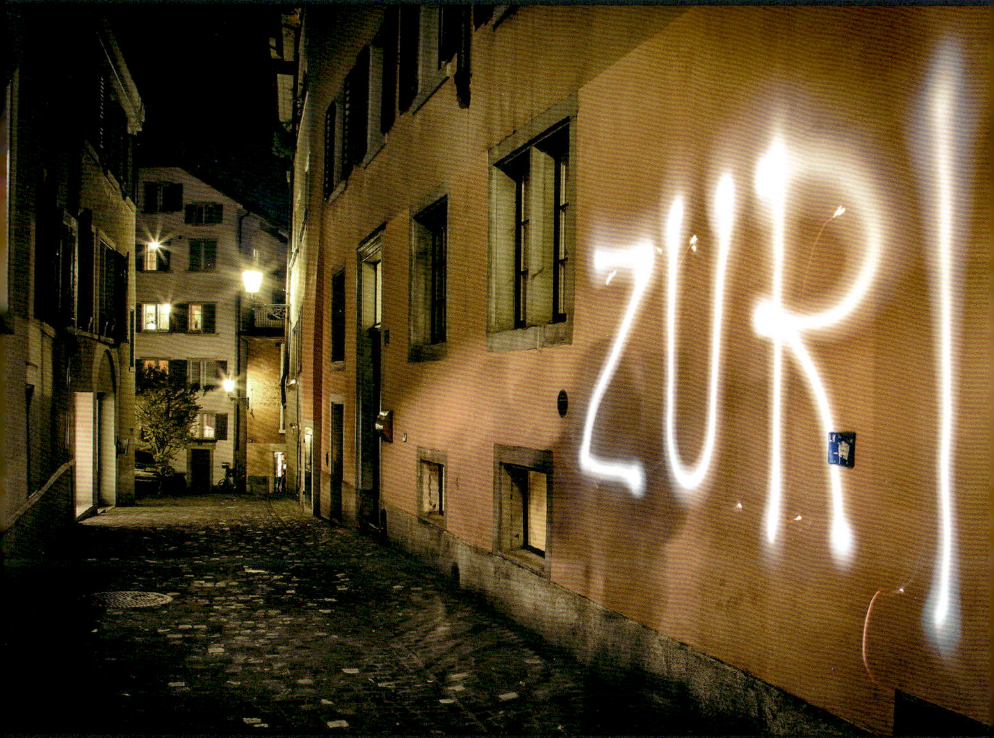

25 s | ƒ/14 | ISO 100 | –1 EV | 28 mm | KB

Von Wolken gerahmt

Dieses Foto entstand auf dem Fernwanderweg GR20 auf Korsika. Es zeigt, dass Rahmen nicht nur im Vordergrund zu finden sind. Hier bilden die Wolken den Rahmen für den Baum im Vordergrund.

Umsetzung

Dieses Bild wurde mit einem starken Weitwinkel aus der Froschperspektive aufgenommen. Um das Blau des Himmels und den Kontrast zu den Wolken zu verstärken, habe ich einen Polfilter verwendet.

Nutzen Sie die Zeitautomatik (A/Av). Wenn Sie die Schärfentiefe erhöhen möchten, müssen Sie die Blendenzahl erhöhen, wenn Sie die Schärfentiefe reduzieren möchten, benötigen Sie eine kleinere Blendenzahl. Bei dieser Aufnahme sollten der gesamte Stamm und die Wolken scharf abgelichtet werden, darum habe ich eine große Blendenzahl gewählt.

Nutzen Sie ein einzelnes Fokusfeld (AF-S). Richten Sie das aktive Fokusfeld auf das gewünschte Motivteil, drücken Sie den Auslöser halb durch und wählen Sie bei gedrücktem Auslöser den Bildausschnitt. Bei dieser Aufnahme habe ich auf die Mitte des Baumes fokussiert.

Kontrollieren Sie die Aufnahmen auf Schärfe. Achten Sie darauf, ob die Schärfentiefe ausreicht oder ob Sie die Blende anpassen müssen.

Verwenden Sie bei Bedarf die Belichtungskorrektur (+/–). In diesem Fall habe ich leicht unterbelichtet, damit die Struktur in den Wolken erhalten bleibt.

Suchen Sie auch im Hintergrund nach Rahmen.

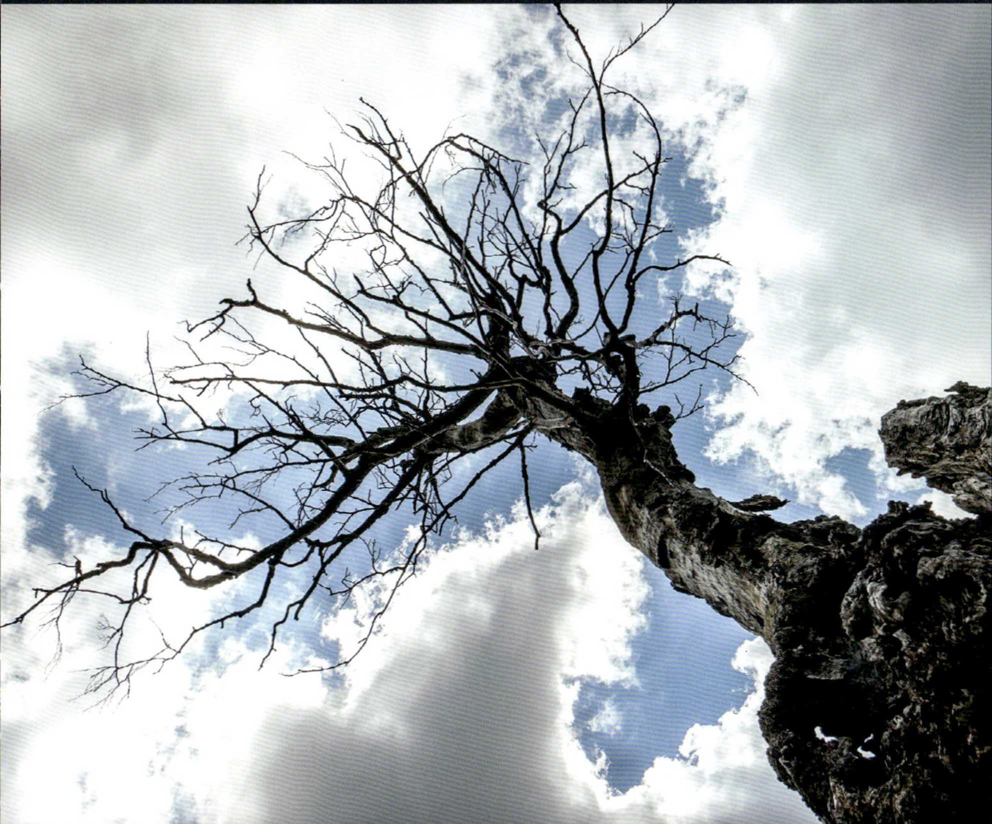

Reduktion

Ein sonniger Tag in den Appenzeller Alpen – blauer Himmel, Blumenwiesen, Berge. Ein idealer Fototag. Nach einiger Zeit haben Sie die umliegenden Berge und Täler abgelichtet. Was nun? Probieren Sie es mit Reduktion. Das Beispielbild besteht aus drei Elementen: Himmel, Wolke und Wiese. Trotz der wenigen Bildelemente fällt es dem Betrachter nicht schwer, die Aufnahme einzuordnen.

Umsetzung

Mit Zoomobjektiven ist es leichter, mit dem Bildausschnitt zu experimentieren. Dieses Foto habe ich mit einem 24–105-mm-Zoomobjektiv aufgenommen und einen Polfilter eingesetzt, der für den tiefblauen Himmel und den starken Kontrast zur Wolke sorgt.

Nutzen Sie die Zeitautomatik (A/Av). Wenn der Hintergrund schärfer werden soll, erhöhen Sie die Blendenzahl, wenn er unschärfer werden soll, nehmen Sie eine kleinere Blendenzahl. In diesem Fall habe ich Blende *f*/9 gewählt, damit sowohl die Wiese als auch die Wolke scharf werden.

Nutzen Sie ein einzelnes Fokusfeld (AF-S). Richten Sie das aktive Fokusfeld auf den Vordergrund, drücken Sie den Auslöser halb durch und wählen Sie bei gedrücktem Auslöser den Bildausschnitt. Fokussiert wurde auf die Blumen im Vordergrund.

Kontrollieren Sie die Aufnahmen auf Schärfe. Achten Sie auch auf die Belichtung (Histogramm). Wolken sollten nicht überbelichtet werden. In diesem Fall habe ich mit der Belichtungskorrektur leicht ins Minus korrigiert.

Suchen Sie sich Details und reduzieren Sie die Bildelemente.

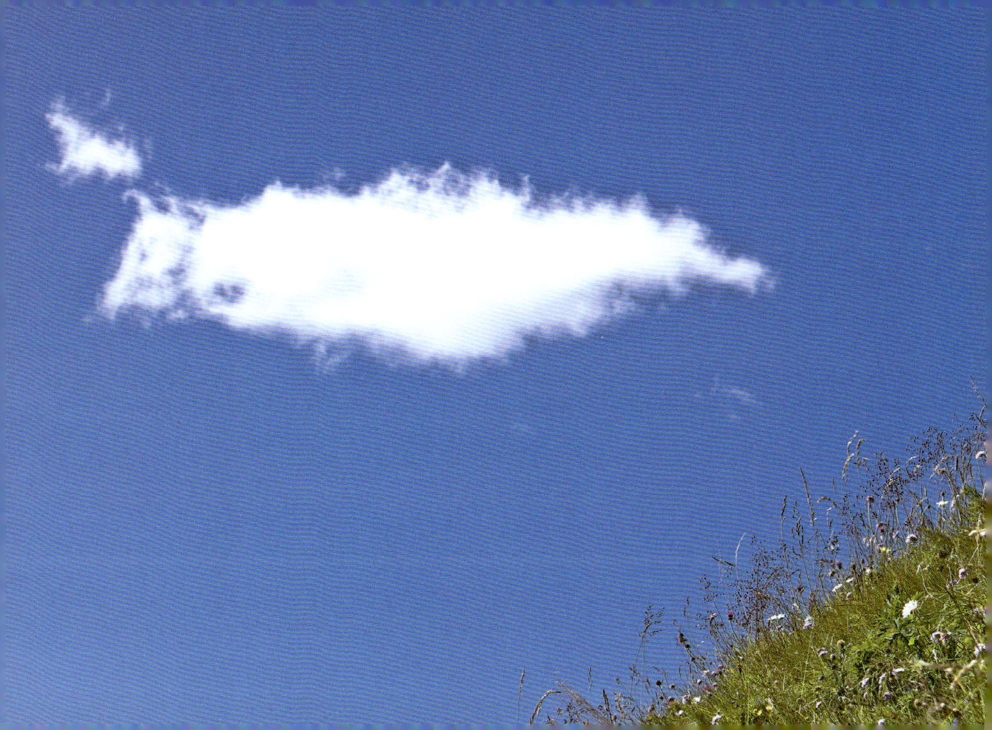

Drache

Landschaftsaufnahmen ohne Vordergrund wirken oft flach. Stellen Sie sich diese Aufnahme vom Fernwanderweg GR20 auf Korsika ohne den Ast im Vordergrund vor. Das Foto ist ein Beispiel für Reduktion: Der Betrachter wird nicht von unnötigen Details abgelenkt.

Umsetzung

Denken Sie beim Bildaufbau auch an die vorgestellten Gestaltungsraster. Der obere Schnittpunkt von Ast und Bergen orientiert sich am Goldenen Schnitt.

Nutzen Sie die Zeitautomatik (A/Av), wenn Sie die Schärfentiefe steuern möchten. Bei dieser Aufnahme sollten sowohl der Ast als auch die Berge im Hintergrund scharf werden, daher habe ich eine große Blendenzahl genutzt.

Nutzen Sie ein einzelnes Fokusfeld (AF-S). Richten Sie das aktive Fokusfeld auf den Vordergrund, drücken Sie den Auslöser halb durch und wählen Sie bei gedrücktem Auslöser den Bildausschnitt. Bei dieser Aufnahme habe ich auf den Ast im Vordergrund fokussiert.

Kontrollieren Sie die Aufnahmen auf Schärfe. Der Vordergrund sollte fokussiert und nicht verwackelt sein, zur Sicherheit können Sie auch ein Stativ verwenden. Zoomen Sie zur Bildkontrolle in die Aufnahme. Verwenden Sie bei Bedarf die Belichtungskorrektur (+/–). Bei einer leichten Unterbelichtung (Minuskorrektur) hätten die Wolken mehr Gewicht erhalten.

Auch einzelne Äste bieten einen interessanten Vordergrund.

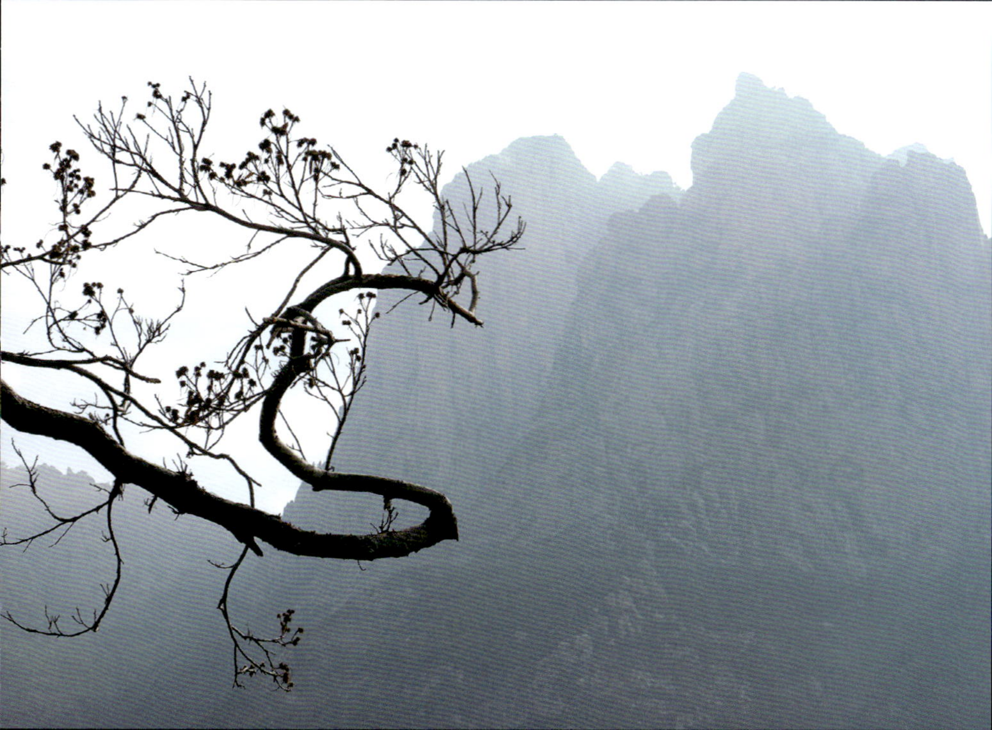

1/200 s | f/11 | ISO 100 | 50 mm | APS-C

Pfau

Diese Aufnahme entstand in Kuba. Betonen Sie interessante Details und lassen Sie den Rest weg. Bei diesem Pfau wurden die Beine „abgeschnitten“.

Umsetzung

Der Bildaufbau orientiert sich an der Drittelregel. Der Kopf des Pfaus liegt in einem Kreuzungspunkt. Die Aufnahme habe ich mit 105 mm aus kurzer Distanz gemacht. Der Bildausschnitt wurde so eng gewählt, dass die Federkrone das gesamte Foto ausfüllt. Der bedeckte Himmel sorgt für weiches Licht und reduziert unerwünschte Schatten.

Nutzen Sie die Zeitautomatik (A/Av), wenn Sie die Schärfentiefe steuern möchten. Bei dieser Aufnahme sollten sowohl der Kopf als auch die Federn im Hintergrund scharf werden. Aufgrund des schwachen Lichts habe ich lediglich Blende *f*/5.6 genutzt.

Nutzen Sie ein einzelnes Fokusfeld (AF-S). Richten Sie das aktive Fokusfeld auf den Vordergrund, drücken Sie den Auslöser halb durch und wählen Sie bei gedrücktem Auslöser den Bildausschnitt. Bei dieser Aufnahme habe ich auf den Kopf des Tieres fokussiert.

Kontrollieren Sie die Schärfe. Zoomen Sie hierfür in die Aufnahme. Verwenden Sie bei Bedarf die Belichtungskorrektur. In diesem Fall wurde leicht unterbelichtet, da viele Kameras bei dunkleren Motiven zur Überbelichtung neigen. Die Minuskorrektur hat den schönen Nebeneffekt, dass die Farben etwas kräftiger wirken.

Nutzen Sie Ausschnitte und betonen Sie die interessanten Details. Die Beine müssen dabei nicht immer ins Bild – auch nicht bei Menschen.

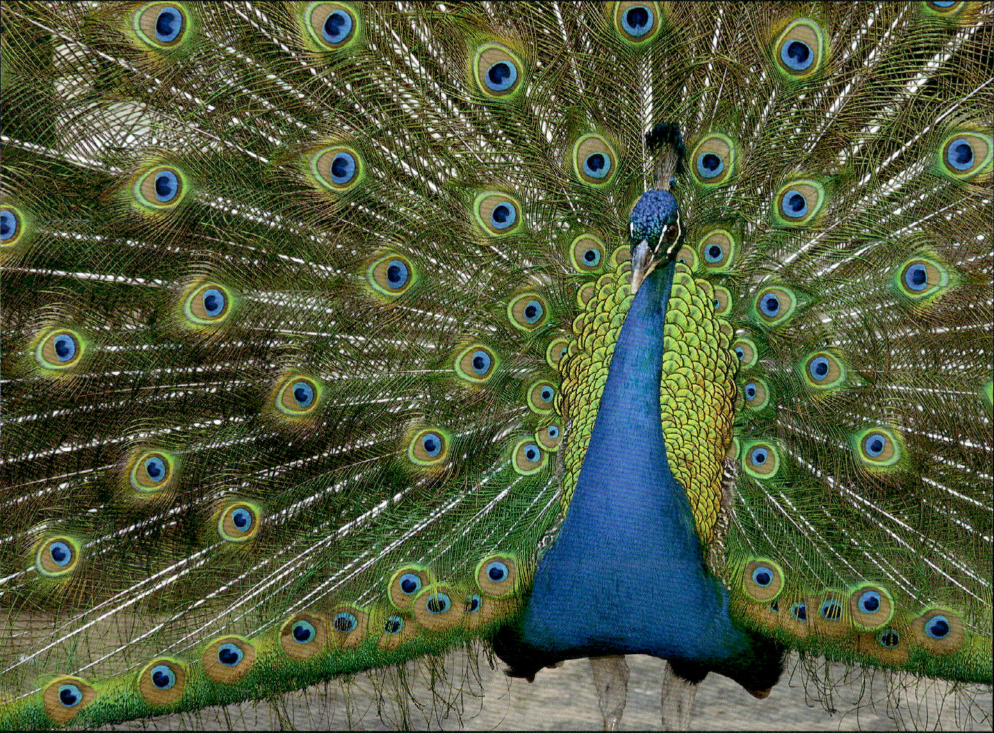

1/60 s | ƒ/5.6 | ISO 100 | −1 EV | 105 mm | APS-C

Spiegelung im Hafen

Dieses Foto entstand im Hafen von Palma de Mallorca. Ich habe es am Morgen aufgenommen, daher das warme Licht. Spiegelungen auf dem Wasser bieten immer wieder tolle Motive. Oft ergibt sich eine abstrakte Wirkung aus Formen und Farben. Grundsätzlich können Sie überlegen, ob Sie nur die Spiegelung oder auch zusätzliche Objekte, in diesem Fall die Boote, in den Bildausschnitt nehmen.

Umsetzung

Das Foto wurde mit einer 120-mm-Telebrennweite gemacht. Längere Brennweiten verdichten, das heißt, dass gleich große Objekte, die hintereinanderliegen, auch annähernd gleich groß dargestellt werden. Sie wirken so, als wären sie sehr dicht beieinander.

Verwenden Sie ein einzelnes Fokusfeld (AF-S). Richten Sie das aktive Fokusfeld auf einen der gespiegelten Masten im Vordergrund, drücken Sie den Auslöser halb durch und wählen Sie bei gedrücktem Auslöser den Bildausschnitt. Ich habe bei dieser Aufnahme auf die Spiegelungen im unteren Bilddrittel fokussiert, um die Schärfentiefe voll zu nutzen.

Wählen Sie die Zeitautomatik (A/Av), wenn Sie die Schärfentiefe steuern möchten. Bei dieser Aufnahme sollten sowohl die Spiegelungen als auch die Boote im Hintergrund scharf werden, daher habe ich eine Blendenzahl von *f*/10 eingestellt.

Kontrollieren Sie die Aufnahmen auf Schärfe. Nutzen Sie die Belichtungskorrektur (+/–), falls die Aufnahmen zu hell oder zu dunkel sind.

Achten Sie bei Spiegelungen im Wasser auf abstrakte Formen und Farbspiele.

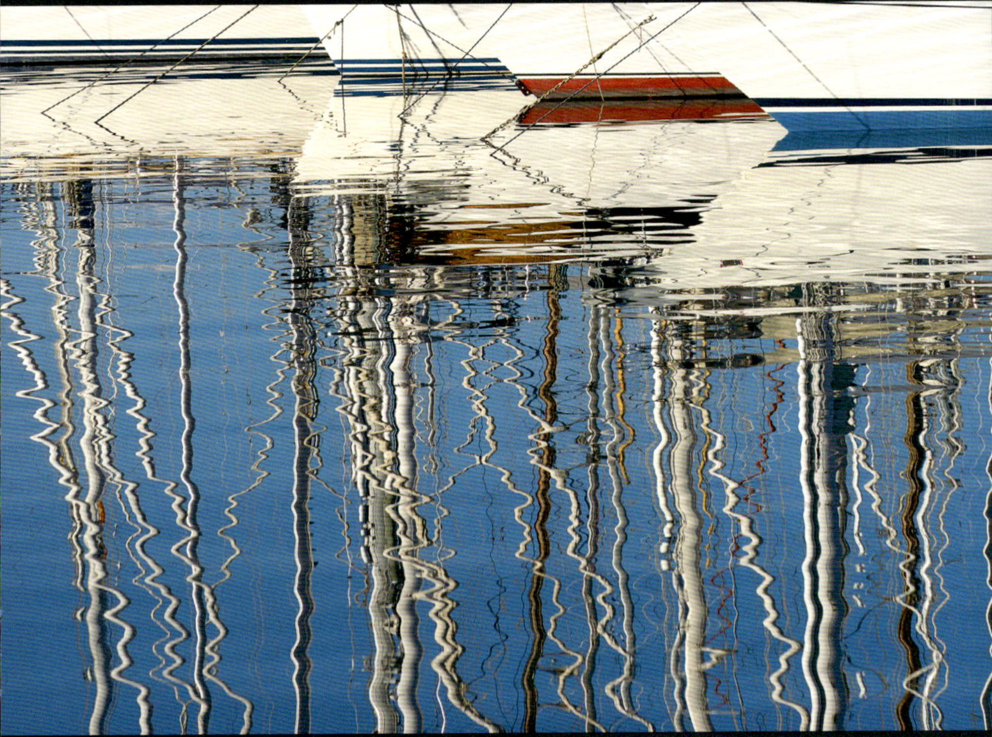

1/640 s | ƒ/10 | ISO 200 | 120 mm | APS-C

Angeschnitten

Diese Aufnahme entstand an einem Strand in der Bretagne. Der Bildausschnitt ist nicht nur dafür da, etwas zu zeigen. Sie entscheiden auch darüber, was nicht ins Bild soll, und dürfen Motive anschneiden oder ganz verbannen. Die Spuren im Sand und das Spielzeug wirken ohne Kinder verlassen und laden zum Nachdenken ein.

Umsetzung

Mit Zoomobjektiven fällt es leichter, mit dem Bildausschnitt zu experimentieren. Dieses Foto habe ich mit einem 24–105-mm-Zoomobjektiv aufgenommen. Ein Polfilter sorgt hier für satte Farben. Der Schatten ist ein Hinweis auf die Tageszeit: Das Foto entstand um die Mittagszeit.

Verwenden Sie die Zeitautomatik (A/Av), wenn Sie die Schärfentiefe steuern möchten. Bei dieser Aufnahme sollten Mauer, Beine und Spielzeug scharf werden. Bei der gewählten Brennweite und der Distanz habe ich mich für Blende $f/9$ entschieden.

Nutzen Sie ein einzelnes Fokusfeld (AF-S). Richten Sie das aktive Fokusfeld auf das gewünschte Detail, drücken Sie den Auslöser halb durch und wählen Sie bei gedrücktem Auslöser den Bildausschnitt. In diesem Fall habe ich auf die Beine im Vordergrund fokussiert.

Kontrollieren Sie die Aufnahmen auf Schärfe. Bei Verwacklungen oder unerwünschten Bewegungsunschärfen können Sie manuell den ISO-Wert erhöhen. Verwenden Sie bei Bedarf die Belichtungskorrektur.

Lassen Sie dem Betrachter etwas Spielraum. Erzählen Sie die Geschichte nicht immer zu Ende. Wenn Sie in Fotos etwas anschneiden, wird der Betrachter das Bild selbst vervollständigen.

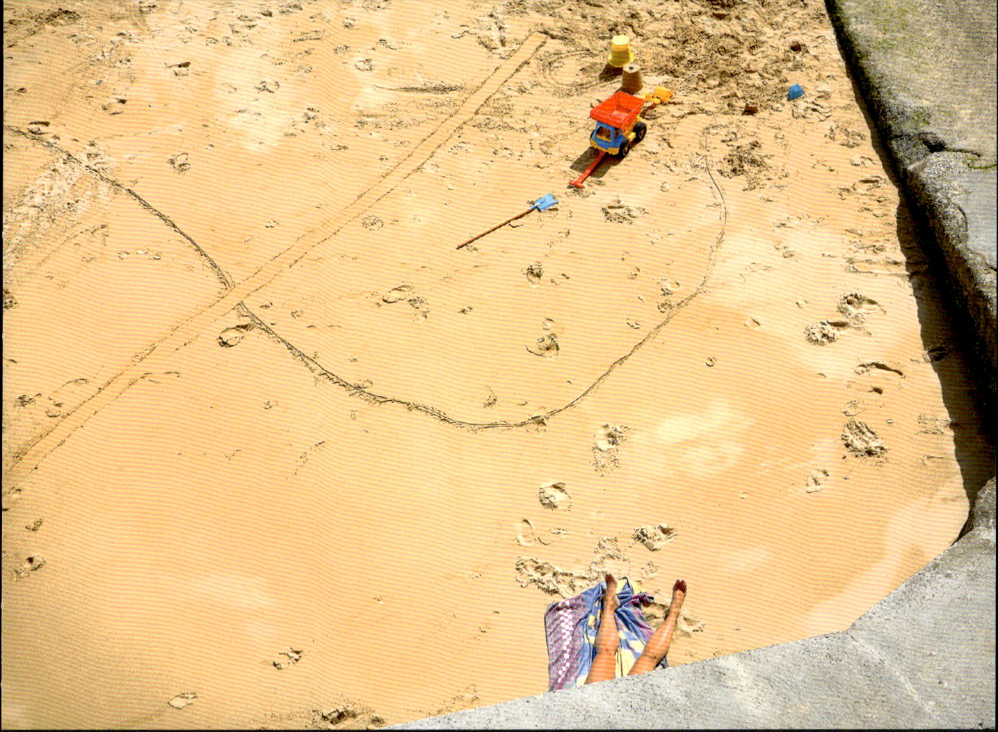

1/160 s | f/9 | ISO 100 | 80 mm | KB

Blendenflecken

Blendenflecken (engl. *lens flares*) sind Reflexionen innerhalb des Objektivs. Sie entstehen, wenn starke punktförmige Lichtquellen auf die Frontlinse treffen und das Licht von den Linsen des Objektivs reflektiert wird. Blendenflecken geben einer Aufnahme Atmosphäre.

Umsetzung

Wählen Sie den Bildausschnitt so, dass die Sonne im Bild sichtbar ist, z. B. am linken oder rechten Bildrand. Bei dieser Aufnahme ist dieser Effekt besonders deutlich zu sehen, weil der dunkle Hintergrund den Blendenflecken einen guten Kontrast bietet. Eine leichte Positionsänderung bewirkt, dass die Sonne von Blättern oder Baumstämmen teilweise oder ganz verdeckt wird. Dadurch können Sie die Stärke der Sonne und die Blendenflecken beeinflussen.

Nutzen Sie die Zeitautomatik (A/Av). Verwenden Sie große Blendenzahlen, werden die Blendenflecke deutlicher abgebildet. In diesem Fall habe ich Blende *f*/11 gewählt.

Wählen Sie für den Nahbereich den manuellen Fokus. Sie können damit mehrere Aufnahmen machen, ohne immer wieder neu zu fokussieren. Bei dieser Perspektive zahlt sich ein schwenkbares Display aus. Hier habe ich auf die Blätter im Vordergrund fokussiert.

Begutachten Sie die Aufnahmen anschließend in der Wiedergabe. Erst dort lässt sich die Wirkung des Effekts abschließend bewerten. Kontrollieren Sie die Aufnahmen auf Schärfe. Verwenden Sie die Belichtungskorrektur (+/–), falls die Aufnahmen zu hell oder zu dunkel sind.

Bei Fotos gegen die Sonne können Blendenflecken für eine besondere Atmosphäre sorgen.

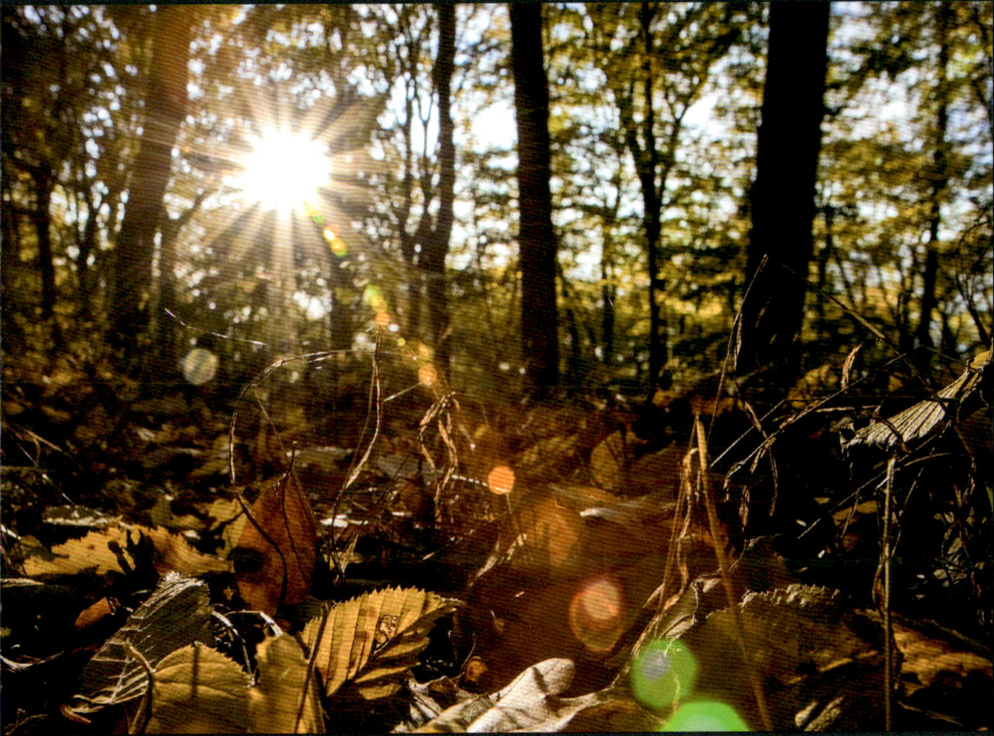

1/125 s | ƒ/11 | ISO 400 | 17 mm | APS-C

Pusteblume

Pflanzen sind geduldige, aber nicht unbedingt einfache Motive. Wenn Sie draußen Makroaufnahmen machen möchten, sollten Sie darauf achten, dass es absolut windstill ist, da im Nahbereich kleinste Bewegungen dazu führen können, dass sich das Motiv aus dem Schärfebereich bewegt.

Umsetzung

Das Foto wurde am Spätnachmittag gegen das Licht aufgenommen. Pflanzen im Hintergrund geben der Pusteblume den notwendigen Kontrast. Der Schärfebereich ist bei solchen Aufnahmen sehr eingeschränkt, daher ist eine genaue Fokussierung wichtig: Wenn sich die Distanz zum Motiv auch nur geringfügig ändert, hat dies einen großen Einfluss auf die Schärfe. Am besten verwenden Sie ein Stativ. Optimal für Fotos im Nahbereich sind Makroobjektive. Damit lassen sich auch kleine Objekte formatfüllend fotografieren.

Nutzen Sie die Zeitautomatik (A/Av), wenn Sie die Schärfentiefe steuern möchten. Bei dieser Aufnahme wollte ich den Hintergrund möglichst unscharf abbilden und den Schärfebereich möglichst klein halten, daher habe ich eine kleine Blendenzahl von *f*/2.5 genutzt.

Verwenden Sie für den Nahbereich den manuellen Fokus. Bei diesem Bild habe ich auf die Ränder der Pusteblume fokussiert. In solchen Situationen spielen Livebild und schwenkbare Displays ihre Stärken aus, da sich das Bild über das Display relativ bequem gestalten lässt – über den Sucher ist dies bedeutend aufwendiger.

Kontrollieren Sie die Aufnahmen auf Schärfe. Verwenden Sie die Belichtungskorrektur (+/–), falls die Aufnahmen zu hell oder zu dunkel sind.

Pflanzen sind geduldige Motive: Nehmen Sie sich Zeit und experimentieren Sie mit Blende, Fokussierung und Belichtungskorrektur.

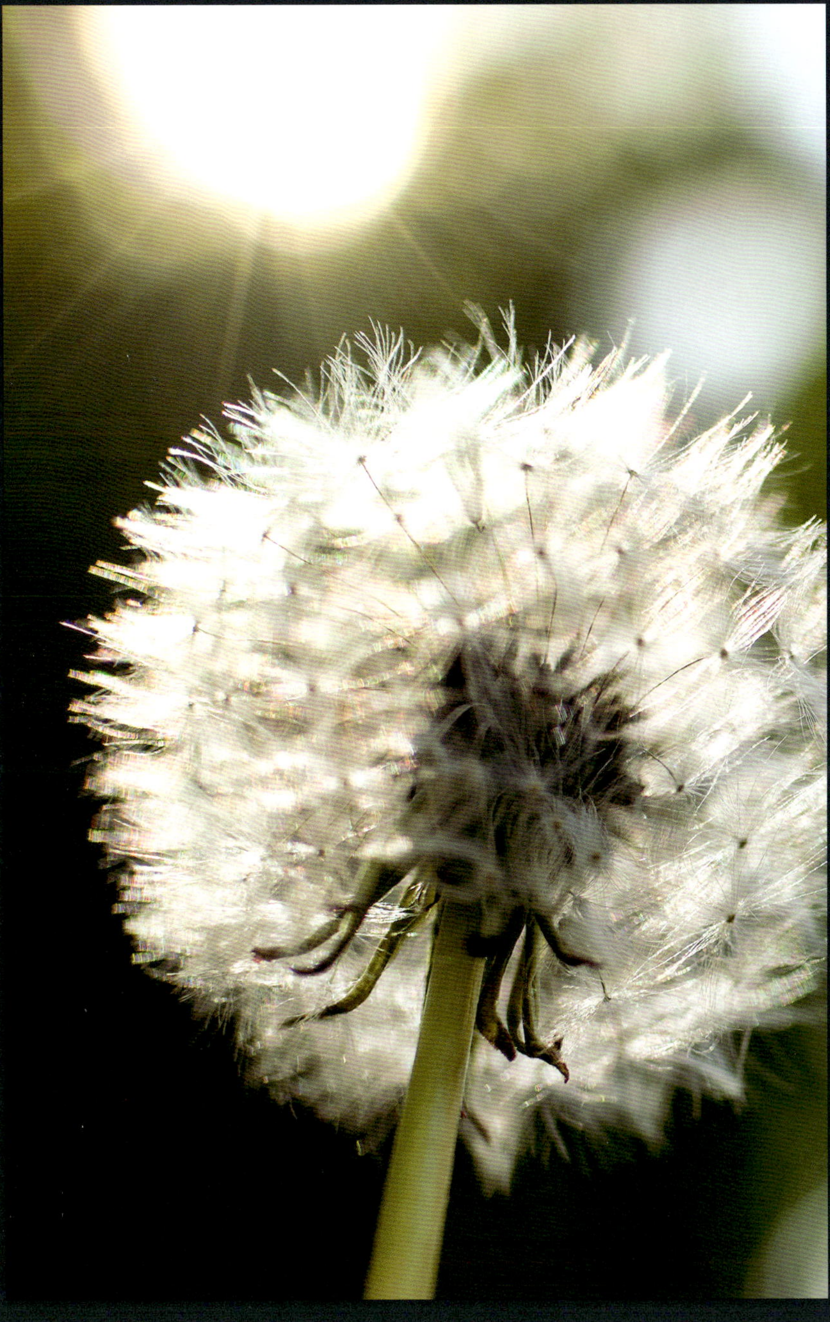

1/1000 s | f/2.5 | ISO 100 | 22 mm | APS-C

Im Vordergrund

Diese Aufnahme entstand in Kairo. Der Vordergrund mit seiner grafischen Struktur verschafft dem Foto eine besondere Bildwirkung und Tiefendimension. Das Foto würde ohne Vordergrund flach und beliebig wirken.

Umsetzung

Äste bieten mit ihren abstrakten Strukturen interessante Vordergründe auch für Aufnahmen von Architektur, vor allem im Herbst, wenn keine Blätter an den Ästen sind. Das Foto habe ich mit einer 130-mm-Telebrennweite aufgenommen.

Nutzen Sie die Zeitautomatik (A/Av). Wenn der Hintergrund schärfer werden soll, müssen Sie die Blendenzahl erhöhen, wenn er unschärfer werden soll, benötigen Sie eine kleinere Blendenzahl. Bei dieser Aufnahme sollten die Äste im Vordergrund zumindest im Zentrum scharf werden und die Umrisse der Moschee klar zu erkennen sein. Ich habe mich für Blende *f*/10 entschieden.

Verwenden Sie ein einzelnes Fokusfeld (AF-S). Richten Sie das aktive Fokusfeld auf den Vordergrund, drücken Sie den Auslöser halb durch und wählen Sie bei gedrücktem Auslöser den Bildausschnitt. Ich habe auf die Äste im Vordergrund fokussiert.

Kontrollieren Sie die Aufnahmen auf Schärfe, der Vordergrund sollte fokussiert und nicht verwackelt sein. Zoomen Sie hierfür in die Aufnahme. Zur Sicherheit können Sie auch ein Stativ nutzen. Verwenden Sie die Belichtungskorrektur (+/–), falls die Aufnahmen zu hell oder zu dunkel sind. Das Histogramm bietet Ihnen eine Orientierungshilfe.

Achten Sie immer auf den Vordergrund. Mit einem interessanten Vordergrund lassen sich auch bekannte Motive neu entdecken.

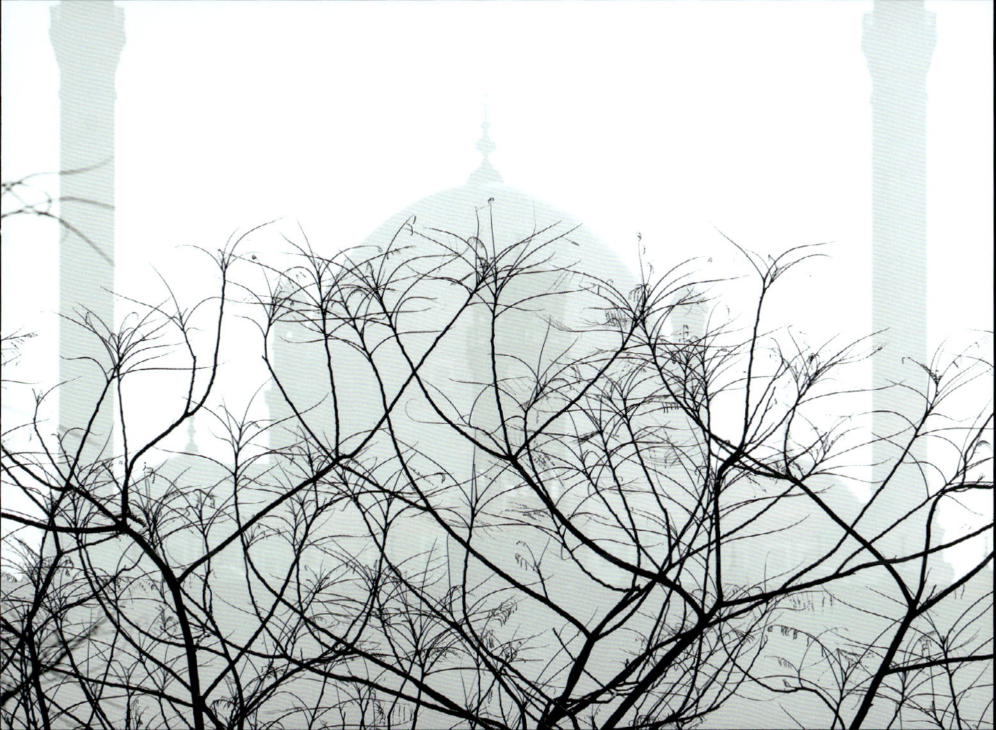

1/500 s | f/10 | ISO 100 | 130 mm | APS-C

Kerzenlicht

Das warme Licht von Kerzen lädt zum Experimentieren ein. Die Weißabgleicheinstellung Ihrer Kamera hat einen wesentlichen Einfluss auf die Lichtstimmung in der Aufnahme.

Umsetzung

Wenn Sie bei Kerzenlicht ausschließlich im JPG-Format fotografieren, sollten Sie verschiedene Weißabgleicheinstellungen bei der Aufnahme testen. Fotografieren Sie in RAW, können Sie in der Weißabgleichautomatik bleiben und den Rest in der Bildbearbeitung erledigen.

Achtung Verwacklungsgefahr! Diese Aufnahme habe ich mit einem lichtstarken 50-mm-Objektiv bei Blende *f*/1.6 aufgestützt auf eine Tischplatte gemacht. Beachten Sie, dass hohe ISO-Werte zu Bildrauschen führen können. Wenn Sie sichergehen möchten, sollten Sie ein Stativ verwenden und den ISO-Wert manuell festlegen.

Nutzen Sie die Zeitautomatik (A/Av). Verwenden Sie bei wenig Licht kleine Blendenzahlen, wenn Sie aus der Hand fotografieren. Daraus ergibt sich insbesondere im Nahbereich eine geringe Schärfentiefe.

Nutzen Sie ein einzelnes Fokusfeld (AF-S). Richten Sie das aktive Fokusfeld auf das gewünschte Detail, drücken Sie den Auslöser halb durch und wählen Sie den Bildausschnitt. Ich habe auf den Rand der Kerze links fokussiert.

Kontrollieren Sie die Aufnahmen auf Schärfe und Bildrauschen. Zoomen Sie hierfür in die Aufnahme. Verwenden Sie bei Bedarf die Belichtungskorrektur (+/–).

Mit dem Weißabgleich lässt sich die Lichtstimmung beeinflussen.

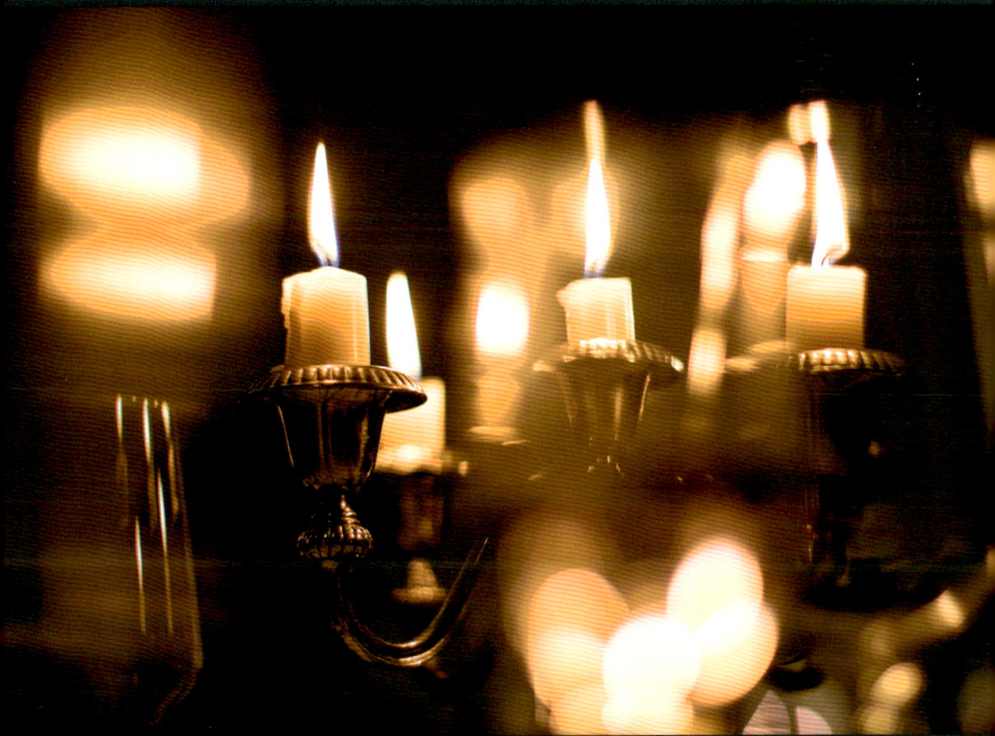

1/100 s | f/1.6 | ISO 250 | +2/3 EV | 50 mm | APS-C

Fenster

Verlassene Orte haben einen besonderen Reiz. Neben dem Charme, der diesen Orten innewohnt, können diese Aufnahmen auch zu Zeitdokumenten werden. Dieses Foto habe ich in einer alten Fabrik kurz vor der Restaurierung gemacht.

Umsetzung

Ein tiefer Kamerastandort bietet sich bei Weitwinkelobjektiven an, dadurch lässt sich der Vordergrund gestalten. Die Fluchtlinien des Bodens sorgen für räumliche Tiefe. Diese Aufnahme entstand mit Stativ aus geringer Höhe bei einer Brennweite von 28 mm.

Nutzen Sie bei unbewegten Motiven und wenig Licht Stativ und Fernauslöser. Achten Sie dabei auch auf einen stabilen Untergrund bzw. vermeiden Sie Erschütterungen. In diesem Fall hätten Schritte auf dem Boden trotz Stativ für unscharfe Aufnahmen gesorgt.

Verwenden Sie die Zeitautomatik (A/Av). Hier sollten der gesamte Boden und das Fenster scharf werden. Ich habe bei dieser Aufnahme Blende $f/11$ gewählt. Stellen Sie den ISO-Wert manuell auf einen niedrigen Wert.

Stellen Sie auf manuellen Fokus. Damit können Sie mehrere Aufnahmen machen (z. B. Belichtungsreihen), ohne immer wieder neu zu fokussieren. Ich habe hier auf den Boden (vorderes Drittel) fokussiert.

Kontrollieren Sie die Aufnahmen auf Schärfe. Verwenden Sie die Belichtungskorrektur (+/–), falls die Aufnahmen zu hell oder zu dunkel sind.

Verlassene Orte und Ruinen bieten tolle Motive.

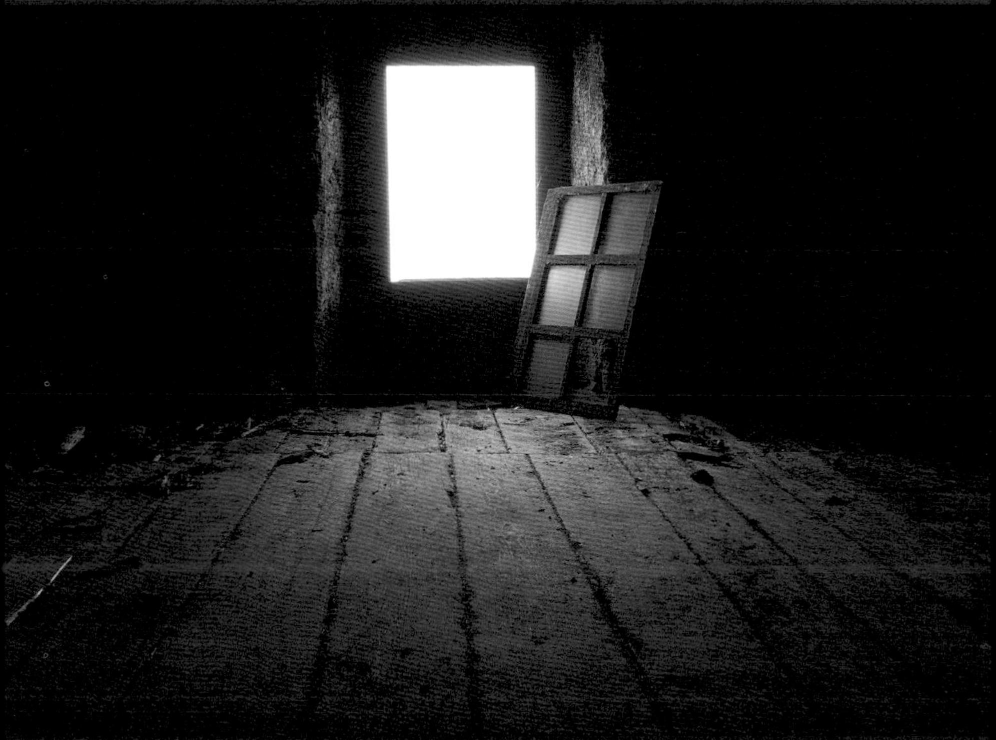

1/4 s | f/11 | ISO 100 | 28 mm | APS-C

Schlechtes Wetter

Zum Fotografieren gibt es generell kein schlechtes Wetter. Jedes Wetter hat seine interessanten Seiten. Allerdings ist nicht jedes Wetter für jedes Motiv gleich gut geeignet. Dieses Foto wurde durch die Frontscheibe eines Busses in Island aufgenommen.

Umsetzung

Diese Aufnahme entstand mit einem Zoomobjektiv mit einer Brennweite von 24–105 mm.

Nutzen Sie die Zeitautomatik (A/Av), wenn Sie die Schärfentiefe steuern möchten. Bei dieser Aufnahme sollten die Tropfen auf der Scheibe scharf werden und der Straßenverlauf erkennbar sein. In diesem Fall habe ich mich für Blende *f*/18 entschieden.

Verwenden Sie den manuellen Fokus. Sie können damit mehrere Aufnahmen machen, ohne immer wieder neu zu fokussieren. Außerdem macht der Autofokus bei solchen Aufnahmen oft Probleme, weil er die feinen Details im Vordergrund oft ignoriert. Bei diesem Foto habe ich auf die Wassertropfen an der Scheibe fokussiert.

Unterschätzen Sie die Vibrationen und Erschütterungen nicht, wenn Sie aus einem Fahrzeug heraus fotografieren. Um Verwacklungen zu vermeiden, habe ich den ISO-Wert manuell auf ISO 1600 eingestellt. Dadurch wird die Belichtungszeit entsprechend verkürzt.

Kontrollieren Sie die Aufnahmen auf Schärfe. Die Wassertropfen sollten fokussiert und nicht verwackelt sein. Verwenden Sie bei Bedarf die Belichtungskorrektur. In diesem Fall habe ich leicht unterbelichtet, um die Struktur in den Wolken zu erhalten.

Fotografieren Sie nicht nur bei Sonnenschein. Jedes Wetter bietet tolle Motive.

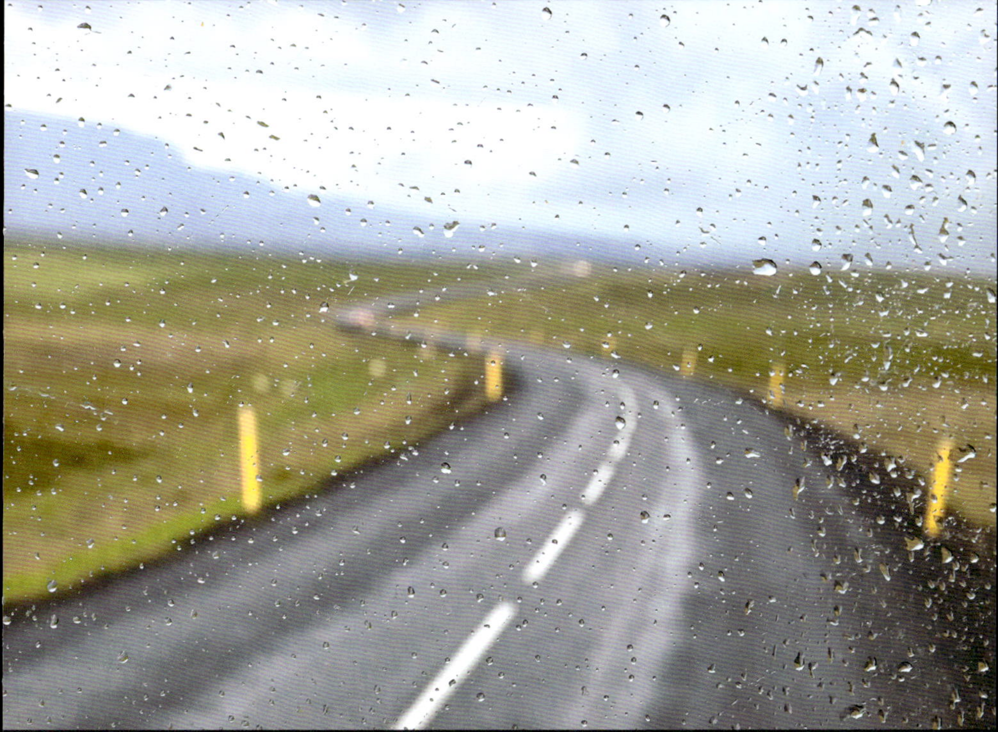

1/400 s | f/18 | ISO 1600 | –1 EV | 105 mm | KB

Transparent

Fensterscheiben bieten immer wieder tolle Motive. Bei halbtransparenten (z. B. auch schmutzigen) Scheiben ergeben sich besondere Effekte, wenn Objekte an der Scheibe anliegen. Dieses Foto ist in einem Hauseingang im Piemont entstanden.

Umsetzung

Die Kamera war bei der Aufnahme im rechten Winkel zu Scheibe ausgerichtet, damit der Fensterrahmen nicht perspektivisch verzerrt.

Stellen Sie auf Zeitautomatik (A/Av) ein, wenn Sie die Schärfentiefe steuern möchten. In diesem Fall hatte die Blendenzahl nur wenig Wirkung, da das Motiv nur wenig räumliche Tiefe hat. Daher hätte ich in diesem Fall auch eine kleinere Blendenzahl wählen können.

Nutzen Sie ein einzelnes Fokusfeld (AF-S). Richten Sie das aktive Fokusfeld auf das gewünschte Motivteil, drücken Sie den Auslöser halb durch und wählen Sie bei gedrücktem Auslöser den Bildausschnitt. Bei dieser Aufnahme wurde auf den Rahmen der Scheibe scharfgestellt. Wenn der Autofokus Probleme bereitet, können Sie in den manuellen Fokus wechseln.

In diesem Fall sorgte die ISO-Automatik bei ISO 800 für eine verwacklungsfreie Aufnahme. Um maximale Bildqualität zu erreichen, sollten Sie wenn möglich ein Stativ mit Fernauslöser nutzen. Setzen Sie die ISO-Zahl dann manuell auf einen niedrigen Wert.

Kontrollieren Sie die Aufnahmen auf Schärfe. Verwenden Sie bei Bedarf die Belichtungskorrektur. Wenn Sie sich unsicher sind, können Sie auch Aufnahmen mit verschiedenen Korrekturen machen (Belichtungsreihe).

Halbtransparente und schmutzige Glasscheiben bieten interessante Motive.

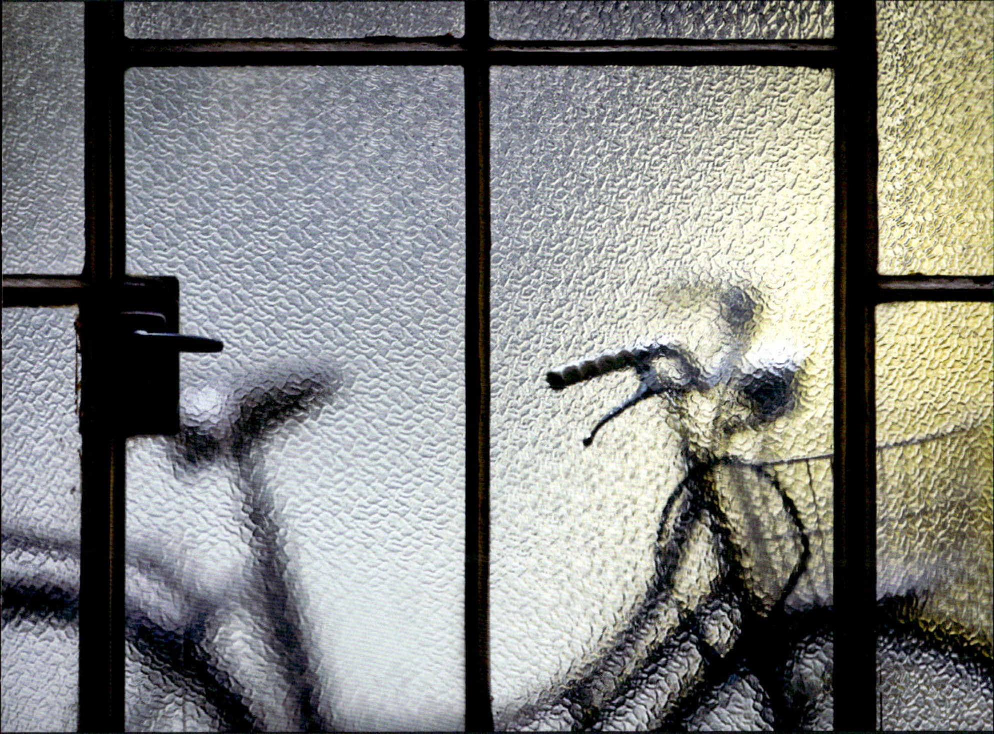

1/125 s | ƒ/9 | ISO 800 | 160 mm | APS-C

Gekippt

Diese Aufnahme entstand in New York. Wolkenkratzer laden dazu ein, die Kamera nach oben zu richten. Stürzende Linien stören immer dann, wenn es sich um gewohnte Perspektiven und Bildausschnitte handelt. Wenn man sie aber bewusst für die Bildgestaltung einsetzt, geben sie der Aufnahme Tiefe.

Umsetzung

Stürzende Linien zeigen sich vor allem, wenn Sie mit Weitwinkelobjektiven fotografieren und die Kamera stark nach oben neigen. In diesem Fall habe ich ein 28-mm-Weitwinkel verwendet. Die Kamera wurde für dieses Foto gedreht, damit die Linien des Wolkenkratzers ins Zentrum der Aufnahme führen. Das Gebäude erhält durch die Weltkugel ein Gegengewicht.

Nutzen Sie die Zeitautomatik (A/Av). Wenn Sie die Schärfentiefe erhöhen möchten, müssen Sie die Blendenzahl erhöhen, wenn Sie die Schärfentiefe reduzieren möchten, benötigen Sie eine kleinere Blendenzahl. Eine Blende von *f*/11 in Verbindung mit dem Weitwinkelobjektiv sorgte hier für eine große Schärfentiefe.

Nutzen Sie ein einzelnes Fokusfeld (AF-S). Richten Sie das aktive Fokusfeld auf das gewünschte Motivteil, drücken Sie den Auslöser halb durch und wählen Sie bei gedrücktem Auslöser den Bildausschnitt. In diesem Fall habe ich auf die Weltkugel fokussiert.

Kontrollieren Sie die Aufnahmen auf Schärfe. Nutzen Sie die Belichtungskorrektur (+/–), falls die Aufnahmen zu hell oder zu dunkel sind. In diesem Fall habe ich leicht unterbelichtet, um den Himmel nicht überzubelichten. Gleichzeitig bekommt die Aufnahme etwas mehr Dramatik.

Setzen Sie stürzende Linien bewusst bei der Bildgestaltung ein.

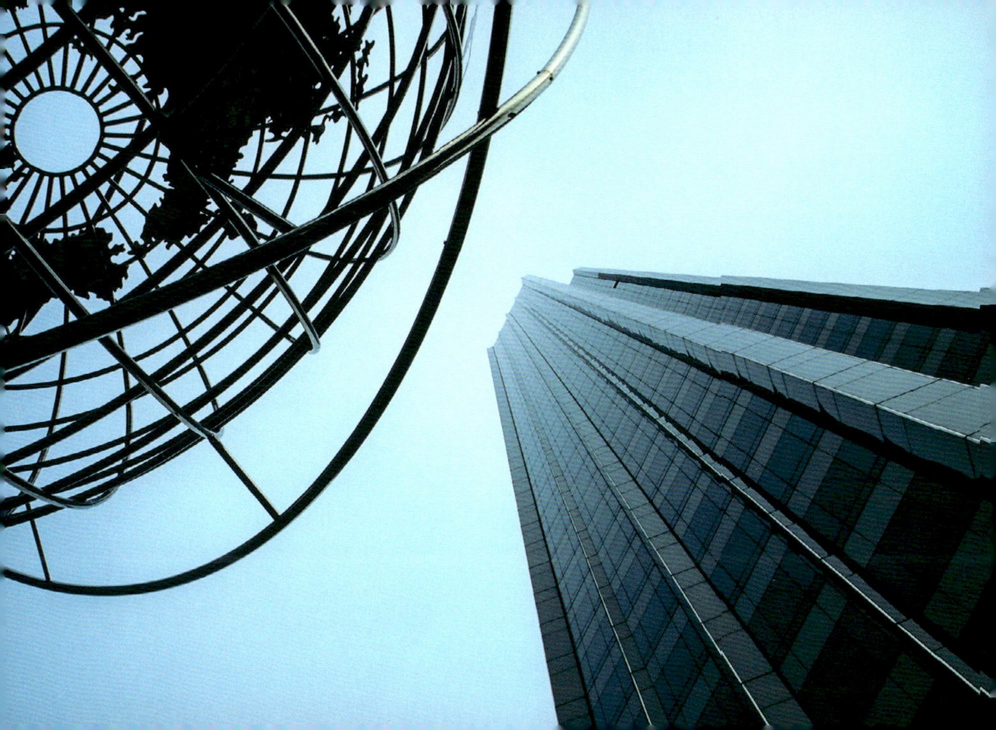

Spiegelung im Rahmen

Spiegelungen und Reflexionen liefern häufig interessante Motive. Es lohnt sich, auf Details zu achten. Dieses Foto habe ich an einer relativ unansehnlichen Raststätte im Südwesten der USA aufgenommen. Die Radkappe bildet gleichzeitig den Rahmen. Durch diesen Bildaufbau konnte ich störende Elemente aus dem Bildausschnitt verbannen. Das ungünstige Licht zur Mittagszeit fällt kaum auf.

Umsetzung

Nutzen Sie die Zeitautomatik (A/Av). Für einen schärferen Hintergrund wählen Sie eine höhere Blendenzahl, für einen unschärferen eine kleinere. In diesem Fall sollten große Teile der Radkappe zu erkennen sein. Ich habe für die Aufnahme Blende *f*/11 gewählt.

Sie können jedoch auch auf den Rahmen der spiegelnden Fläche fokussieren, je nachdem, was für Sie wichtiger ist. Nutzen Sie ein einzelnes Fokusfeld (AF-S). Richten Sie das aktive Fokusfeld auf das gewünschte Motivteil, drücken Sie den Auslöser halb durch und wählen Sie bei gedrücktem Auslöser den Bildausschnitt. Manchmal spielt der Autofokus in solchen Situationen nicht mit, dann verwenden Sie besser den manuellen Fokus. In diesem Fall habe ich direkt auf die Spiegelung fokussiert.

Kontrollieren Sie die Aufnahmen auf Schärfe. Bei Bedarf können Sie die Belichtungskorrektur (+/−) nutzen. Das Histogramm bietet Ihnen eine Orientierungshilfe.

Halten Sie Ausschau nach interessanten Spiegelungen.

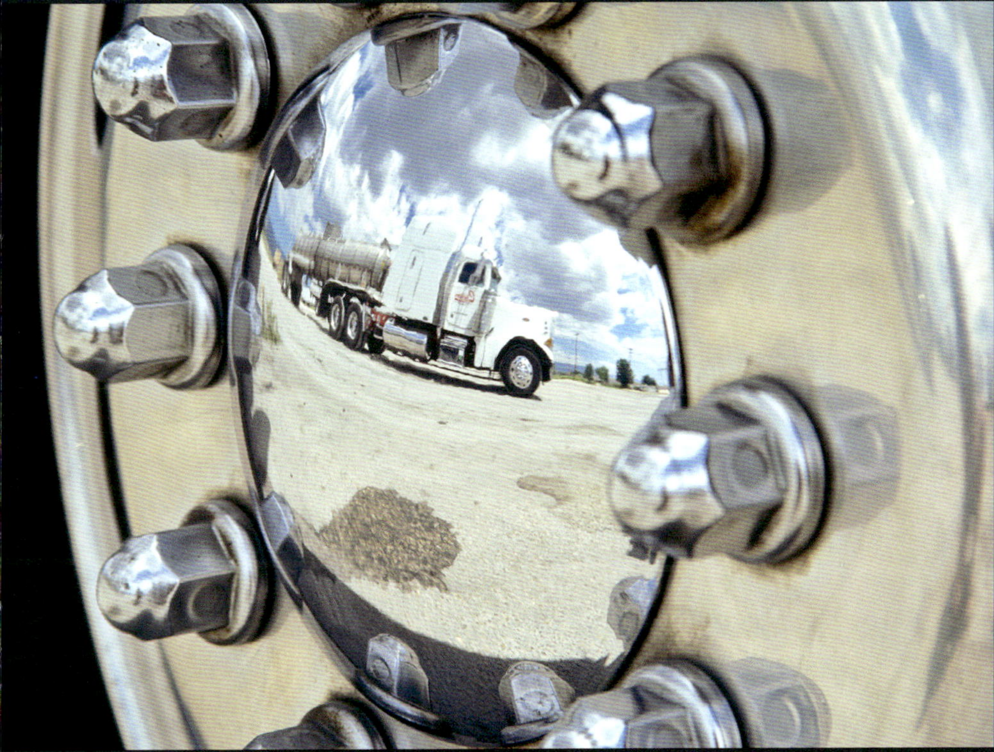

1/250 s | ƒ/11 | ISO 100 | 140 mm | KB

Monument Valley

Probieren Sie bei Weitwinkelaufnahmen tiefe Kamerastandorte, damit lässt sich der Vordergrund stärker hervorheben und die Aufnahme erhält mehr Tiefe. Die zusammenlaufenden Linien der Straße vermitteln zusätzlich räumliche Tiefe.

Umsetzung

Das Foto wurde aus geringer Höhe mit einem 28-mm-Weitwinkelobjektiv aufgenommen. Dadurch und durch die verwendete Blende (*f*/16) besitzt es eine große Schärfentiefe, die vom unteren bis zum oberen Bildrand reicht. Ich habe das Bild mit dem Blick ins Monument Valley direkt von der Fahrbahnmitte gemacht, um einen symmetrischen Bildaufbau zu erhalten.

Nutzen Sie die Zeitautomatik (A/Av). Wenn Sie die Schärfentiefe erhöhen möchten, müssen Sie die Blendenzahl erhöhen, wenn Sie die Schärfentiefe reduzieren möchten, wählen Sie eine kleinere Blendenzahl.

Nutzen Sie ein einzelnes Fokusfeld (AF-S). Richten Sie das aktive Fokusfeld auf das gewünschte Motivteil, drücken Sie den Auslöser halb durch und wählen Sie bei gedrücktem Auslöser den Bildausschnitt. Bei dieser Aufnahme habe ich auf die Fahrbahn in einer Distanz von zwei bis drei Metern fokussiert.

Kontrollieren Sie die Schärfentiefe in der Aufnahme. Verwenden Sie die Belichtungskorrektur (+/–), falls die Aufnahmen zu hell oder zu dunkel sind. In diesem Fall habe ich leicht unterbelichtet, damit die Wolken nicht überbelichtet werden und genügend Zeichnung bewahren.

Gehen Sie bei Weitwinkelaufnahmen runter.

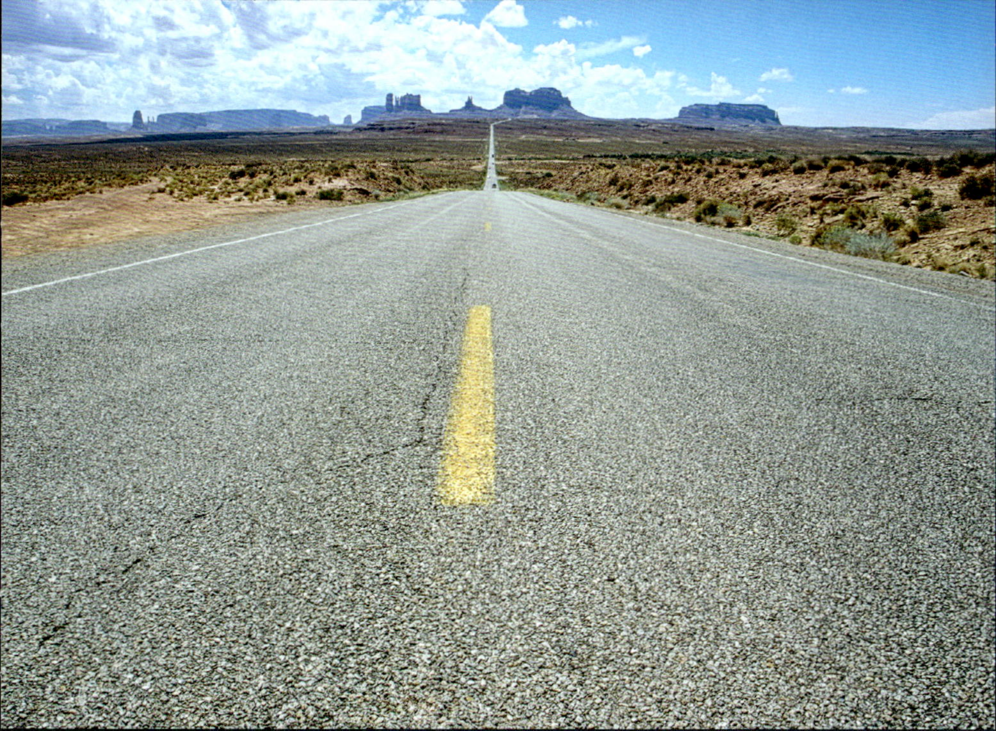

Silhouette

Diese Aufnahme entstand auf dem Jakobsweg in Nordspanien. Bei 27 Kilo Marschgepäck macht sich die klassische Spiegelreflexausrüstung im Vollformat bemerkbar, da bieten spiegellose Systemkameras mittlerweile qualitativ hochwertige und deutlich leichtere Alternativen: Es bleibt mehr Energie fürs Fotografieren.

Umsetzung

Auf dem Weg sieht man zahlreiche Störche auf Dächern und Feldern. Diese Aufnahme wurde gegen das Licht gemacht. Der helle Hintergrund betont die Silhouette des Tieres im Landeanflug. Bei der SW-Umwandlung habe ich den Kontrast etwas angehoben, so dass lediglich die Form erhalten blieb.

Nutzen Sie die Blendenautomatik (S/Tv) und stellen Sie eine kurze Belichtungszeit ein, damit Bewegungen eingefroren werden. Im Bildbeispiel habe ich 1/1000 s genutzt.

Verwenden Sie den kontinuierlichen Autofokus (AF-C). Je nach Kamera und Motiv kann die automatische Fokusfeldwahl eine gute Wahl sein, ansonsten wählen Sie die Fokusfelder bzw. den Fokusbereich am besten selbst.

Aktivieren Sie den Serienbildmodus. Damit erhöhen Sie die Chance, die Bewegung zum perfekten Zeitpunkt einzufangen.

Kontrollieren Sie die Aufnahmen auf Schärfe. Nutzen Sie die Belichtungskorrektur (+/–), falls die Aufnahmen zu hell oder zu dunkel sind. Wenn Sie die Silhouette betonen möchten, können Sie etwas unterbelichten.

Achten Sie bei schnell bewegten Objekten auf die Fokuseinstellungen und aktvieren Sie zusätzlich den Serienbildmodus.

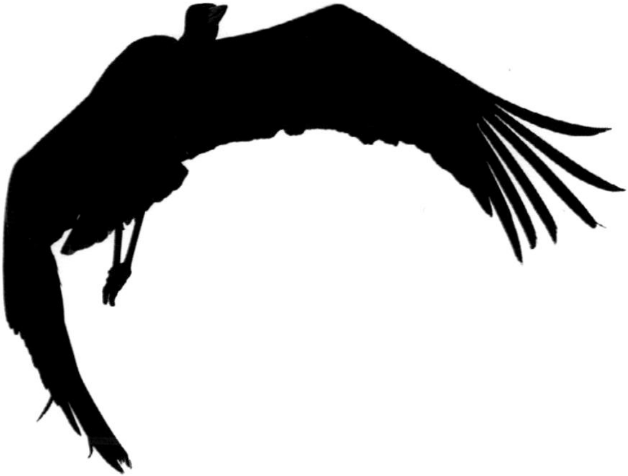

Autos abstrakt

Ein Motiv, das man in vielen Großstädten findet. Mit engen Bildausschnitten lösen Sie Objekte aus ihrer Umgebung. Die Spiegelungen auf den Fahrzeugen tragen ihren Teil zur abstrakten Anmutung des Bildes bei.

Umsetzung

Später Nachmittag, das Licht kommt von links vorne. Ich habe das Foto mit einem 70–300-mm-Zoomobjektiv aufgenommen. Längere Brennweiten verdichten: Gleich große Objekte, die hintereinanderliegen, werden annähernd gleich groß dargestellt, so als wären sie sehr dicht beieinander. Achten Sie darauf, dass der Bildausschnitt eng genug ist, damit das Muster den gesamten Bildausschnitt füllt, so verstärken Sie die abstrakte Wirkung.

Nutzen Sie die Zeitautomatik (A/Av). Für einen schärferen Hintergrund erhöhen Sie die Blendenzahl, für einen unschärferen verringern Sie sie. Bei dieser Aufnahme sollten möglichst alle Fahrzeuge im Bildausschnitt scharf werden, daher habe ich eine große Blendenzahl genutzt.

Verwenden Sie ein einzelnes Fokusfeld (AF-S). Richten Sie das aktive Fokusfeld auf das gewünschte Motivteil, drücken Sie den Auslöser halb durch und wählen Sie bei gedrücktem Auslöser den Bildausschnitt. Bei diesem Bild habe ich auf das zweite Auto fokussiert, um die Schärfentiefe optimal auszunutzen.

Kontrollieren Sie die Aufnahmen auf Schärfe. Nutzen Sie die Belichtungskorrektur (+/–), falls die Aufnahmen zu hell oder zu dunkel sind. Vermeiden Sie überbelichtete Bereiche mithilfe des Histogramms.

Lösen Sie Ihr Motiv mit einem engen Bildausschnitt aus seiner Umgebung.

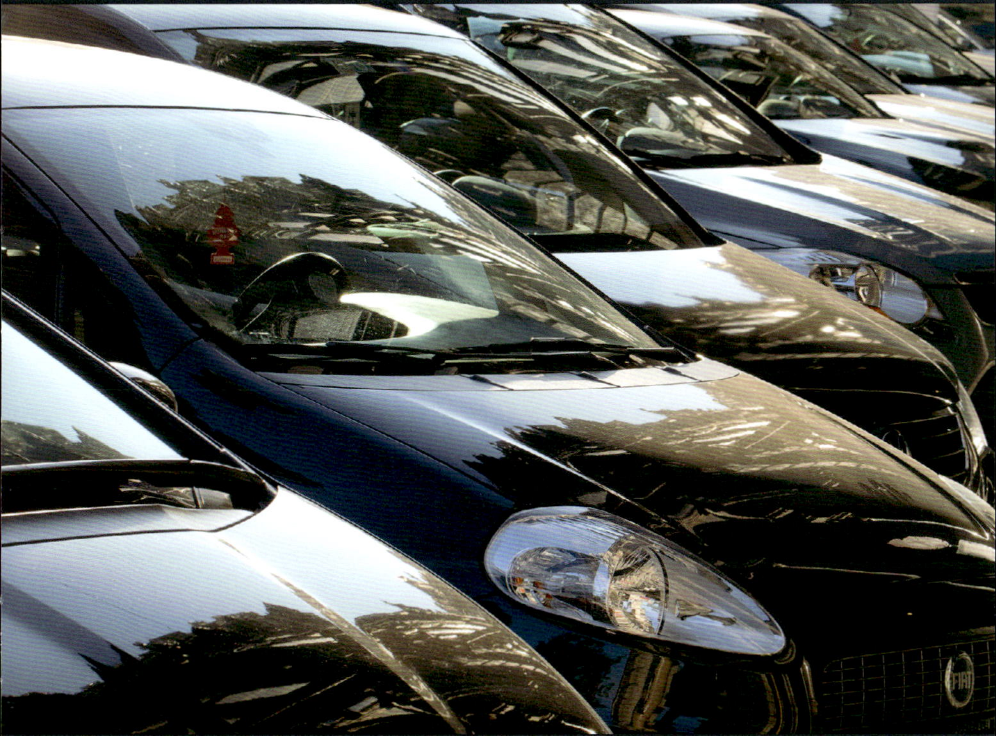

1/320 s | ƒ/14 | ISO 640 | –1/3 EV | 104 mm | APS-C

Blaue Stunde

Nach Sonnenuntergang, bevor es absolut dunkel wird, gibt es eine Zeit, in der der Himmel in tiefem Blau erstrahlt – die blaue Stunde. Die Stunde der Romantiker und eben auch der Fotografen. Fakt ist, dass Sie zu dieser Tageszeit tolle Fotos machen können. Besonders interessant wird es, wenn Kunstlichtquellen wie Straßenlaternen hinzukommen. Das intensive Blau des Himmels steht dann im Kontrast zu den rötlichen, gelblichen oder grünlichen Lichtern.

Umsetzung

Verwenden Sie ein Stativ und einen Fernauslöser. Achten Sie darauf, dass die Kamera gut befestigt ist und nichts wackelt. Schalten Sie (falls vorhanden) den Bildstabilisator aus. Eine Taschenlampe ist hilfreich, damit Sie auch im Dunkeln die Kamera und das Stativ sicher bedienen können.

Nutzen Sie die Zeitautomatik (A/Av) und stellen Sie die gewünschte Blende ein. Stellen Sie den ISO-Wert auf einen niedrigen Wert. Dadurch vermeiden Sie störendendes Bildrauschen.

Verwenden Sie bei Stativaufnahmen den manuellen Fokus. Damit können Sie mehrere Aufnahmen machen, ohne immer wieder neu zu fokussieren.

Kontrollieren Sie die Aufnahmen auf Schärfe. Nutzen Sie die Belichtungskorrektur (+/–), falls die Aufnahmen zu hell oder zu dunkel sind. Vermeiden Sie überbelichtete Bereiche. Das Histogramm bietet Ihnen eine Orientierungshilfe.

Die blaue Stunde bietet besonders reizvolles Licht für „Nachtaufnahmen".

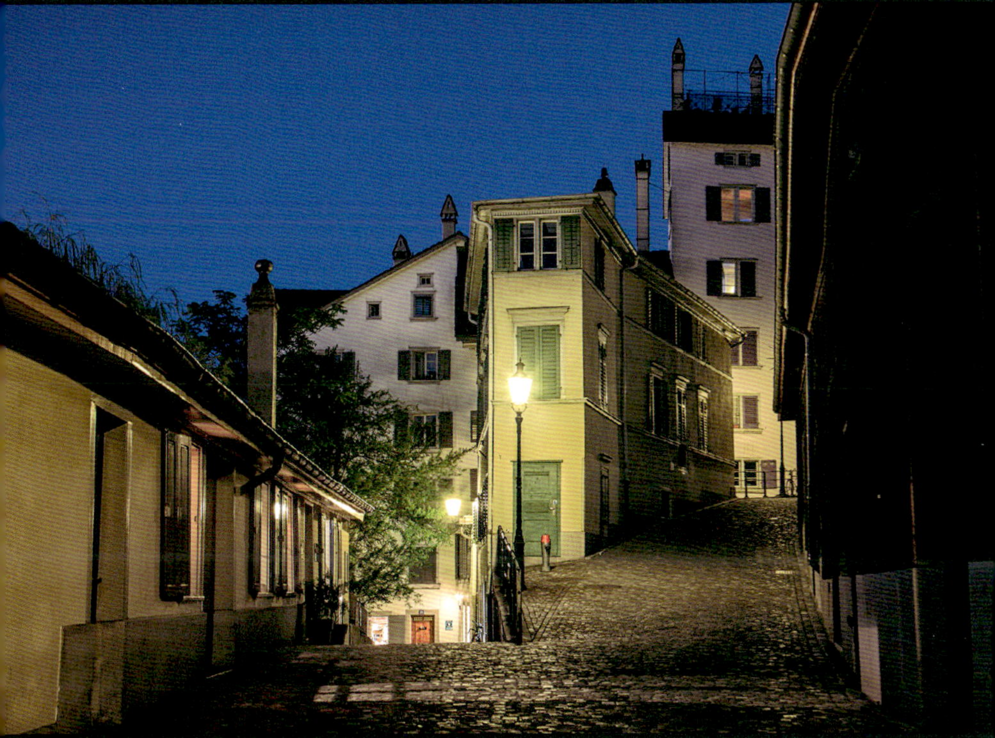

25 s | f/7.1 | ISO 100 | 47 mm | KB

Der Zoom macht's

Wenn sich ein Objekt während der Belichtung bewegt, verwischt das Bild. Wenn sich der Fotograf bewegt, führt dies zu Verwacklungen, und wenn während der Aufnahme die Brennweite verändert wird, entsteht ein Zoomeffekt. Sie können dies auch mit entsprechender Bildbearbeitung erreichen, aber so macht es mehr Spaß und Sie erfahren etwas über die Möglichkeiten Ihrer Kamera.

Umsetzung

Voraussetzung für diesen Effekt ist eine Kamera mit einem mechanischen Zoom. Wenn Sie die Brennweite z. B. nur per Knopfdruck wie bei vielen Kompaktkameras steuern können, geht es leider nicht. Ich habe hier ein 17–85-mm-Zoomobjektiv genutzt.

Sie können diese Aufnahmen freihändig machen. Es besteht jedoch Verwacklungsgefahr. Wenn Sie perfekte Aufnahmen möchten, sollten Sie ein stabiles Stativ nutzen. Achten Sie darauf, dass die Kamera gut befestigt ist.

Nutzen Sie die Blendenautomatik (S/Tv). Stellen Sie zunächst eine Belichtungszeit von 1/15 s ein. Dies ist ein guter Ausgangswert. Es kommt darauf an, während der Belichtung den Zoom des Objektivs relativ rasch zu verstellen. Sie können von kurzen Brennweiten zu längeren wechseln oder umgekehrt. Meist erfordert es etwas Übung. Probieren Sie längere und kürzere Zeiten.

Für die Fokussierung eignet sich sowohl der Autofokus (einzelnes Fokusfeld: AF-S) als auch die manuelle Fokussierung.

Kontrollieren Sie die Aufnahmen auf Schärfe. Nutzen Sie die Belichtungskorrektur (+/–), falls die Aufnahmen zu hell oder zu dunkel sind.

Drehen Sie während der Belichtung am Zoom-Ring Ihres Objektivs.

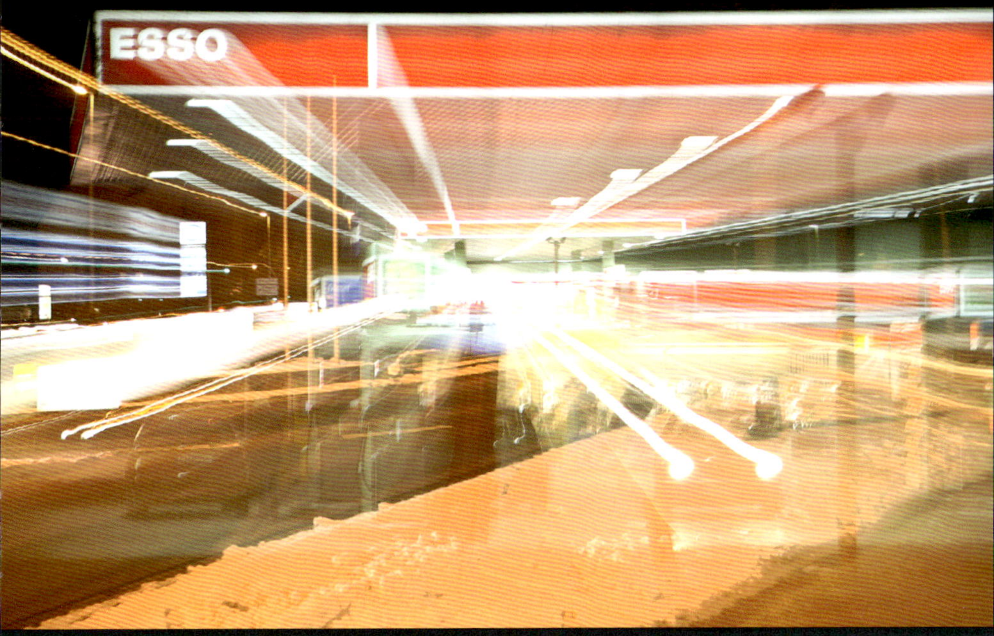

2 s | f/5.6 | ISO 100 | +2 EV | 17–85 mm | APS-C

Auf dem Weg

Auf dem Jakobsweg irgendwo in Spanien. Die goldene Stunde taucht den Weg in warmes Licht.

Umsetzung

Bei dieser Aufnahme habe ich einen Polfilter eingesetzt, der für den starken Kontrast zwischen Wolken und Himmel sorgt. Hier wird jedoch auch ein Problem von Weitwinkelaufnahmen mit Polfilter deutlich: Durch den großen Bildwinkel kann sich der Polfilter auf verschiedene Bildbereiche unterschiedlich stark auswirken. Dies wird an dem abgedunkelten Himmel links oben deutlich. Wenn Sie dieser Effekt stört, können Sie den Polfilter durch Drehen etwas in seiner Wirkung reduzieren oder auf den Filter verzichten.

Nutzen Sie die Zeitautomatik (A/Av), wenn Sie die Schärfentiefe steuern möchten. Bei dieser Aufnahme sollte sowohl der Weg im Vordergrund als auch die Landschaft im Hintergrund scharf werden. Bei dieser Brennweite genügte Blende *f*/8. Dabei wird bei dieser Brennweite, der verwendeten Kamera und der Fokusdistanz alles ab 1,5 Metern Entfernung scharf.

Nutzen Sie ein einzelnes Fokusfeld (AF-S). Richten Sie das aktive Fokusfeld auf das gewünschte Motivteil, drücken Sie den Auslöser halb durch und wählen Sie bei gedrücktem Auslöser den Bildausschnitt. Ich habe bei diesem Foto auf die Mitte der Brücke (Distanz ca. 2,5 Meter) fokussiert.

Kontrollieren Sie die Aufnahmen auf Schärfe. Nutzen Sie die Belichtungskorrektur (+/–), falls die Aufnahmen zu hell oder zu dunkel sind. Vermeiden Sie überbelichtete Bereiche, z. B. bei Wolken, mithilfe des Histogramms.

Nutzen Sie das warme Licht der goldenen Stunde am frühen Morgen oder späten Nachmittag.

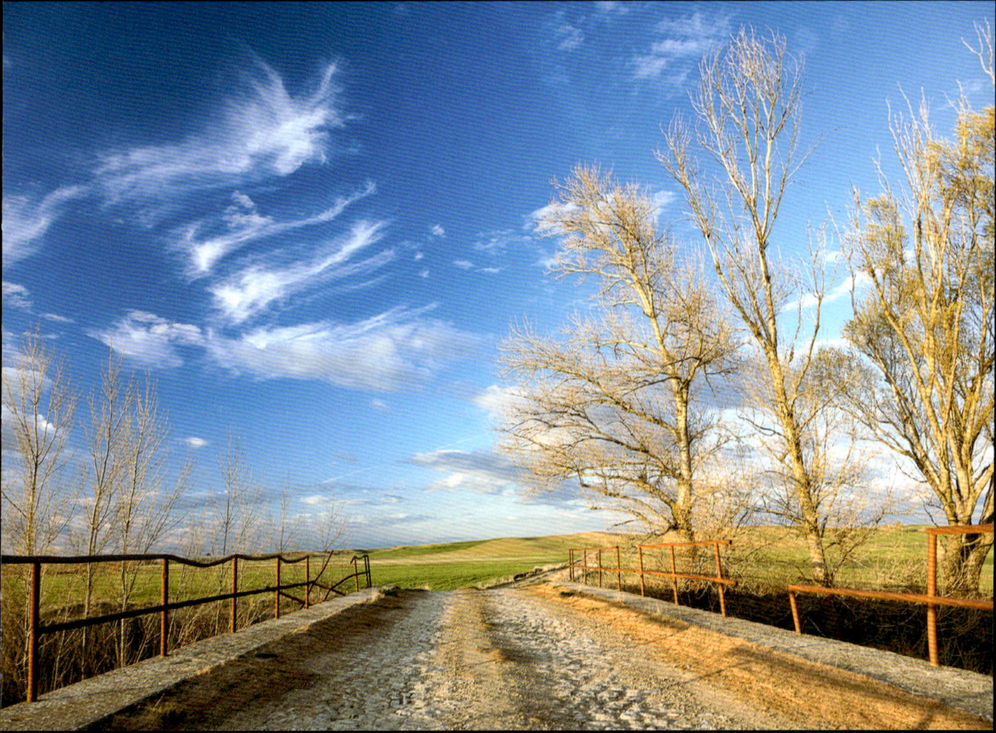

1/13 s | ƒ/8 | ISO 100 | 24 mm | KB

Blick nach unten

Dieses Regenschirmskelett habe ich nach einem heftigen Regen in New York fotografiert. Regenschirme sind dort preiswert und das Wetter manchmal extrem, schnell landen ausgediente Exemplare in Mülleimern oder auf der Straße. Der Vorteil bei solchen Motiven: Sie haben Zeit, das Motiv läuft nicht davon. Manchmal erntet man fragende Blicke, aber beim Fotografieren muss man manchmal ein dickes Fell haben.

Umsetzung

Nutzen Sie die Zeitautomatik (A/Av), wenn Sie die Schärfentiefe steuern möchten. Ich habe den Regenschirm von schräg oben fotografiert. Um den gesamte Bildausschnitt scharf abzulichten, genügte Blende *f*/9. Bei einer Aufnahme im rechten Winkel hätte es auch ein kleinerer Blendenwert getan.

Verwenden Sie ein einzelnes Fokusfeld (AF-S). Richten Sie das aktive Fokusfeld auf das gewünschte Motivteil, drücken Sie den Auslöser halb durch und wählen Sie bei gedrücktem Auslöser den Bildausschnitt.

Kontrollieren Sie die Aufnahmen auf Schärfe. Nutzen Sie die Belichtungskorrektur (+/−), falls die Aufnahmen zu hell oder zu dunkel sind. Sehr dunkle Motive wie im Bildbeispiel können den Belichtungsmesser irritieren. Die Aufnahmen werden oft zu hell. In diesem Fall habe ich die Belichtung um −1 EV korrigiert.

Achten Sie auch auf das, was direkt vor Ihren Füßen liegt.

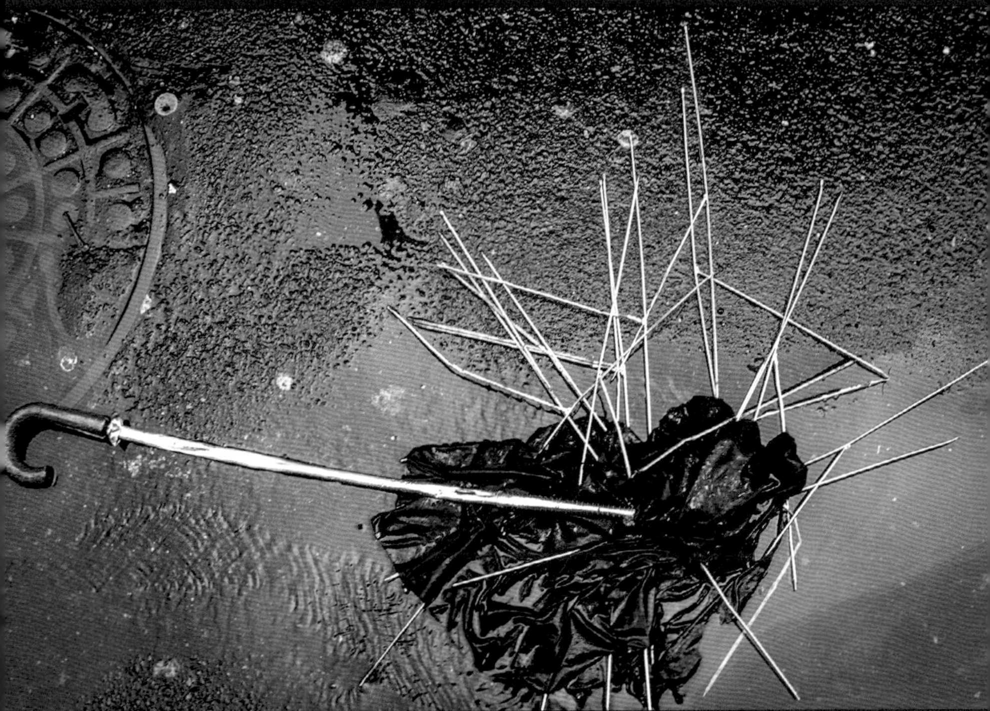

1/50 s | f/9 | ISO 100 | –1 EV | 50 mm | KB

Dynamik durch Verwacklung

Löschen Sie nicht jedes verwackelte Foto, manchmal sind diese Aufnahmen trotz allem die besseren Bilder. Nicht zuletzt kommt es auch darauf an, was Sie mit der Aufnahme verbinden. Die technische Perfektion ist nicht immer das Wesentliche.

Dieses Foto entstand auf der Peleponnes in Griechenland. Von diesem Motiv gibt es mehrere Aufnahmen, auch nicht verwackelte. Dieses Bild ist mein Lieblingsbild aus der Serie, trotz oder gerade wegen der Verwacklung.

Umsetzung

Mit etwas Erfahrung werden Sie merken, dass bei den genannten Aufnahmedaten nichts anderes zu erwarten war. Statt der genutzten 1/15 s wäre 1/200 s oder kürzer die bessere Wahl für eine Aufnahme aus der Hand gewesen. Meist versucht man Verwacklungen zu vermeiden, aber Sie können auch bewusst damit spielen.

Wenn Sie Verwacklungen bewusst einsetzen möchten, empfiehlt sich die Blendenautomatik (S/Tv). Stellen Sie zunächst eine Belichtungszeit von 1/15 s ein. Dies ist ein guter Ausgangswert für viele Wischeffekte und leichte Verwacklungen.

Nutzen Sie bei statischen Motiven ein einzelnes Fokusfeld (AF-S). Richten Sie das aktive Fokusfeld auf das gewünschte Motivteil, drücken Sie den Auslöser halb durch und wählen Sie bei gedrücktem Auslöser den Bildausschnitt.

Kontrollieren Sie die Aufnahmen. Nutzen Sie die Belichtungskorrektur (+/–), falls die Aufnahmen zu hell oder zu dunkel sind.

Bei Verwacklungen entstehen manchmal interessante Effekte, die den Motiven Dynamik verleihen.

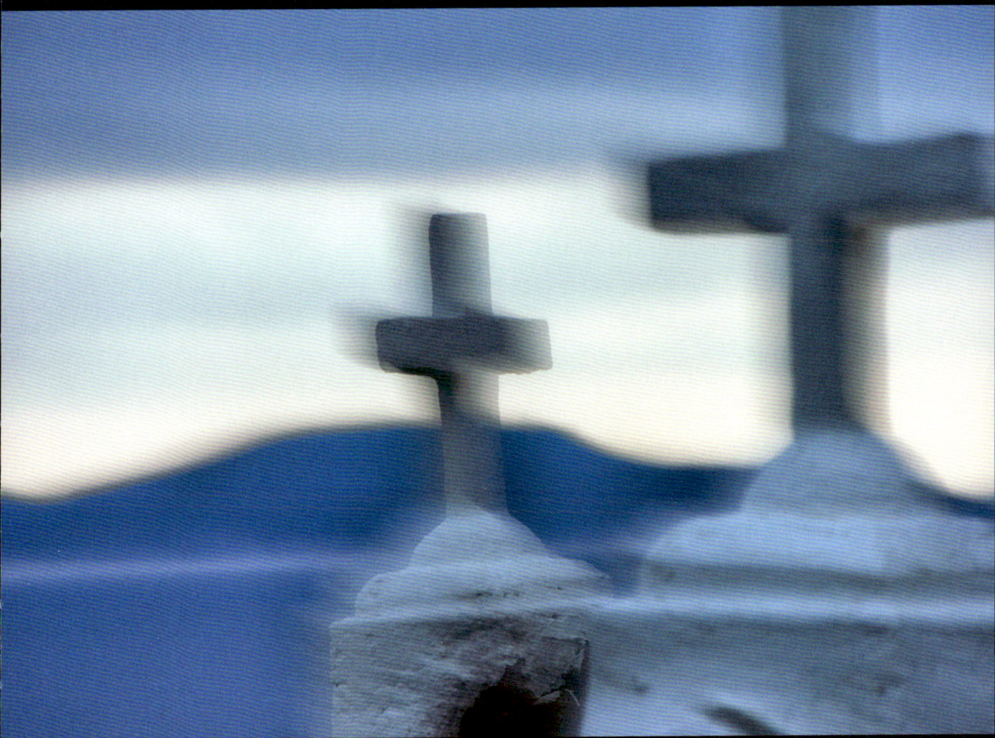

1/15 s | f/6.3 | ISO 200 | –1 EV | 200 mm | APS-C

Am Fenster

Fenster bieten tolles Licht für Porträts. Besonders beliebt sind Fenster in Richtung Norden, weil sie ein weiches und konstantes Licht liefern. Es muss übrigens nicht immer ein Fenster sein, auch Hauseingänge oder Unterführungen eignen sich. Wichtig ist, dass das Licht von vorn und nicht von oben kommt.

Umsetzung

Positionieren Sie Ihr Modell im Licht des Fensters und probieren Sie verschiedene Positionen und Entfernungen zum Fenster. Sie werden feststellen, dass Sie ein weiches Licht bekommen, wie es auch in Fotostudios für Porträts eingesetzt wird.

Für Porträtaufnahmen eignet sich besonders die Zeitautomatik (A/Av). Professionelle Porträts werden oft mit geringer Schärfentiefe gemacht, also mit kleiner Blendenzahl. Gehen Sie nicht zu dicht ran und nutzen Sie wenn möglich etwas längere Brennweiten (50 mm und mehr). Bei dieser Aufnahme habe ich, für Porträts relativ untypisch, eine kurze Brennweite eingesetzt.

Nutzen Sie für Porträts ein einzelnes Fokusfeld (AF-S). Richten Sie das aktive Fokusfeld auf das der Kamera näher liegende Auge, drücken Sie den Auslöser halb durch und wählen Sie bei gedrücktem Auslöser den Bildausschnitt.

Kontrollieren Sie die Aufnahmen auf Schärfe. Zoomen Sie hierfür ins Bild und achten Sie darauf, dass die Augen scharf sind. Nutzen Sie die Belichtungskorrektur (+/–), falls die Aufnahmen zu hell oder zu dunkel sind.

Tageslicht, das durch Fenster und Türen fällt, eignet sich gut für Porträts.

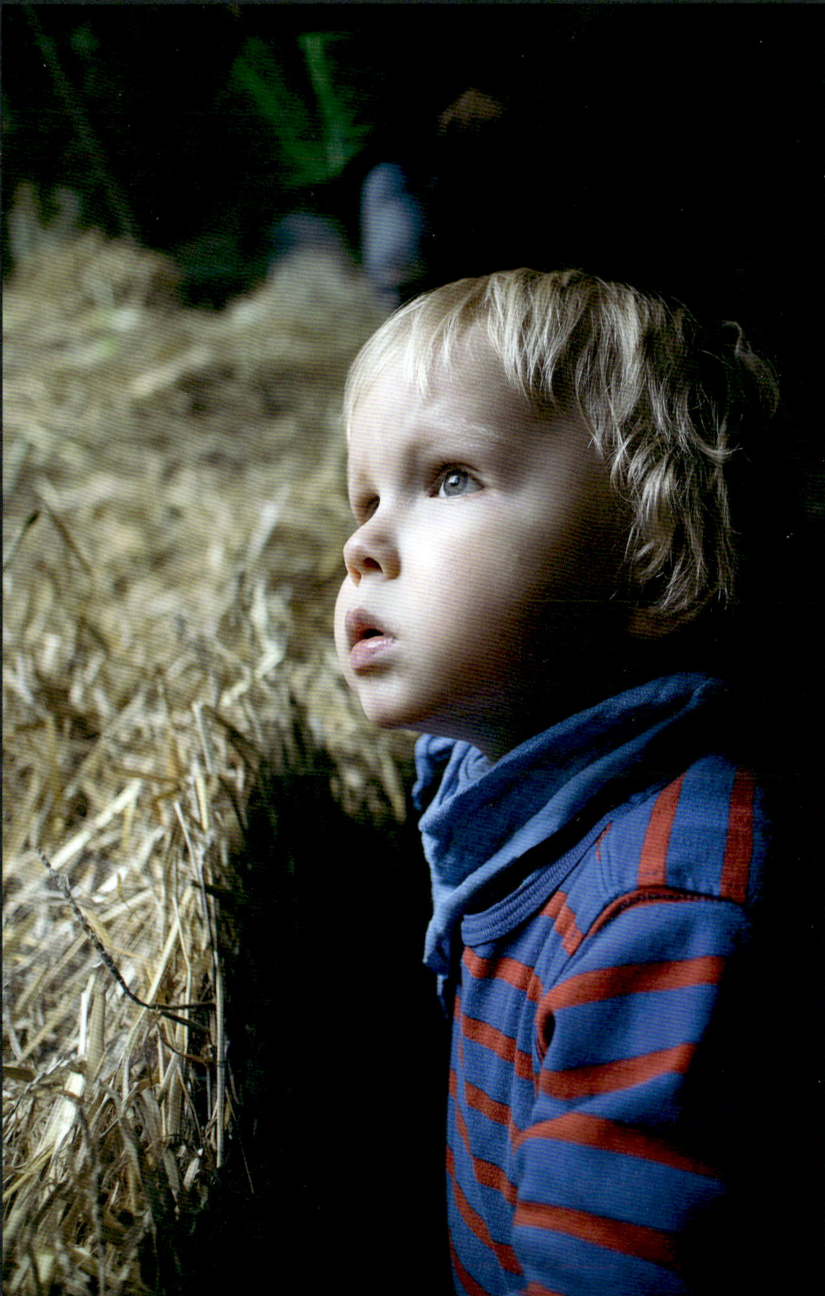

1/60 s | f/2.2 | ISO 250 | 22 mm | APS-C

Auf Augenhöhe

Kinder sind ein beliebtes Motiv. Viele Fotos entstehen aus der Perspektive von Erwachsenen (Obersicht). Dabei erhalten Sie störende perspektivische Verzerrungen mit überproportional großen Kinderköpfen. Das lässt sich vermeiden, wenn Sie beim Fotografieren auf Augenhöhe mit den Kindern gehen.

Umsetzung

In diesem Fall habe ich mit einem Blitz dezent aufgehellt, um jegliche Schatten unter den Augen zu eliminieren.

Für Porträtaufnahmen eignet sich besonders die Zeitautomatik (A/Av). Professionelle Porträts werden oft mit geringer Schärfentiefe gemacht, also mit kleiner Blendenzahl. Gehen Sie nicht zu dicht ran und nutzen Sie wenn möglich etwas längere Brennweiten (50 mm und mehr). Überlegen Sie sich, ob der Hintergrund scharf oder unscharf sein soll. Für einen unscharfen Hintergrund sollten Sie die Person nicht zu nah am Hintergrund positionieren, sonst wird dieser auch bei einem kleinen Blendenwert scharf. Wenn Sie wie im Beispiel schräg zu Wand fotografieren, sehen Sie den Verlauf der Schärfentiefe.

Nutzen Sie bei Porträts ein einzelnes Fokusfeld (AF-S). Richten Sie das aktive Fokusfeld auf das der Kamera näher liegende Auge, drücken Sie den Auslöser halb durch und wählen Sie bei gedrücktem Auslöser den Bildausschnitt.

Kontrollieren Sie die Aufnahmen auf Schärfe: Achten Sie darauf, dass die Augen scharf sind. Nutzen Sie die Belichtungskorrektur (+/–), falls die Aufnahmen zu hell oder zu dunkel sind.

Fotografieren Sie Kinder auf Augenhöhe und fokussieren Sie auf die Augen.

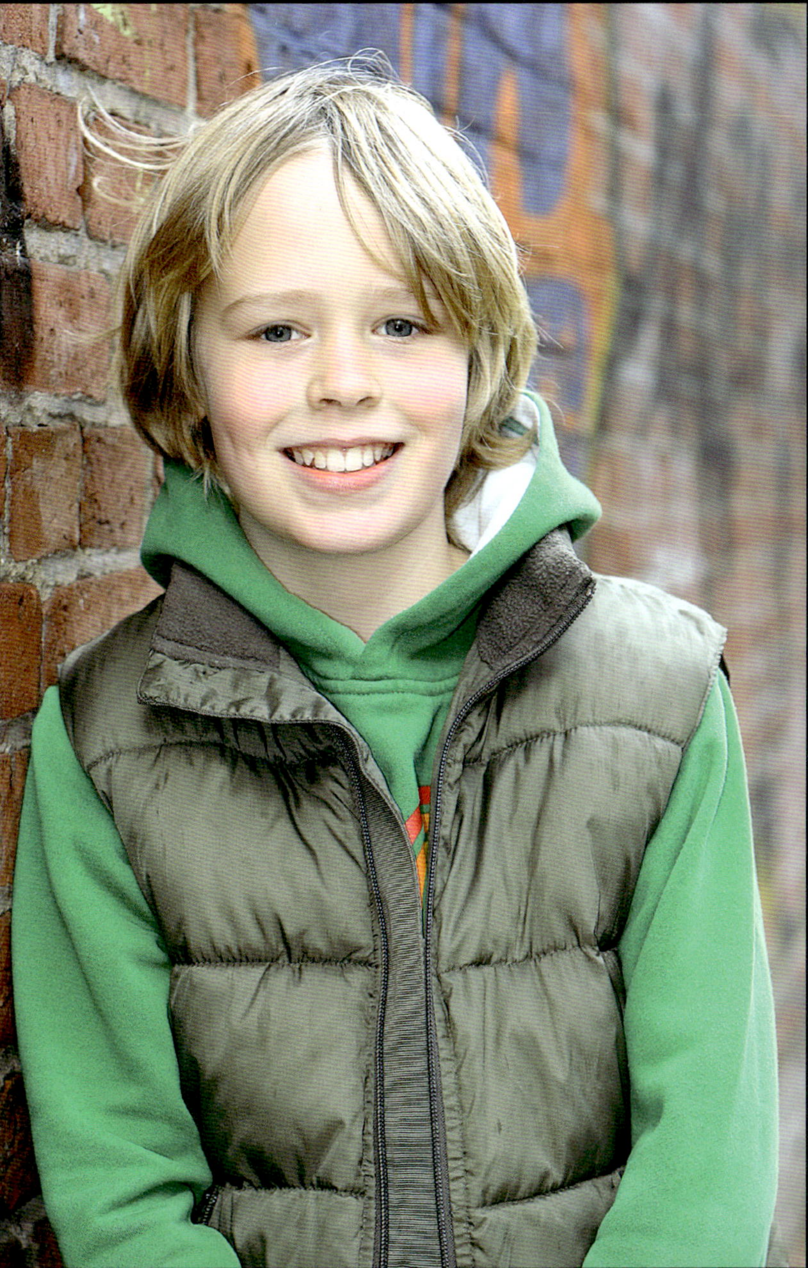

Über den Dächern

Diese Aufnahme entstand über den Dächern von Paris. Nutzen Sie den Blick aus Fenstern, von Terrassen, Dächern und zeigen Sie die Stadt von einer anderen Seite.

Umsetzung

Das Foto habe ich mit einem Teleobjektiv aufgenommen. Dadurch entsteht die dichte (gestauchte) Bildwirkung.

Nutzen Sie die Zeitautomatik (A/Av). Wenn der Hintergrund schärfer werden soll, erhöhen Sie die Blendenzahl, wenn er unschärfer werden soll, verwenden Sie eine kleinere Blendenzahl. Aufgrund der großen Distanz (mehr als 400 m) genügte bei der verwendeten Kamera und Brennweite bereits ein Blendenwert von *f*/5.6.

Wählen Sie ein einzelnes Fokusfeld (AF-S). Richten Sie das aktive Fokusfeld auf das gewünschte Motivteil, drücken Sie den Auslöser halb durch und wählen Sie bei gedrücktem Auslöser den Bildausschnitt. Bei dieser Aufnahme habe ich auf die Kirche im Vordergrund fokussiert.

Kontrollieren Sie die Aufnahmen auf Schärfe. Nutzen Sie die Belichtungskorrektur (+/–), falls die Aufnahmen zu hell oder zu dunkel sind. Achten Sie darauf, dass helle Gebäude oder Wolken nicht überbelichtet werden. Das Histogramm bietet Ihnen eine Orientierungshilfe.

Nutzen Sie Ausblicke von oben.

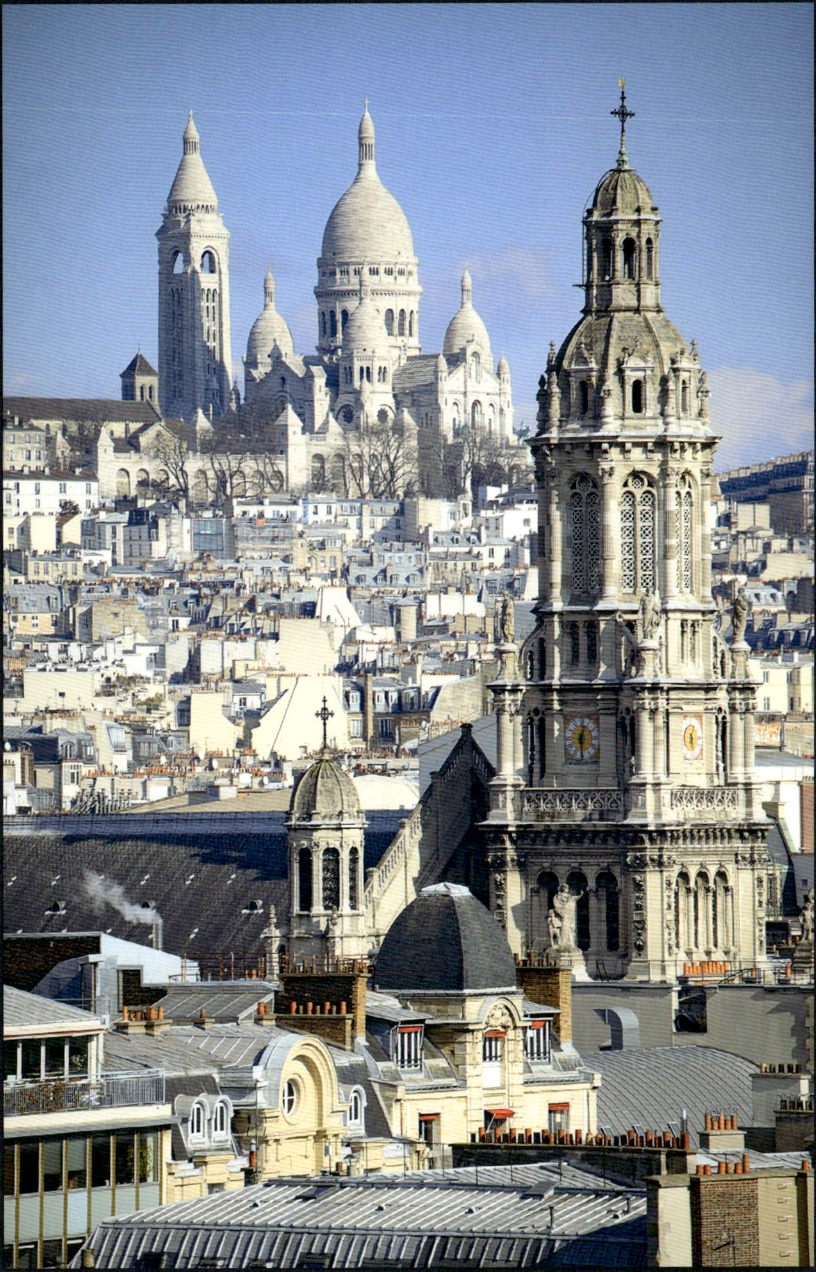

1/1000 s | f/5.6 | ISO 100 | 250 mm | KB

Ungewohnte Perspektiven

Porträts werden meist auf Augenhöhe aufgenommen. Dabei wird in der Regel mit einer längeren Brennweite und mit etwas Abstand fotografiert, um perspektivische Verzerrungen zu vermeiden. Dieses Porträt aus der Vogelperspektive bricht mit diesen Regeln – für den Anfang sind Regeln sehr gut, aber später sollten Sie sich ab und zu bewusst darüber hinwegsetzen.

Umsetzung

Diese Aufnahme entstand bei Bewölkung. Das weiche Licht an diesen Tagen eignet sich hervorragend für Porträtaufnahmen. Für dieses Foto habe ich (für Porträts eher untypisch) eine Brennweite von 20 mm genutzt. Die Vogelperspektive entsteht durch die erhöhte Position von einer Treppe aus.

Für Porträtaufnahmen eignet sich besonders die Zeitautomatik (A/Av). Professionelle Porträts werden oft mit geringer Schärfentiefe gemacht, also mit kleiner Blendenzahl. In diesem Fall sorgt hingegen das Weitwinkelobjektiv in Verbindung mit der gewählten Blende für eine große Schärfentiefe, so dass auch der Boden deutlich zu erkennen ist.

Nutzen Sie für Porträts ein einzelnes Fokusfeld (AF-S). Richten Sie das aktive Fokusfeld auf das der Kamera näher liegende Auge, drücken Sie den Auslöser halb durch und wählen Sie bei gedrücktem Auslöser den Bildausschnitt.

Kontrollieren Sie die Aufnahmen auf Schärfe. Achten Sie darauf, dass die Augen scharf sind. Nutzen Sie die Belichtungskorrektur (+/–), falls die Aufnahmen zu hell oder zu dunkel sind.

Experimentieren Sie mit ungewohnten Perspektiven.

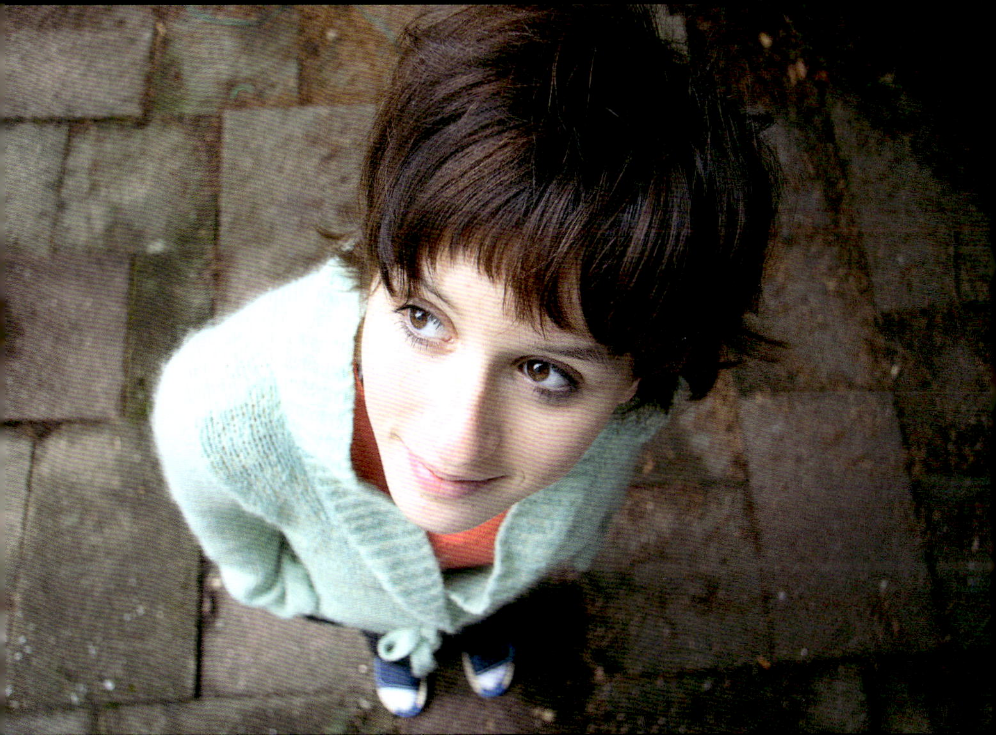

1/40 s | ƒ/4.5 | ISO 800 | –1/3 EV | 20 mm | APS-C

Der Reiz des Vergänglichen

Viele Fotografen schätzen den Reiz des Vergänglichen. Hausfassaden wie hier in Portugal sind ein tolles Feld, wenn der Putz bröckelt, der Blick auf vergangene Zeiten frei wird und sich abstrakte Formen und tolle Farbspiele offenbaren.

Umsetzung

Bei dieser Aufnahme habe ich darauf geachtet, dass die Kamera im rechten Winkel zur Wand ausgerichtet und nicht nach unten oder oben geneigt war. Dadurch wird dieses Motiv möglichst wenig perspektivisch verzerrt.

Nutzen Sie die Zeitautomatik (A/Av), wenn Sie die Schärfentiefe steuern möchten. In diesem Fall hatte die Blendenzahl nur wenig Wirkung, da das Motiv nur wenig räumliche Tiefe besitzt.

Hier sorgte die ISO-Automatik bei ISO 400 für eine verwacklungsfreie Freihandaufnahme. Um eine maximale Bildqualität zu erreichen, sollten Sie je nach Licht ein Stativ mit Fernauslöser nutzen. Setzen Sie dann die ISO-Zahl auf einen niedrigen Wert.

Nutzen Sie ein einzelnes Fokusfeld (AF-S). Richten Sie das aktive Fokusfeld auf das gewünschte Motivteil, drücken Sie den Auslöser halb durch und wählen Sie bei gedrücktem Auslöser den Bildausschnitt.

Kontrollieren Sie die Aufnahmen auf Schärfe. Verwenden Sie bei Bedarf die Belichtungskorrektur. Wenn Sie sich unsicher sind, können Sie auch Aufnahmen mit verschiedenen Korrekturen machen (Belichtungsreihe).

Wenn Sie perspektivische Verzerrungen minimieren möchten, sollten Sie Ihre Kamera im 90°-Winkel zum Motiv ausrichten.

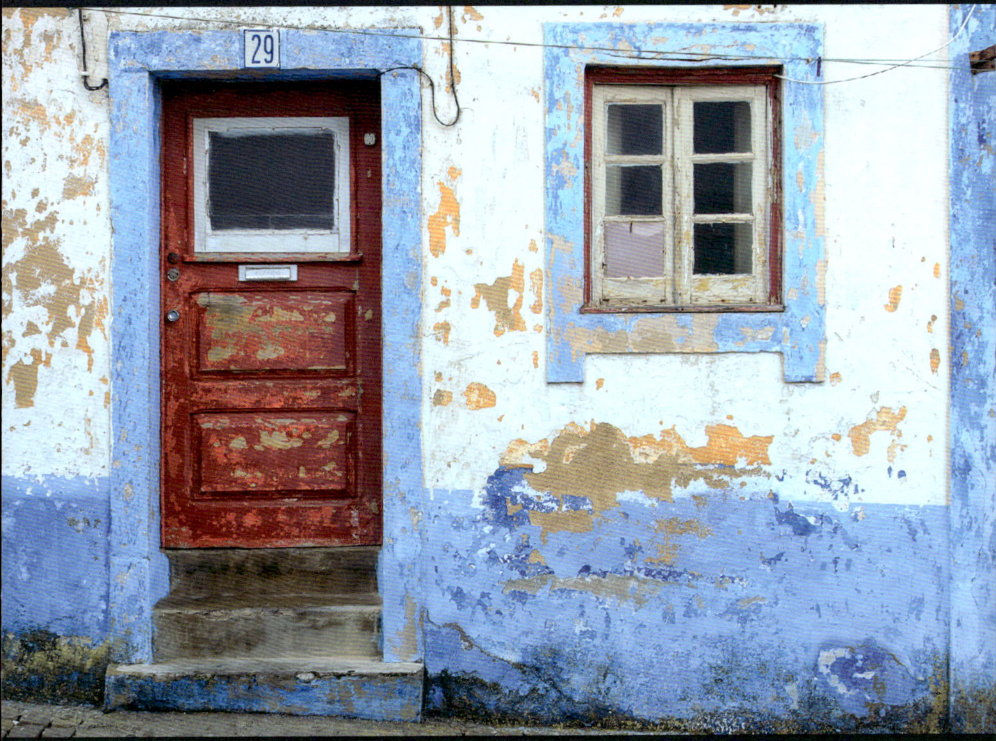

1/40 s | f/7.1 | ISO 400 | 45 mm | KB

Farbe oder Schwarz-Weiß?

Diese Aufnahme entstand an der Bretagneküste, links oben das Ausgangsbild in Farbe, rechts unten eine Umwandlung in Schwarz-Weiß.

Umsetzung

Wenn Sie Schwarz-Weiß-Fotos machen möchten, können Sie das bei den meisten Kameras direkt einstellen. Mein Tipp: Fotografieren Sie zunächst in Farbe und wandeln Sie das Farbfoto mit einer Bildbearbeitungssoftware in Schwarz-Weiß um. Dadurch haben Sie deutlich mehr Einfluss auf das Bildergebnis.

Stellen Sie die Zeitautomatik (A/Av) ein. Schärferer Hintergrund – höhere Blendenzahl, unschärferer Hintergrund – kleinere Blendenzahl. Bei dieser Aufnahme sollten Felsen und Himmel scharf werden, Blende *f*/10 war bei der gewählten Brennweite ausreichend.

Nutzen Sie ein einzelnes Fokusfeld (AF-S). Richten Sie das aktive Fokusfeld auf das gewünschte Motivteil, drücken Sie den Auslöser halb durch und wählen Sie bei gedrücktem Auslöser den Bildausschnitt. Bei dieser Aufnahme habe ich auf die Felsen im Vordergrund fokussiert.

Kontrollieren Sie die Aufnahmen auf Schärfe. Nutzen Sie die Belichtungskorrektur (+/–), falls die Aufnahmen zu hell oder zu dunkel sind. Vermeiden Sie überbelichtete Bereiche, z. B. bei Wolken, mithilfe des Histogramms.

Fotografieren Sie für Schwarz-Weiß-Fotos zunächst in Farbe und nutzen Sie dann eine Bildbearbeitungssoftware zur Konvertierung in Schwarz-Weiß.

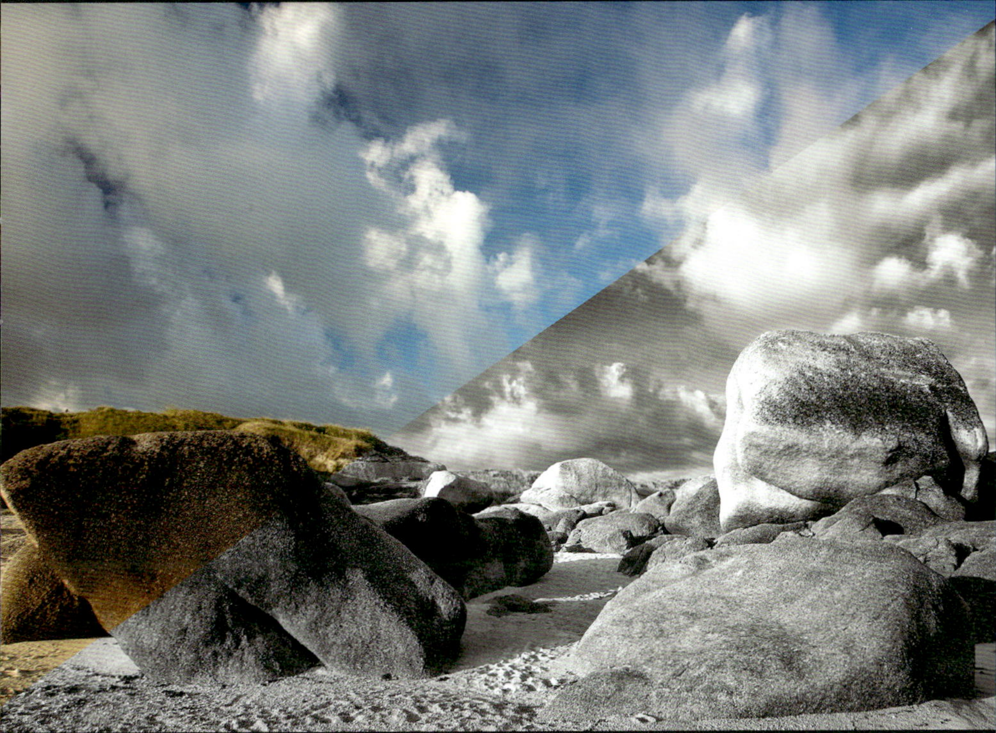

1/40 s | f/10 | ISO 100 | –1/3 EV | 24 mm | KB

Dicht gedrängt

Am frühen Morgen ist nicht nur das Licht besonders. Viele Orte sind um diese Zeit noch menschenleer und bieten interessante Motive. Diese Strandszene wurde auf Kreta aufgenommen. Die Morgensonne taucht die verlassenen Liegestühle in warmes Licht.

Umsetzung

Die lange Brennweite von 200 mm verdichtet das Motiv. Die Sonnenschirme wirken aus dieser Perspektive, als wären sie nah beieinander. Die hintereinanderliegenden Schirmreihen werden dabei annähernd gleich groß dargestellt. Den Bildausschnitt habe ich bewusst eng gewählt, um das Muster der Sonnenschirme und Liegen zu betonen.

Nutzen Sie die Zeitautomatik (A/Av), wenn Sie die Schärfentiefe steuern möchten. Bei dieser Aufnahme sind bei der gewählten Blende *f*/6.3 lediglich die ersten beiden Schirme absolut scharf, nach hinten lässt die Schärfe etwas nach.

Verwenden Sie ein einzelnes Fokusfeld (AF-S). Richten Sie das aktive Fokusfeld auf das gewünschte Motivteil, drücken Sie den Auslöser halb durch und wählen Sie bei gedrücktem Auslöser den Bildausschnitt. Bei dieser Aufnahme habe ich auf die vordere Schirmreihe fokussiert.

Kontrollieren Sie die Aufnahmen auf Schärfe. Nutzen Sie die Belichtungskorrektur (+/–), falls die Aufnahmen zu hell oder zu dunkel sind. Vermeiden Sie überbelichtete Bereiche. Das Histogramm bietet Ihnen eine Orientierungshilfe.

Am frühen Morgen sind viele Orte noch menschenleer – das bietet die Möglichkeit für besondere Fotos.

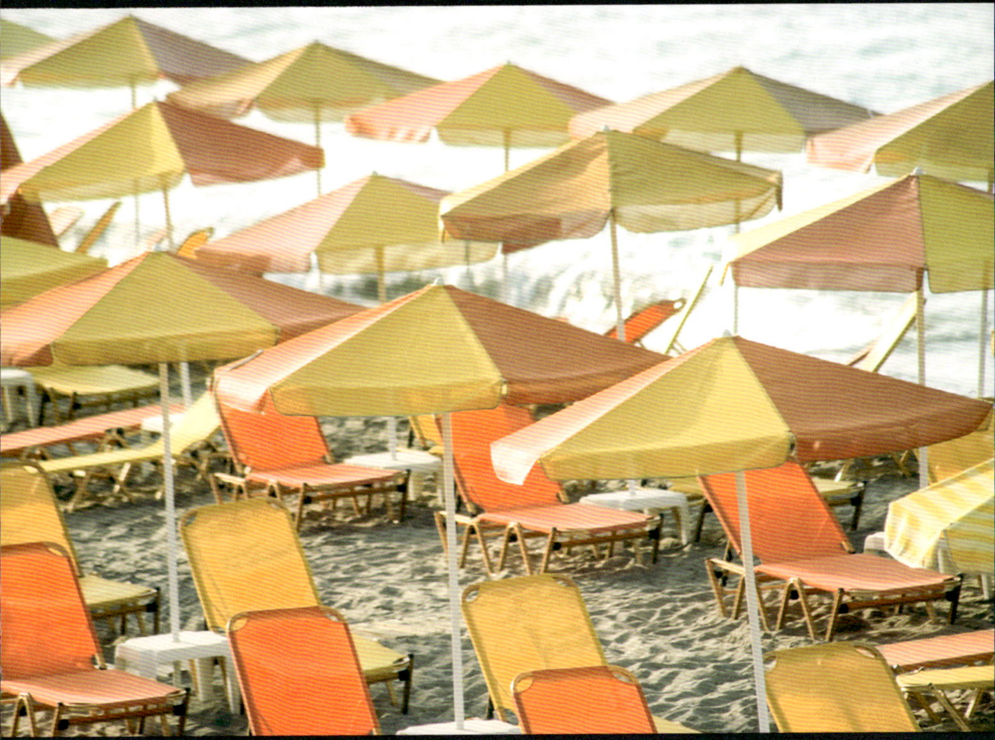

1/250 s | f/6.3 | ISO 100 | 200 mm | KB

Blick aufs Meer

Diese Aufnahme entstand bei einer Wanderung auf Korsika. Das Bild enthält nur wenige Elemente, die geringe Schärfentiefe führt zu einer weiteren Reduktion. Der Betrachter ist gefordert, die Unschärfe zu entziffern.

Umsetzung

Für das Bild habe ich eine sehr lange Brennweite genutzt. Um eine verwacklungsfreie Aufnahme bei niedrigen ISO-Werten zu erreichen, setzte ich ein Einbeinstativ ein, bei Tageslicht oft eine bequeme Alternative zum Dreibeinstativ. Das satte Blau des Meeres ist auf einen Polfilter zurückzuführen.

Verwenden Sie die Zeitautomatik (A/Av). Probieren Sie verschiedene Blendeneinstellungen: Nicht immer ist die geringste Schärfentiefe die beste Wahl. Manchmal muss genügend Schärfe bleiben, um den Hintergrund zu erkennen. Die starke Unschärfe im Beispiel funktioniert, weil die Form eindeutig ist und man das Segelboot noch erkennt.

Nutzen Sie ein einzelnes Fokusfeld (AF-S). Richten Sie das aktive Fokusfeld auf das gewünschte Motivteil, drücken Sie den Auslöser halb durch und wählen Sie bei gedrücktem Auslöser den Bildausschnitt. Hier habe ich auf die Äste im Vordergrund fokussiert.

Kontrollieren Sie die Aufnahmen auf Schärfe. Nutzen Sie die Belichtungskorrektur (+/–), falls die Aufnahmen zu hell oder zu dunkel sind. Vermeiden Sie überbelichtete Bereiche mithilfe des Histogramms. In diesem Fall habe ich leicht unterbelichtet, damit keine Informationen in den hellen Bereichen verloren gehen.

Es muss nicht immer ein Weitwinkel für die Landschaftsfotografie sein. Auch mit Telebrennweiten können Sie interessante Effekte erzielen.

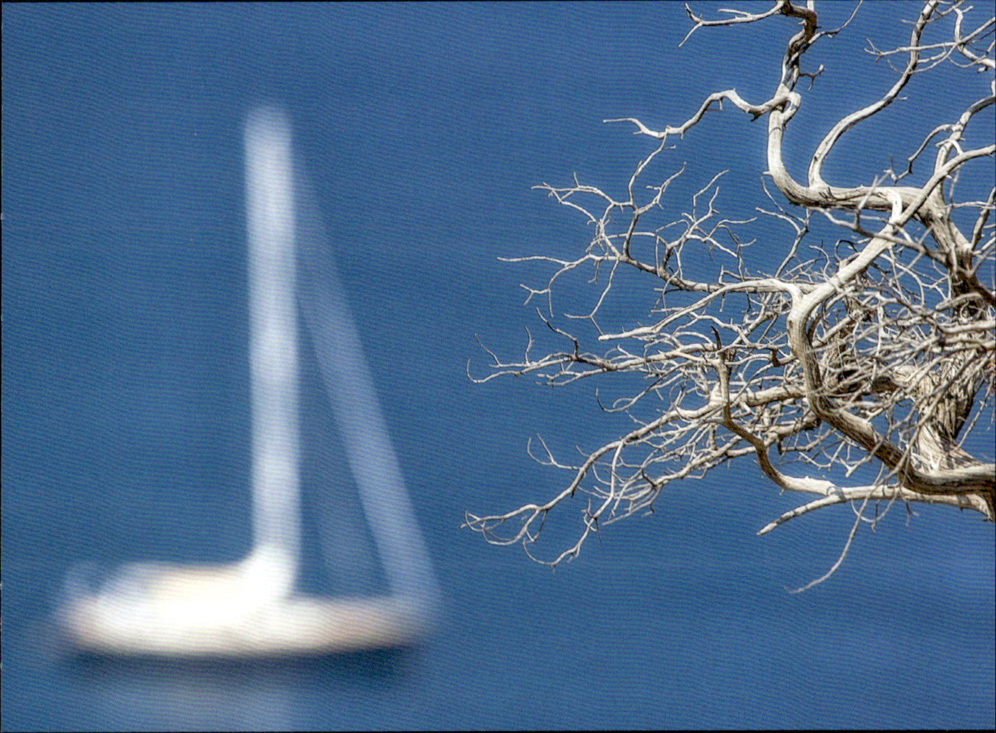

1/160 s | f/7.1 | ISO 100 | −2/3 EV | 350 mm | APS-C

Unscharf

Mit dem manuellen Fokus lässt sich toll experimentieren. Wie sieht das Motiv mit „falscher“ Fokussierung aus? Details werden unsichtbar, der Interpretationsspielraum wird größer. Der Betrachter ist gefordert, das Bild im Kopf zu vervollständigen. Diese Aufnahme entstand in einer WG-Küche. Die Lichtquelle im Hintergrund bildet eine Leuchtstoffröhre oberhalb eines Spülbeckens. Illusion zerstört?

Umsetzung

Probieren Sie die verschiedenen Weißabgleicheinstellungen durch, wenn Sie die Lichtstimmung beeinflussen möchten. In diesem Fall habe ich die Einstellung „Leuchtstoffröhrenlicht“ verwendet. Wenn Sie im RAW-Format fotografieren, können Sie diese Einstellungen bei der Bildbearbeitung vornehmen.

Wählen Sie die Zeitautomatik (A/Av). Stellen Sie die kleinste Blendenzahl ein, so können Sie im Sucher oder am Display gut abschätzen, wie die Fokuseinstellung das Foto beeinflusst.

Nutzen Sie den manuellen Fokus und stellen Sie die gewünschte „Schärfe“ ein. Achten Sie darauf, dass Ihr Hauptmotiv klare Formen aufweist und sich vom Hintergrund abhebt. Sie können Unschärfen auch in der Bildbearbeitung erzeugen, aber das Spielen mit dem manuellen Fokus macht mehr Spaß und Sie lernen Ihre Kamera besser kennen.

Nutzen Sie die Belichtungskorrektur (+/–), falls die Aufnahmen zu hell oder zu dunkel sind. Vermeiden Sie überbelichtete Bereiche. Das Histogramm bietet Ihnen eine Orientierungshilfe.

Nutzen Sie den manuellen Fokus und experimentieren Sie mit Unschärfe.

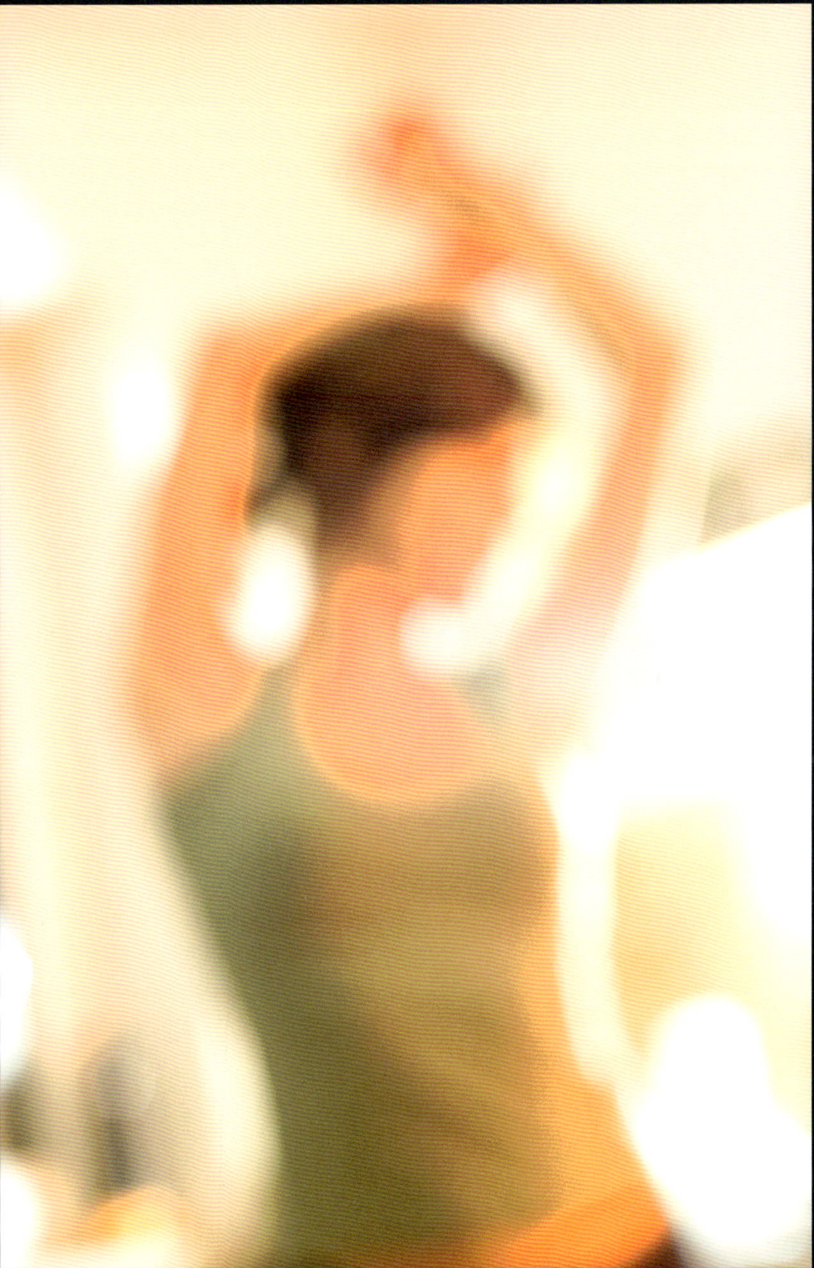

1/5 s | f/3.5 | ISO 1600 | 50 mm | APS-C

Strand im Gegenlicht

Diese Aufnahme entstand im Südosten Kubas. Hartes Gegenlicht kann einem Farbfoto eine monochrome Anmutung geben. Oft einsteht eine besondere Atmosphäre im Wechsel von Licht und Schatten. Objekte werden im Gegenlicht auf ihre Silhouetten reduziert. Dies ist vor allem bei eindeutigen Formen wie hier den Palmen interessant.

Umsetzung

Nutzen Sie die Zeitautomatik (A/Av). Wenn der Hintergrund schärfer werden soll, müssen Sie die Blendenzahl erhöhen, wenn der Hintergrund unschärfer werden soll, benötigen Sie eine kleinere Blendenzahl. Bei dieser Aufnahme sollten sowohl der Ast als auch die Berge im Hintergrund scharf werden, daher habe ich eine große Blendenzahl eingestellt.

Fokussiert wurde das vordere Drittel des Bildausschnitts. Nutzen Sie ein einzelnes Fokusfeld (AF-S). Richten Sie das aktive Fokusfeld auf das gewünschte Motivteil, drücken Sie den Auslöser halb durch und wählen Sie bei gedrücktem Auslöser den Bildausschnitt. In diesem Fall habe ich auf das untere Bilddrittel in einer Distanz von 15 bis 20 Metern fokussiert, um die Schärfentiefe maximal auszunutzen.

Kontrollieren Sie die Aufnahmen auf Schärfe. Nutzen Sie die Belichtungskorrektur (+/–), falls die Aufnahmen zu hell oder zu dunkel sind. Leicht erhalten Sie in diesen Lichtsituationen überbelichtete Bereiche im Wasser oder das Bild wird zu dunkel. Wenn Sie sichergehen möchten, machen Sie mehrere Aufnahmen mit unterschiedlichen Korrekturen (Belichtungsreihe).

Wasser und Gegenlicht ist eine tolle Kombination für Fotos.

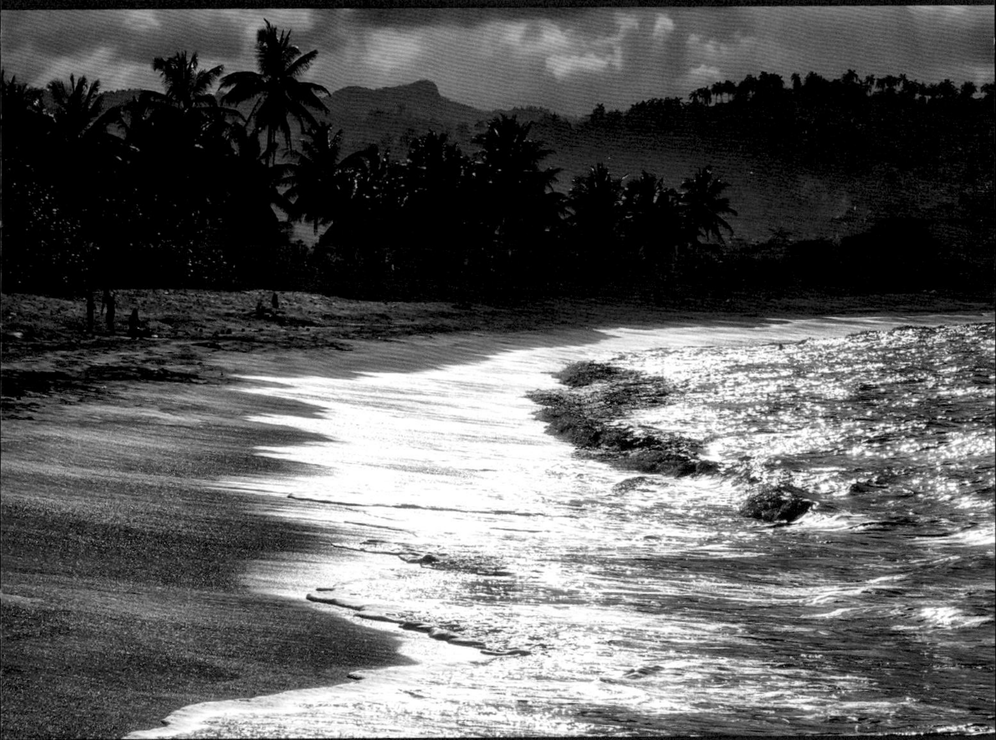

1/1250 s | f/14 | ISO 100 | 75 mm | APS-C

Pfützen

Spiegelungen in Pfützen sind nicht nur in der Landschaftsfotografie interessant. Auch für Nachtaufnahmen bieten sie tolle Möglichkeiten. Dabei kommen Licht und Farbe in Bereiche, die sonst schwarz wären.

Umsetzung

Die Aufnahme wurde aus geringer Höhe mit einem 18-mm-Weitwinkel fotografiert. Ein tiefer Kamerastandort bietet sich bei Weitwinkelobjektiven oft an, dadurch lässt sich der Vordergrund gestalten und die Tiefenwirkung steigern.

Stellen Sie die Zeitautomatik (A/Av) ein. Schärferer Hintergrund – höhere Blendenzahl, unschärferer Hintergrund – kleinere Blendenzahl. Bei dieser Aufnahme wollte ich sowohl die Pfütze im Vordergrund als auch die Bäume im Hintergrund scharf abbilden, daher habe ich mich für eine große Blendenzahl entschieden.

Nutzen Sie ein einzelnes Fokusfeld (AF-S). Richten Sie das Fokusfeld auf das gewünschte Motivteil, drücken Sie den Auslöser halb durch und wählen Sie bei gedrücktem Auslöser den Bildausschnitt. Bei dieser Aufnahme habe ich auf die Spiegelung im Wasser fokussiert.

Kontrollieren Sie die Aufnahmen auf Schärfe. Nutzen Sie die Belichtungskorrektur (+/–), falls die Aufnahmen zu hell oder zu dunkel sind. Bei diesem Bild habe ich um –1 EV korrigiert. Dadurch werden die hellen Bereiche am Horizont nicht überbelichtet. Zudem werden die Silhouetten der Bäume im Hintergrund betont.

Pfützen und nasse Straßen bieten einen interessanten Vordergrund.

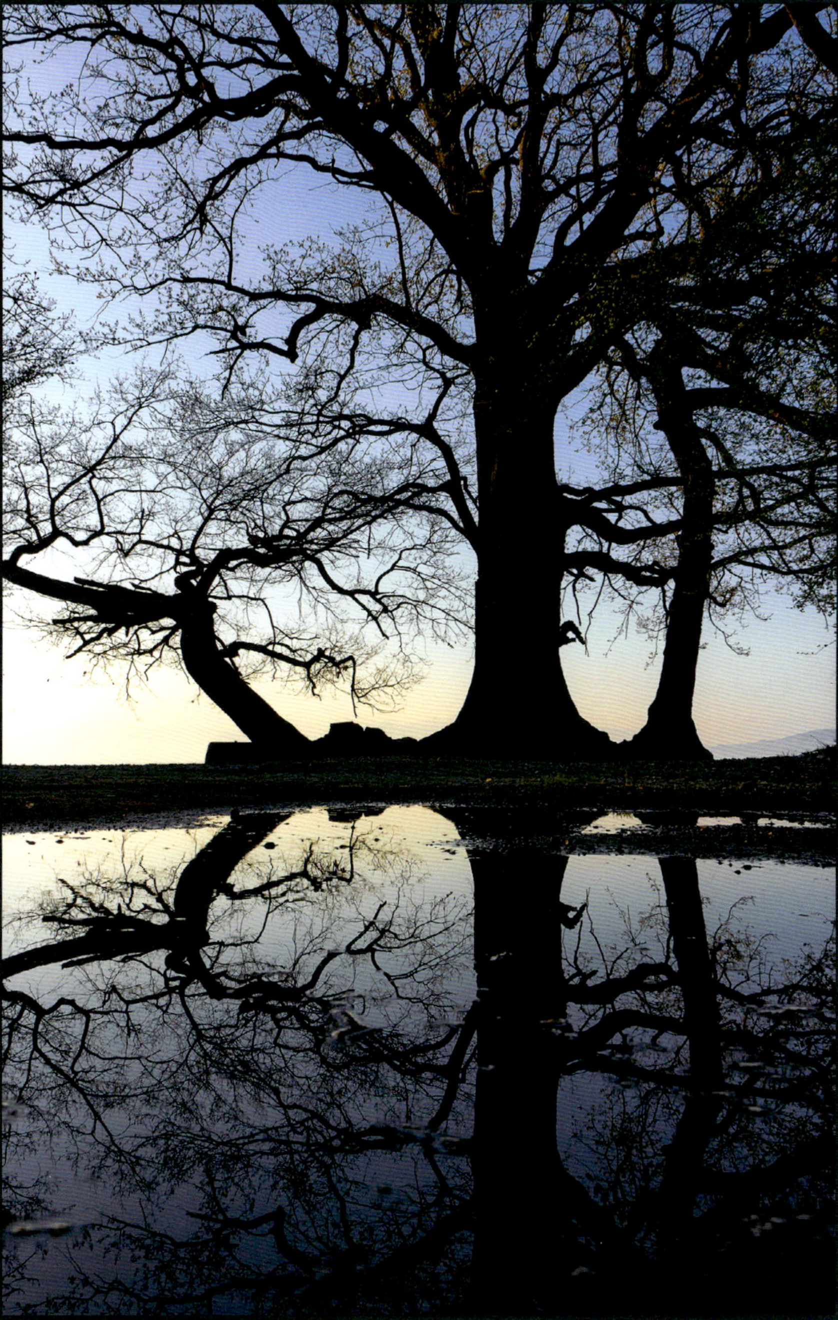

1/160 s | f/10 | ISO 100 | –1 EV | 18 mm | APS-C

Im Wald

In Wäldern zu fotografieren ist nicht immer einfach. An sonnigen Tagen hat man oft das Problem, dass einzelne Bereiche durch Lichtstrahlen sehr hell und andere Bereiche sehr dunkel werden. Anders ist es bei bewölktem Himmel. Die Kontraste sind bei diesem Licht geringer und es lenken keine Schatten vom fotografierten Objekt ab. Dieses Licht ist auch für Architekturfotografie sehr interessant.

Umsetzung

In Wäldern ist es oft relativ dunkel. Verwenden Sie ein Stativ oder legen Sie die Kamera auf einen festen Untergrund. Jede Berührung der Kamera kann zu Verwacklungen führen, nutzen Sie daher einen Fernauslöser oder aktivieren Sie den Selbstauslöser der Kamera. Schalten Sie (falls vorhanden) den Bildstabilisator aus.

Wählen Sie die Zeitautomatik (A/Av), wenn Sie die Schärfentiefe steuern möchten. Stellen Sie den ISO-Wert auf einen niedrigen Wert, wenn Sie mit Stativ fotografieren. Sollten Sie aus der Hand fotografieren, achten Sie auf entsprechend kurze Belichtungszeiten. Gegebenenfalls müssen Sie den ISO-Wert manuell erhöhen. Dadurch vermeiden Sie störendes Bildrauschen.

Nutzen Sie bei Stativaufnahmen den manuellen Fokus. Damit können Sie mehrere Aufnahmen machen, ohne immer wieder neu zu fokussieren. In diesem Fall habe ich auf den Baum links vorne fokussiert.

Kontrollieren Sie die Aufnahmen auf Schärfe. Nutzen Sie die Belichtungskorrektur (+/–), falls die Aufnahmen zu hell oder zu dunkel sind. Vermeiden Sie überbelichtete Bereiche. Das Histogramm bietet Ihnen eine Orientierungshilfe.

Viele Motive lassen sich bei bedecktem Himmel leichter fotografieren.

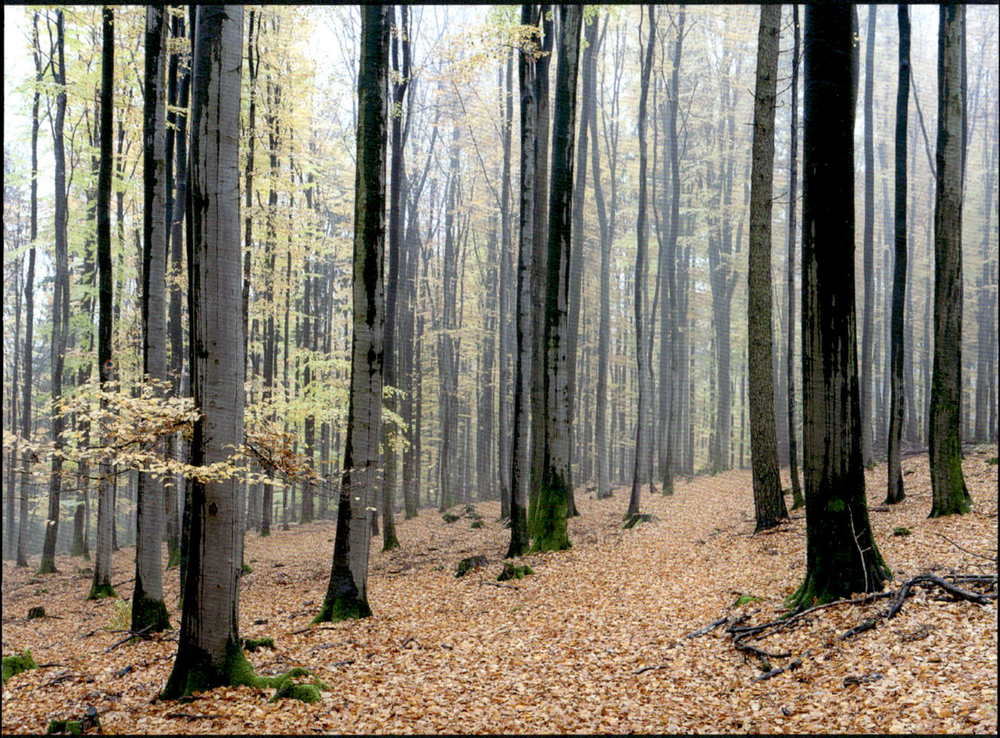

1/20 s | f/4.5 | ISO 200 | 23 mm | APS-C

Beobachter

Ein weiteres Beispiel aus Kuba und wieder ein Oldtimer. Der Bildaufbau erinnert an filmische Mittel: Aus dem geschützten Raum des Fahrzeugs im Vordergrund führt der Blick auf das Hauptmotiv. Aus diesem Bildaufbau entsteht Tiefe und Distanz. Der Betrachter fühlt sich in eine beobachtende Rolle versetzt.

Umsetzung

Nutzen Sie die Zeitautomatik (A/Av). Wenn der Vorder- und Hintergrund schärfer werden sollen, müssen Sie die Blendenzahl erhöhen, wenn sie unschärfer werden sollen, benötigen Sie eine kleinere Blendenzahl. Bei dieser Aufnahme sollte das Fahrzeuginnere im Vordergrund unscharf, aber erkennbar bleiben. Bei dieser Aufnahme habe ich mich für Blende *f*/5 entschieden.

Nutzen Sie ein einzelnes Fokusfeld (AF-S). Richten Sie das Fokusfeld auf das gewünschte Motivteil, drücken Sie den Auslöser halb durch und wählen Sie bei gedrücktem Auslöser den Bildausschnitt. In diesem Fall habe ich auf das Fahrzeug im Hintergrund fokussiert. Je nach Vordergrund kann es sein, dass der Autofokus nicht wie gewünscht scharfstellt. Verwenden Sie in diesen Fällen den manuellen Fokus.

Kontrollieren Sie die Aufnahmen auf Schärfe. Nutzen Sie die Belichtungskorrektur (+/–), falls die Aufnahmen zu hell oder zu dunkel sind. Vermeiden Sie überbelichtete Bereiche mithilfe des Histogramms.

Rahmen vermitteln auch eine Beobachtungsperspektive.
Nutzen Sie diese Wirkung.

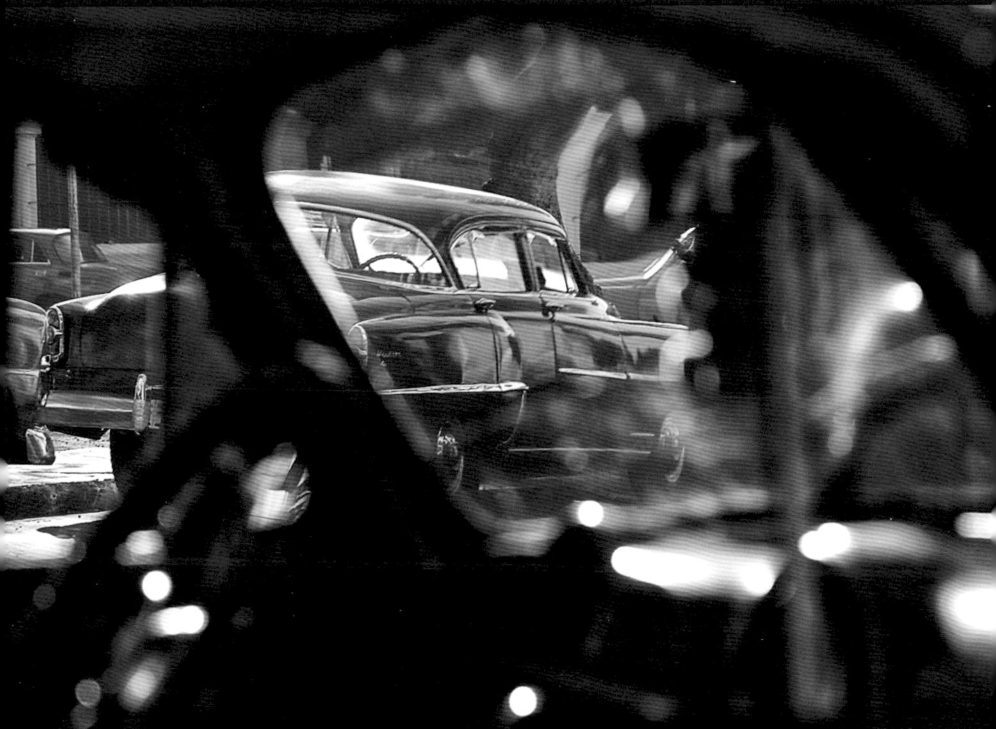

1/200 s | f/5 | ISO 100 | 105 mm | APS-C

Mit Vordergrund

Der Blick aufs Wasser ohne Vordergrund wirkt schnell beliebig. Gehen Sie bei der Suche nach Motiven nicht direkt ans Wasser, sondern bleiben Sie in der „zweiten Reihe“. Vielleicht entdecken Sie einen interessanten Vordergrund.

Umsetzung

Nehmen Sie die Zeitautomatik (A/Av), wenn Sie die Schärfentiefe steuern möchten. Bei dieser Aufnahme sollten sowohl die Bäume im Vordergrund als auch die Berge im Hintergrund scharf werden. In diesem Fall habe ich mich für Blende *f*/9 entschieden. Bei der gewählten Brennweite kann bei diesem Blendenwert alles ab einer Distanz von ca. drei Metern scharf abgebildet werden.

Nutzen Sie ein einzelnes Fokusfeld (AF-S). Richten Sie das Fokusfeld auf das gewünschte Motivteil, drücken Sie den Auslöser halb durch und wählen Sie bei gedrücktem Auslöser den Bildausschnitt. Bei dieser Aufnahme habe ich auf die Bäume im Vordergrund fokussiert.

Kontrollieren Sie die Aufnahmen auf Schärfe. Nutzen Sie die Belichtungskorrektur (+/–), falls die Aufnahmen zu hell oder zu dunkel sind. Vermeiden Sie überbelichtete Bereiche. Das Histogramm bietet Ihnen eine Orientierungshilfe. In diesem Fall habe ich um –1 EV unterbelichtet. Dadurch werden die Farben der Morgendämmerung intensiver und die Bäume im Vordergrund auf ihre Silhouetten reduziert.

Gehen Sie nicht direkt ans Wasser, sondern bleiben Sie in der „zweiten Reihe“: Vielleicht entdecken Sie einen interessanten Vordergrund.

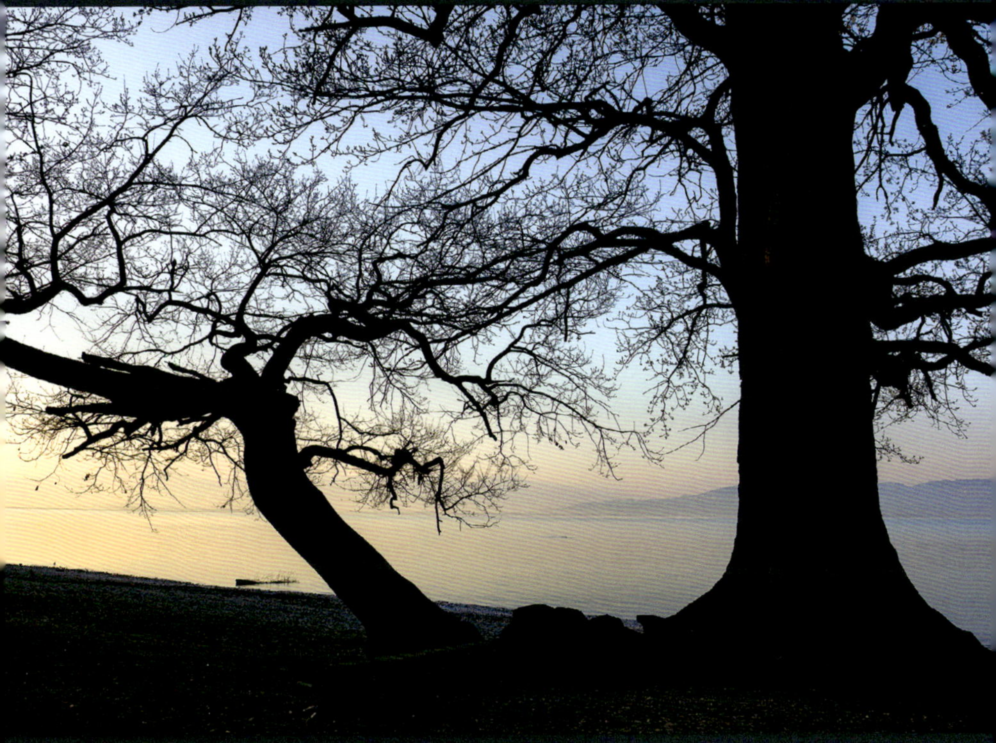

1/200 s | f/9 | ISO 100 | –1 EV | 20 mm | APS-C

Gegensätze

Gegensätze bzw. Kontraste lassen sich vielfältig nutzen. Es gibt verschiedene Formen von Kontrasten: Farben oder Helligkeit, aber auch auf inhaltlicher Ebene. Mit Gegensätzen lässt sich Spannung erzeugen und eine Geschichte erzählen. Klassische Gegensatzpaare sind „alt und neu“, „jung und alt“ oder „groß und klein“. Die Möglichkeiten sind unbegrenzt.

Umsetzung

Nutzen Sie die Zeitautomatik (A/Av). Wenn der Vorder- und Hintergrund schärfer werden sollen, erhöhen Sie die Blendenzahl, wenn sie unschärfer werden sollen, wählen Sie eine kleinere Blendenzahl. Im Bildbeispiel sind alle wichtigen Bildelemente sehr weit entfernt. Dabei sind die Möglichkeiten, mit der Schärfentiefe zu spielen, sehr begrenzt. Daher habe ich die Blende geöffnet, um die Belichtungszeit kurz und den ISO-Wert niedrig zu halten. In diesem Fall hätten Sie auch mit der Programmautomatik (P) ein vergleichbares Ergebnis erzielt.

Stellen Sie ein einzelnes Fokusfeld (AF-S) ein. Richten Sie das Fokusfeld auf das gewünschte Motivteil, drücken Sie den Auslöser halb durch und wählen Sie bei gedrücktem Auslöser den Bildausschnitt. In diesem Fall habe ich auf eines der Schiffe fokussiert.

Kontrollieren Sie die Aufnahmen auf Schärfe. Nutzen Sie die Belichtungskorrektur (+/–), falls die Aufnahmen zu hell oder zu dunkel sind. Vermeiden Sie überbelichtete Bereiche.

Mit Gegensätzen lässt sich Spannung erzeugen.

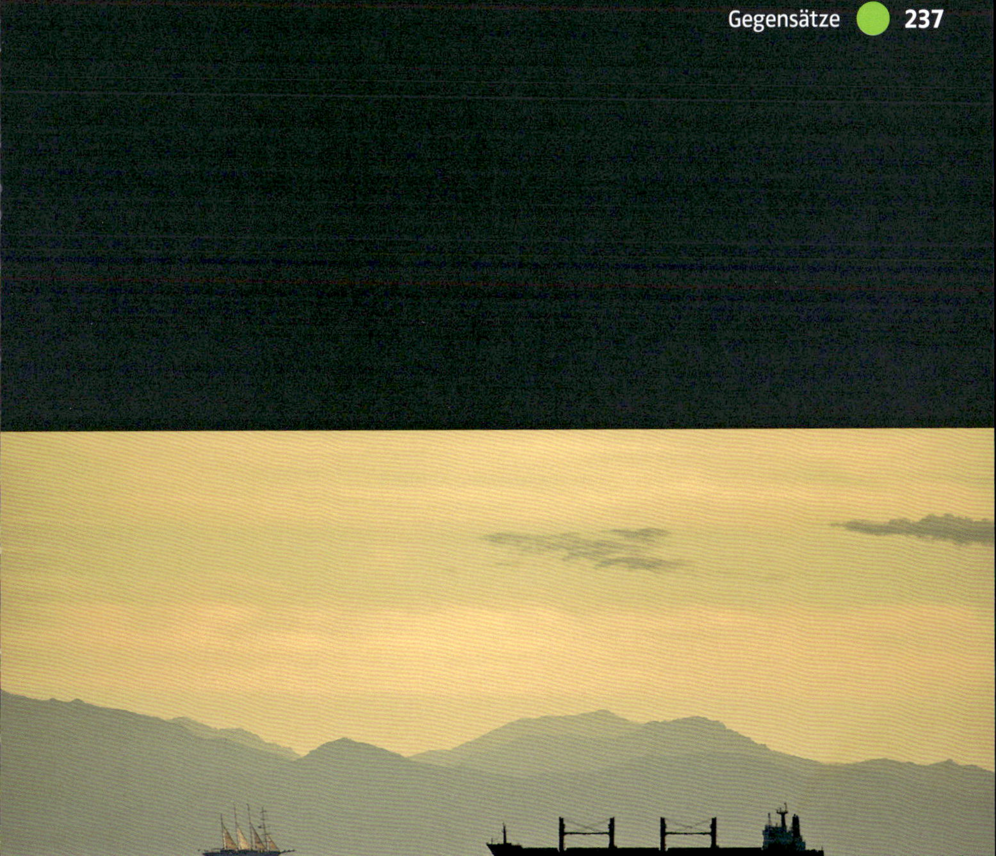

Sonne hinter Wolken

Dieses Foto wurde am Abend an der Bretagneküste aufgenommen. Die Sonne taucht gerade hinter den Wolken wieder auf. Der Dunst in der Atmosphäre sorgt für die Lichtstrahlen. Der Horizont liegt sehr weit unten, dadurch erhält der Himmel mehr Gewicht. Es entsteht der Eindruck von Weite, gleichzeitig sorgt der leere Himmel für einen ruhigen Kontrast zum unruhigen unteren Bilddrittel.

Umsetzung

Bei solchen Aufnahmen ist es wichtig, genau den richtigen Augenblick zu erwischen. Achten Sie besonders auf die Momente, in denen die Sonne hinter den Wolken verschwindet bzw. wieder auftaucht. Die Lichtstimmung kann sich dabei sehr schnell verändern. Machen Sie am besten mehrere Aufnahmen.

Nehmen Sie die Zeitautomatik (A/Av), wenn Sie die Schärfentiefe steuern möchten. Aufgrund der großen Entfernung und der verwendeten Brennweite ist die Blendeneinstellung im Bildbeispiel nicht entscheidend. In diesem Fall hätten Sie auch mit der Programmautomatik (P) ein vergleichbares Ergebnis erzielt.

Nutzen Sie ein einzelnes Fokusfeld (AF-S). Richten Sie das Fokusfeld auf das gewünschte Motivteil, drücken Sie den Auslöser halb durch und wählen Sie bei gedrücktem Auslöser den Bildausschnitt. In diesem Fall habe ich auf die hellen Wolkenränder fokussiert.

Kontrollieren Sie die Aufnahmen auf Schärfe. Nutzen Sie die Belichtungskorrektur (+/–), falls die Aufnahmen zu hell oder zu dunkel sind. Vermeiden Sie überbelichtete Bereiche.

Wenn die Sonne hinter Wolken verschwindet oder wieder auftaucht, ergeben sich tolle Lichtstimmungen.

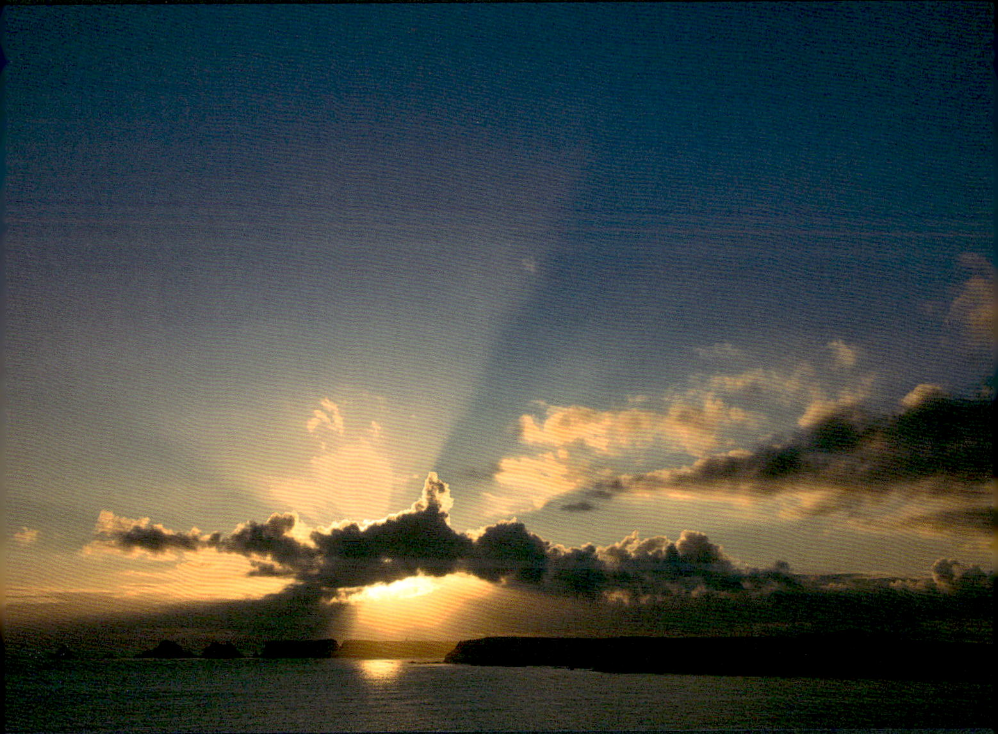

1/200 s | f/9 | ISO 100 | 45 mm | KB

Licht und Schatten

Das Spiel mit Licht und Schatten ist ein häufiges Motiv in der Fotografie. Der Wechsel von Licht und Schatten kann ein Bild sehr stark dominieren. So haben Schatten in Fotos oft genauso viel oder mehr Gewicht als die fotografierten Objekte. Oft ergibt sich eine abstrakte Wirkung. Der Betrachter benötigt oft einen Moment, um das Bild zu entschlüsseln.

Umsetzung

Nutzen Sie die Zeitautomatik (A/Av), wenn Sie die Schärfentiefe steuern möchten. Bei dieser Aufnahme sollten Tisch, Stühle und Schatten scharf werden, daher habe ich eine große Blendenzahl eingestellt.

Wählen Sie ein einzelnes Fokusfeld (AF-S). Richten Sie das Fokusfeld auf das gewünschte Motivteil, drücken Sie den Auslöser halb durch und wählen Sie bei gedrücktem Auslöser den Bildausschnitt. Bei dieser Aufnahme habe ich auf den Boden in der Bildmitte fokussiert, um die Schärfentiefe bei der gewählten Blende gut auszunutzen.

Kontrollieren Sie die Aufnahmen auf Schärfe. Nutzen Sie die Belichtungskorrektur (+/–), falls die Aufnahmen zu hell oder zu dunkel sind. Das Histogramm bietet Ihnen eine Orientierungshilfe.

Bei der Beispielaufnahme habe ich die Belichtung um –1 EV korrigiert, um Überbelichtungen in den hellen Bereichen am Boden zu vermeiden. Um die Überbelichtung der Tischplatte zu vermeiden, wäre eine noch stärkere Korrektur nötig gewesen. Je nach Motiv nehme ich Überbelichtungen in Kauf.

Schatten haben in einem Foto oft genau so viel Gewicht wie die realen Objekte. Nutzen Sie diese für Ihren Bildaufbau.

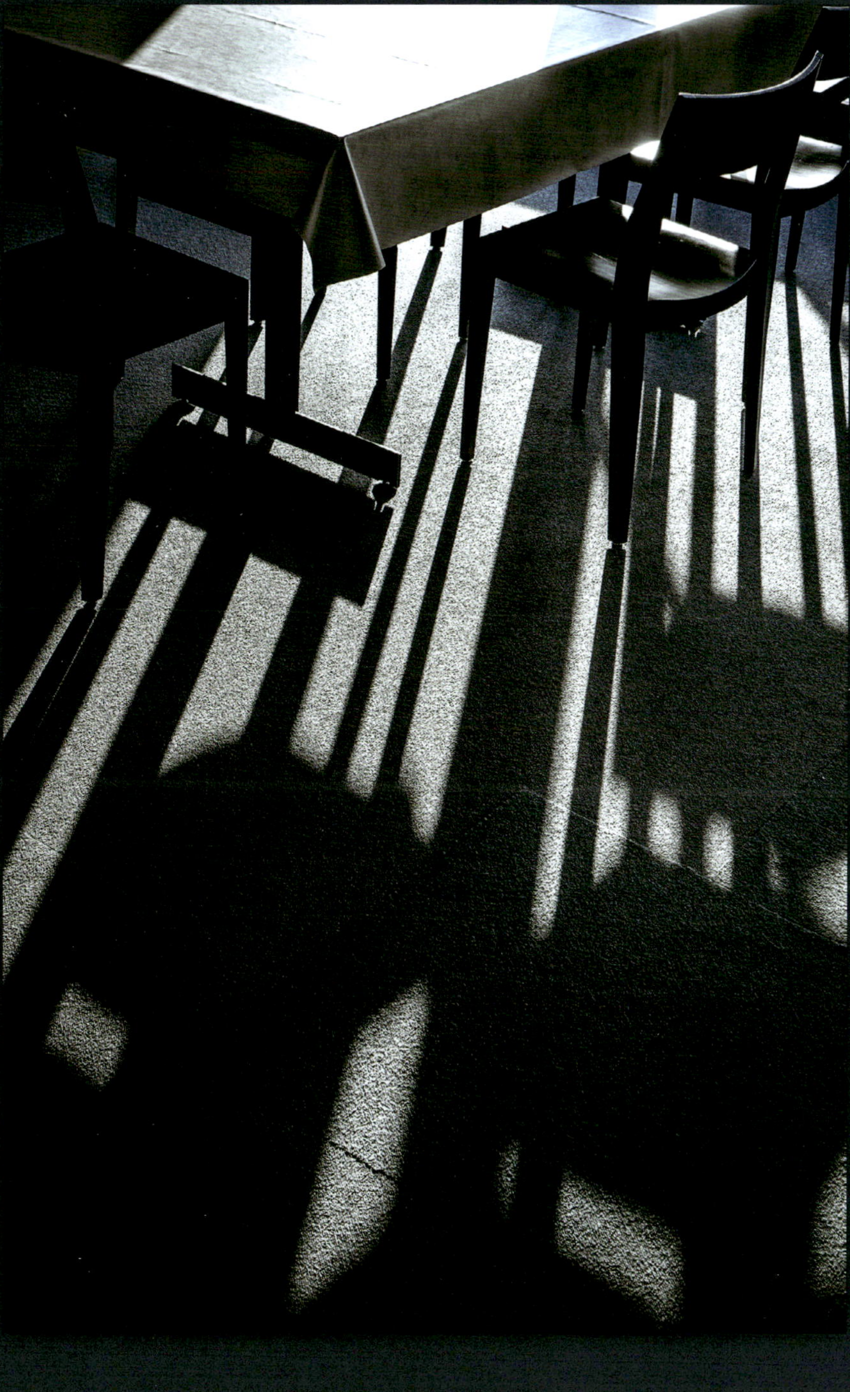

1/80 s | f/9 | ISO 100 | –1 EV | 35 mm | APS-C

Hintergrund

Dieses Foto wirkt wie im Studio entstanden oder nachträglich freigestellt. Nichts lenkt ab. Man kann sich auf Formen und Linien konzentrieren. Das Gras wurde im Abendlicht aufgenommen, der Hintergrund liegt im Schatten. Bei Nahaufnahmen lässt sich der Hintergrund oft durch einen kleinen Perspektivwechsel verändern. Nutzen Sie diese Möglichkeit und machen Sie Aufnahmen aus verschiedenen Perspektiven.

Umsetzung

Im Nahbereich ist es oft von Vorteil, mit einem Dreibeinstativ zu arbeiten. Für dieses Foto habe ich lediglich ein Einbeinstativ eingesetzt. Mit ruhiger Hand wäre die Aufnahme bei den gegebenen Lichtverhältnissen aber auch freihändig möglich gewesen.

Nutzen Sie die Zeitautomatik (A/Av), wenn Sie die Schärfentiefe steuern möchten. Bei Nahaufnahmen ist die Schärfentiefe sehr stark eingeschränkt, daher arbeitet man oft mit großen Blendenwerten, um den Schärfebereich auszudehnen.

Nutzen Sie für den Nahbereich den manuellen Fokus. Sie können damit mehrere Aufnahmen machen, ohne immer wieder neu zu fokussieren. Achten Sie bei Nahaufnahmen draußen darauf, dass es absolut windstill ist, sonst wird das Fokussieren zur Glücksache.

Kontrollieren Sie die Aufnahmen auf Schärfe. Nutzen Sie die Belichtungskorrektur (+/–), falls die Aufnahmen zu hell oder zu dunkel sind. Vermeiden Sie überbelichtete Bereiche mithilfe des Histogramms. In diesem Fall musste um –2/3 EV korrigiert werden. Viele Kameras neigen bei sehr dunklen Motiven zur Überbelichtung.

Nicht nur bei Nahaufnahmen lässt sich der Hintergrund oft durch einen Perspektivwechsel steuern.

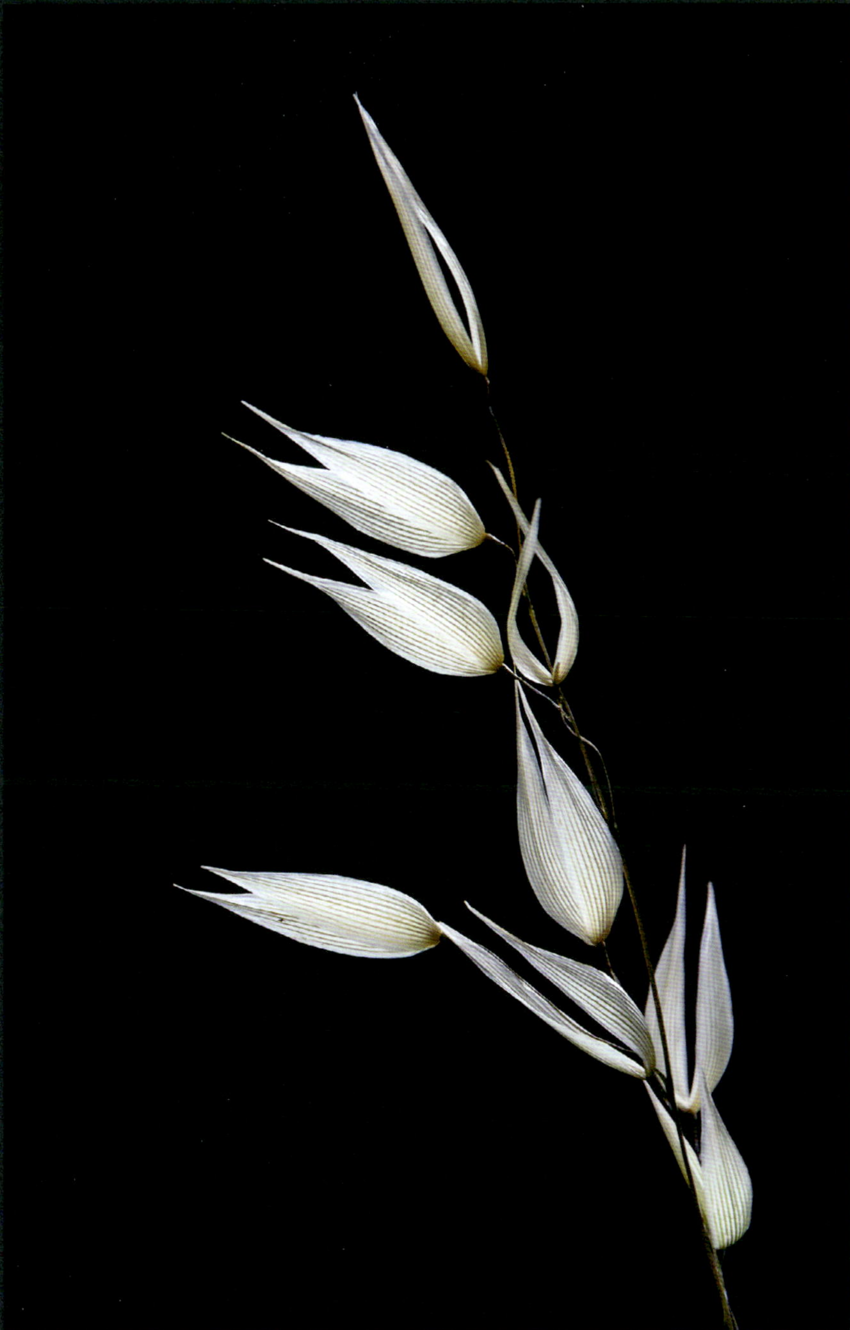

1/200 s | f/7.1 | ISO 200 | −⅔ EV | 180 mm | APS-C

Langzeitsynchronisation

Dieser Workshop ist fortgeschrittener Natur und gibt einen Ausblick auf weitere technische und gestalterische Möglichkeiten der Fotografie. Das Foto habe ich in einer Gasse in Kairo aufgenommen.

Umsetzung

Bei dieser Aufnahme wurde der interne Blitz in Verbindung mit einer längeren Belichtung (Langzeitsynchronisation) eingesetzt, um bei einem Wischeffekt die Bewegung zusätzlich einzufrieren. Wenn Sie diesen Workshop umsetzen möchten, sollten Sie ein Motiv in kurzer Distanz und im Schatten wählen. Aufsteckblitzgeräte ermöglichen mit ihrer höheren Leitzahl auch etwas größere Distanzen. Falls Sie Verwacklungen vermeiden möchten, sollten Sie Stativ und Fernauslöser nutzen. Doch häufig stört eine leichte Verwacklung bei dieser Technik nicht.

Beim Blitz müssen Sie zwei Einstellungen beachten. In der Regel finden Sie die Blitzeinstellungen im Kameramenü. Stellen Sie auf Langzeitsynchronisation und auf Synchronisation auf den zweiten Verschlussvorhang.

Nutzen Sie die Blendenautomatik (S/Tv). Stellen Sie zunächst eine Belichtungszeit von 1/15 s ein. Ich nehme diesen Wert häufig als Ausgangswert für Wischeffekte. Wenn Sie feststellen, dass der Wischeffekt zu gering ausfällt, sollten Sie die Zeit verlängern und umgekehrt.

Wählen Sie den manuellen Fokus und fokussieren Sie auf den Bereich, in dem das Ereignis vermutlich stattfinden wird.

Kontrollieren Sie die Aufnahmen auf Schärfe. Verwenden Sie die Belichtungskorrektur (+/–), falls die Aufnahmen zu hell oder zu dunkel sind.

Wischeffekte lassen sich toll mit Blitzlicht kombinieren.

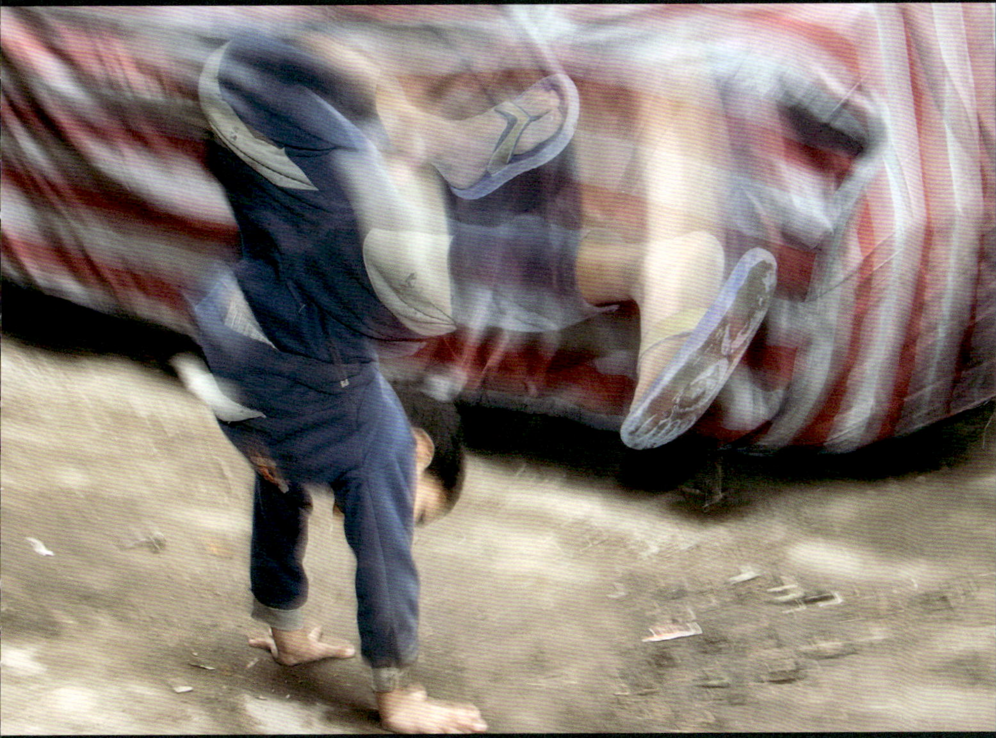

1/13 s | f/10 | ISO 400 | −1/3 EV | 35 mm | APS-C

REGISTER

Fotospaß im Wochentakt

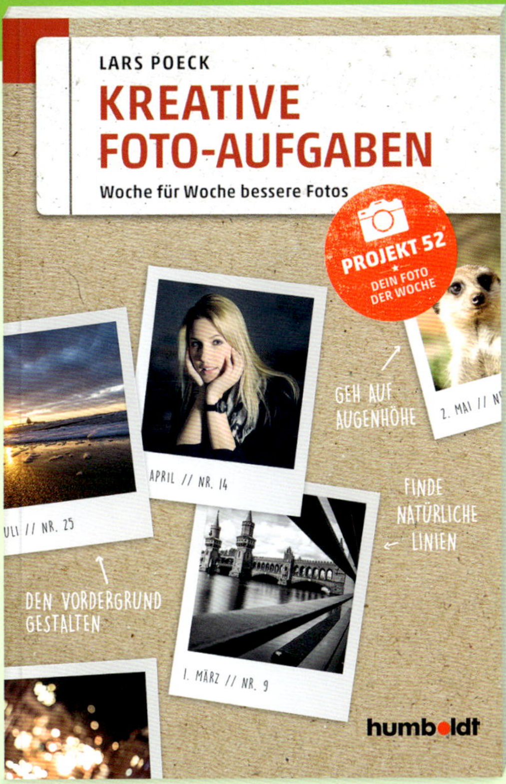

- Die neue Art von Fotoratgeber: Woche für Woche neue Foto-Aufgaben zum Lernen und zur Inspiration
- Erstaunlich verständlich: Von den Foto-Basics zur gelungenen Bildidee
- Jede Menge Foto-Wissen, verpackt in 52 Foto-Aufgaben
- Die 52 Herausforderungen machen Lust, jeden Tag seine Kamera in die Hand zu nehmen und eigene Ideen zu entwickeln

Lars Poeck

Kreative Foto-Aufgaben

ca. 256 Seiten, 225 Fotos
14,5 x 21,5 cm, Broschur
ISBN 978-3-86910-366-2
€ 26,99 [D]/€ 27,80 [A]

Der Ratgeber ist auch als eBook erhältlich.

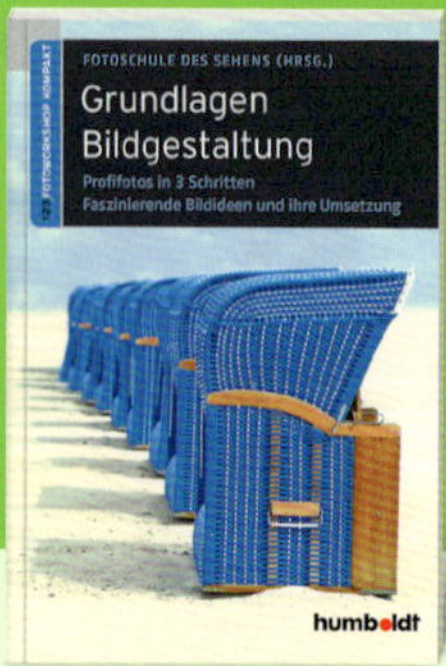

Fotoschule des Sehens (Hrsg.)
Grundlagen Bildgestaltung
ISBN 978-3-86910-357-0

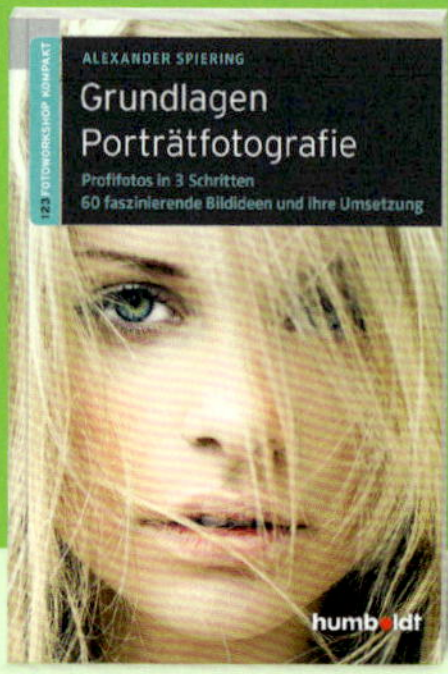

Alexander Spiering
Grundlagen Porträtfotografie
ISBN 978-3-86910-362-4

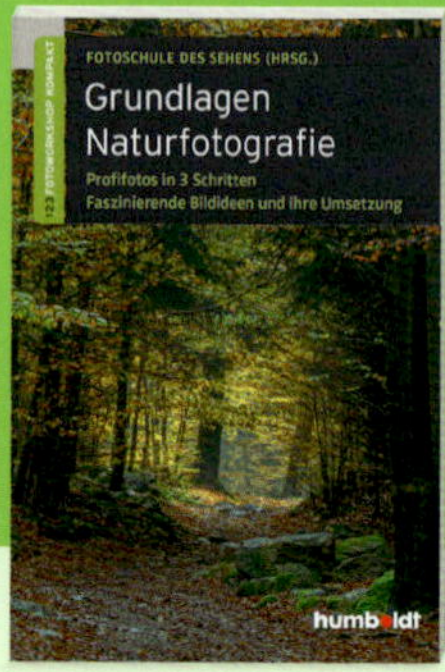

Fotoschule des Sehens (Hrsg.)
Grundlagen Naturfotografie
ISBN 978-3-86910-217-7

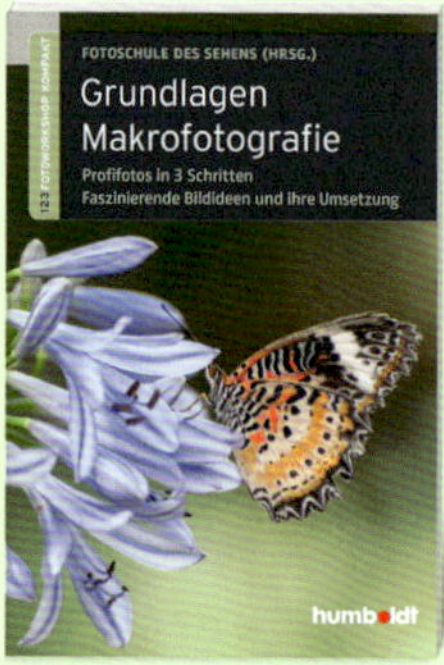

Fotoschule des Sehens (Hrsg.)
Grundlagen Makrofotografie
ISBN 978-3-86910-211-5

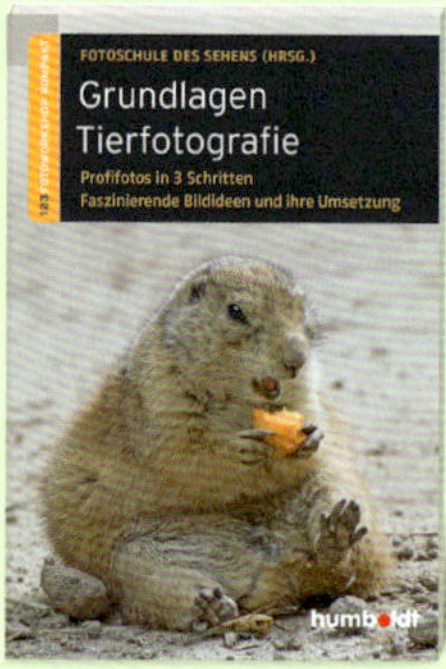

Fotoschule des Sehens (Hrsg.)
Grundlagen Tierfotografie
ISBN 978-3-86910-219-1

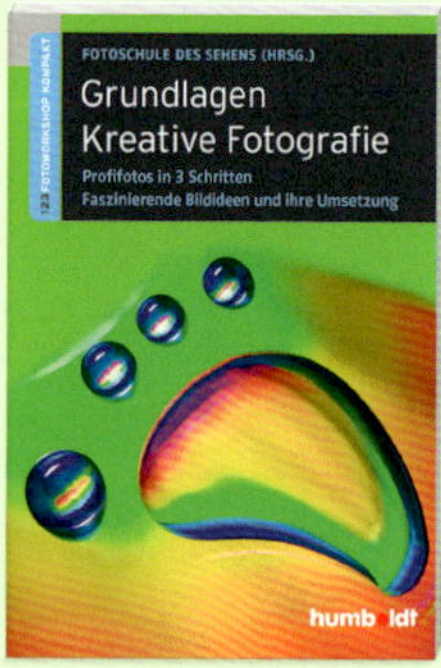

Fotoschule des Sehens (Hrsg.)
Grundlagen Kreative Fotografie
ISBN 978-3-86910-215-3

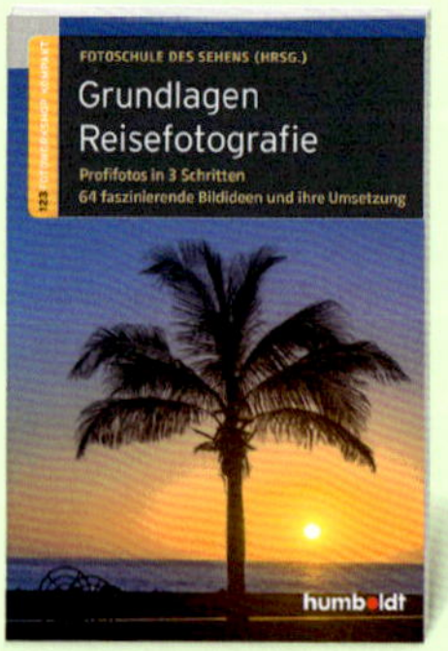

Fotoschule des Sehens (Hrsg.)
Grundlagen Reisefotografie
ISBN 978-3-86910-212-2

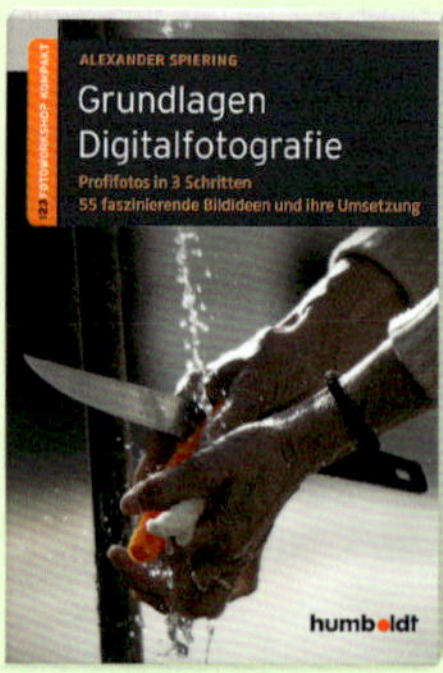

Alexander Spiering
Grundlagen Digitalfotografie
ISBN 978-3-86910-210-8

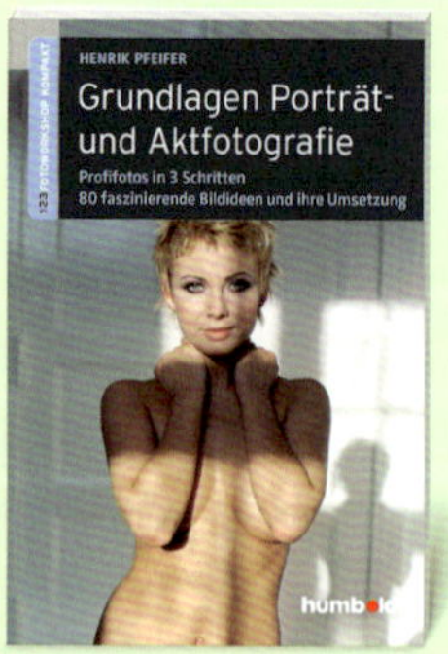

Henrik Pfeifer
Grundlagen Porträt-
und Aktfotografie
ISBN 978-3-86910-213-9

Fotowissen to go!

- 1, 2, 3 Fotoworkshop kompakt ist ideal für Foto-Einsteiger und Hobbyfotografen, die sich nicht mit grauer Theorie aufhalten wollen
- Einfach: Auf jeder Doppelseite ein tolles Foto mit einfachen Anleitungen in drei Schritten
- Praktisch: Das kleine Format passt in jede Fototasche
- Preiswert: Faszinierende Bildideen mit Topanleitungen zum kleinen Preis
- Schnell zum perfekten Foto – von der Bildidee, über die Vorbereitung bis zur Umsetzung

1,2,3 Fotoworkshop kompakt –
die praktische Reihe im Fototaschenformat!
11,8 x 17,0 cm, Broschur
€ 16,99 [D]/€ 17,50 [A]

Die Ratgeber sind auch als eBook erhältlich.

Großartige Fotos mit großem Gefühl

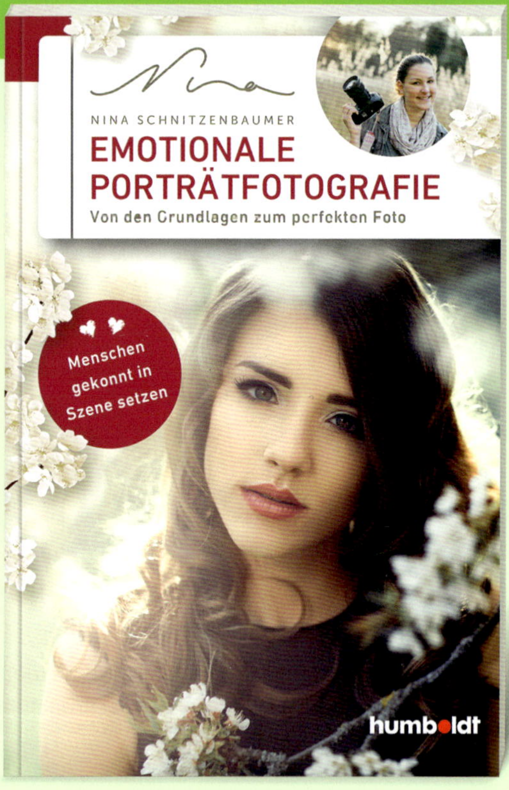

- Endlich: Der erste Ratgeber vom Fotografie-Shooting-Star Nina Schnitzenbaumer
- Alles, was man über die emotionale Porträtfotografie wissen muss: Technik, Licht, Bildaufbau, Arbeiten mit dem Model
- Mit zahlreichen Schritt-für-Schritt-Workshops zum Nachmachen und Lernen

Nina Schnitzenbaumer

Emotionale Porträtfotografie

192 Seiten, ca. 150 Fotos
14,5 x 21,5 cm, Broschur
ISBN 978-3-86910-358-7
€ 26,99 [D]/€ 27,80 [A]

Der Ratgeber ist auch als eBook erhältlich.

Bibliografische Information der Deutschen Nationalbibliothek
Die Deutsche Nationalbibliothek verzeichnet diese Publikation in der Deutschen Nationalbibliografie; detaillierte bibliografische Daten sind im Internet über http://dnb.ddb.de abrufbar.

ISBN 978-3-86910-363-1 (Print)
ISBN 978-3-86910-392-1 (PDF)
ISBN 978-3-86910-393-8 (EPUB)

Der Autor: Michael Groer ist Fototrainer und Fotodesigner. Durch seine langjährige Erfahrung im Fotohandel und bei Promotion- und Beratungsaufgaben für namhafte Kamerahersteller versteht er es, auch komplexe fotografische Themen einfach und verständlich zu vermitteln. In Zürich betreibt er die „Kleine Fotoschule“. Einsteiger und fortgeschrittene Fotografen lieben seine Fotokurse und Workshops, weil sie beweisen: Für gute Fotos muss man nicht Fotografie studiert haben. Mit verständlichen Erklärungen und den richtigen Tipps erhalten auch Anfänger schnell faszinierende Bildergebnisse.

Fotos vom Autor: Steven Deblander
Bildfreigabe: Fanny Jacquier, Robin Christl
inhaltliche Unterstützung: Günter Dreier, Georg Tassev

Originalausgabe

Eine Marke der Schlüterschen Verlagsgesellschaft mbH & Co. KG,
Hans-Böckler-Allee 7, 30173 Hannover
www.schluetersche.de
www.humboldt.de

Lektorat: Linda Strehl, München
Covergestaltung: semper smile Werbeagentur GmbH, München
Coverbilder: Michael Groer, shutterstock, khuntong
Satz: PER Medien+Marketing GmbH, Braunschweig
Druck: gutenberg beuys feindruckerei GmbH, Langenhagen